本专著是江西省社会科学“十三五”（2017）规划项目“地方政府对‘共享经济’型产业的治理逻辑研究”（17SH04）的成果，也是国家社科基金一般项目“基于中国经验的产业社会学研究”（20BSH108）、“地方政府人才政策建构的逻辑研究”（22BSH118）的阶段性成果。

从传统银行业到互联网金融：

中国银行业变迁的历史制度逻辑

王海英 著

CONG CHUANTONG YINHANG YE DAO HULIANWANG JINRONG:

ZHONGGUO YINHANGYE BIANQIAN DE LISHI ZHIDU LUOJI

中国财经出版传媒集团
中国财政经济出版社

图书在版编目（CIP）数据

从传统银行业到互联网金融：中国银行业变迁的历史制度逻辑／王海英著．--北京：中国财政经济出版社，2022.9

ISBN 978-7-5223-1535-5

Ⅰ.①从… Ⅱ.①王… Ⅲ.①银行史－中国 Ⅳ.①F832.9

中国版本图书馆 CIP 数据核字（2022）第 114557 号

责任编辑：彭　波　　　　责任印制：史大鹏
封面设计：卜建辰　　　　责任校对：徐艳丽

从传统银行业到互联网金融：中国银行业变迁的历史制度逻辑
CONG CHUANTONG YINHANGYE DAO HULIANWANG JINRONG：ZHONGGUO YINHANGYE BIANQIAN DE LISHI ZHIDU LUOJI

中国财政经济出版社 出版

URL：http：//www.cfeph.cn
E-mail：cfeph@cfeph.cn

社址：北京市海淀区阜成路甲 28 号　邮政编码：100142
营销中心电话：010-88191522
天猫网店：中国财政经济出版社旗舰店
网址：https：//zgczjjcbs.tmall.com
北京财经印刷厂印刷　各地新华书店经销
成品尺寸：170mm×240mm　16 开　14.25 印张　220 000 字
2022 年 9 月第 1 版　2022 年 9 月北京第 1 次印刷
定价：68.00 元
ISBN 978-7-5223-1535-5
（图书出现印装问题，本社负责调换，电话：010-88190548）
本社质量投诉电话：010-88190744
打击盗版举报热线：010-88191661　QQ：2242791300

目　　录

第一章　导论 …………………………………………………………… 1
一、从互联网金融的兴起追问中国银行业转型的历史制度逻辑 ……… 2
二、中国银行业变迁研究的传统路径 …………………………………… 6
三、理解中国银行业变迁的新范式 …………………………………… 25
四、研究意义与创新 …………………………………………………… 27
五、方法与实证材料的获取 …………………………………………… 28

第二章　历史制度主义与产业变迁：展开分析的理论基础 ………… 29
一、历史制度主义的视野及其理论特征 ……………………………… 30
二、经济社会学的历史制度学派与产业变迁 ………………………… 37
三、历史制度主义视角下产业变迁的分析要素 ……………………… 41

第三章　第一次增量改革：体制内银行的曲折改革（1984～2007年） …… 44
一、银行业金融形态：从分割化专业银行体系到多元商业化银行体系 …………………………………………………………………… 45
二、决策者认知：国家关于国有银行业体系变革的双重战略理解 …… 56
三、增量式战略的构建：发展股份制银行等“准体制外”金融与引进海外战略投资者 ………………………………………………………… 69

四、产业政治：国家控制下依附性的政银商关系及央地金融控制权博弈 …… 85

第四章　第二次增量改革：民间金融的再度兴起与制度化努力（2008～2012 年） …… 95

一、银行业金融形态：民间金融的再次兴起与制度化发展 …… 96

二、决策者认知：服务“三农”、实体经济与民间金融规制“宜疏不宜堵” …… 104

三、增量式战略的构建：发展村镇银行等新型金融组织和区域金融改革 …… 117

四、产业政治：市场化政银商关系及民间金融组织的准入门槛“游戏” …… 129

第五章　第三次增量改革：互联网金融的异军突起与合法性支持（2013～2015 年） …… 139

一、银行业金融形态：互联网金融的异军突起及其对传统金融的超越 …… 140

二、决策者认知：传统银行业的弊端与作为一种金融创新的互联网金融 …… 150

三、增量式战略的构建：鼓励和规范以第三方支付等为重点的互联网金融发展 …… 163

四、产业政治：传统银行业与互联网金融的竞合博弈及隐含的政银商关系 …… 177

第六章　结论与讨论 …… 191

一、研究结论 …… 191

二、进一步的讨论 …… 198

参考文献 …… 202

后记 …… 221

| 第一章 |

导　　论[①]

经过40多年的改革开放，中国经济建设取得了举世瞩目的成就。2010年，中国经济在总量上成功地超越日本，成为排在美国之后全球第二大经济体。而在这一时刻，美国仍然未能彻底摆脱经济危机的负面影响，经济增长乏力；欧洲国家面临着前所未有的主权债务危机，部分国家甚至处于破产的境地；而作为传统东亚经济领导者的日本，仍然延续着20世纪90年代以来的经济困境。毫无疑问，中国经济的成功，无论是对西方的经济模式还是对传统的经济增长理论等，都带来巨大的冲击。于是大量关于中国经济模式的讨论日益成为经济、政治与学术领域的热门话题。到底是什么因素推动了中国经济的可持续增长？是政府的力量，还是市场的机制？是出口导向型的经济战略，还是大规模的基础设施投资刺激，抑或是市场规模庞大的内在消费需求？然而，对于这些问题的疑惑还没有得到一个确切的答案时，近几年以来，中国经济却出现了重大的结构性调整以及一系列的复杂问题。例如，钢铁、水泥等传统产业大量的产能过剩[②]，以珠三角和长三角地区为

---

① 需要说明的是，本书中采用的“银行业金融形态”概念并不仅仅是传统意义上以银行为代表的银行业，而是包括体制内银行业、民间性金融、互联网金融三种形态。只不过，民间性金融、互联网金融不具备正式的银行业金融机构的合法性称谓，但都具有与银行竞争的融资借贷等功能。另外，本书中在勾勒三种金融形态的制度变迁时，所聚焦的功能领域不是大金融的概念，不包括保险、证券、期货、信托、贵金属、外汇交易等。另外，本书以1984年为时间起点主要原因在于这一年中国人民银行开始专门行使中央银行的职责，基本的银行业体系已经初步形成。之后，一系列的银行业改革渐进展开。

② 可参考沈建光：《产能过剩挑战中国经济》，FT中文网，2013年1月15日，http：//www.ftchinese.com/story/001048463。

代表的加工制造业的较大规模衰退①，大量资金要素涌向房地产、股市，经济的投机性趋势与去实体化的特征日渐明显②；大量的中小微企业在经济危机的影响下对于信贷资金的渴求与银行业的高额利润形成了鲜明的对比③，等等。这些复杂的经济现象正日渐对中国未来经济社会的命运与走向产生深刻的影响。为此，从经济社会学的角度出发，有必要正视中国经济领域的重大问题，对其中蕴含着的重要问题进行深入的考察和分析，揭示和勾勒出影响中国经济发展、经济治理的重要结构因素与作用机制，从而为国家的经济发展提供有一定价值的研究参考。正是从这一角度与意图出发，本书将重点关注中国银行业形态的变迁，深入考察分析20世纪80年代以来中国银行业所经历的历史制度变迁及其核心逻辑。而之所以选择银行金融业作为观察样本，一个重要的原因在于，金融是经济的核心，在中国经济的改革发展过程中，银行业始终扮演了非常关键的角色。理解中国经济的发展变迁，不能忽略银行金融业的重要影响。

一、从互联网金融的兴起追问中国银行业转型的历史制度逻辑

近年来，以余额宝、支付宝、网络P2P、众筹等为代表的互联金融作为新兴的金融形态实现了快速发展，得到了全社会的广泛关注，并迅速成为学术界讨论的一个热点话题。总体上来看，学术界关于互联网金融何以能够超越传统金融而异军突起，有很多具体的观点，而这些具体观点与争论背后似乎都共享一个基本的解释，即正是由于现代信息网络技术的创新发展，才深刻改变了中国银行业的基本生态，带来了互联网金融的迅速繁荣。相关的观点认为，互联网金融之所以能够在很短的时间内取得飞速发展，一个重要的

---

① 可参考《珠三角制造业面临集体煎熬，代工厂密集停产》，腾讯财经，2015年4月30日，http://finance.qq.com/a/20150430/011853.htm。

② 可参考韩正：《上海房地产出现非理性过热，必须加强调控》，金融界，2016年3月6日，http://finance.jrj.com.cn/2016/03/06165920649994.shtml。

③ 可参考《华东最大的纺织企业破产，董事长叹民企老板不容易》，凤凰财经，2015年8月29日，http://finance.ifeng.com/a/20150829/13943826_0.shtml。

原因在于互联网技术的快速发展和广泛应用。因为，互联网技术的发展与应用使人际间的时空隔距被大大压缩，信息传递和处理的速度大大加快，为金融服务拓展到所谓的“长尾市场”创造了条件；另外，互联网技术渗透到金融领域，有利于打破传统的金融集中管理模式，推动金融资源更加高效的配置。互联网金融追求效率、平等、共享的互联网思维和理念，很好地契合了普通个体的金融服务需求，使互联网金融的市场份额能够快速增加（张承慧，2014；郭强，2014）。在某种意义上，这种解释凸显了互联网技术与金融技术结合的技术性特质——如解决金融市场的信息不对称优势、规模经济效应，以及节约交易成本等，对于互联网金融发展的决定性影响。因此，也可以认为，以互联网金融为代表的银行业金融变迁首先就是一种技术创新。然而，这种基于技术决定论与经济学成本收益分析的理论解释，显然忽略了我国传统的金融或银行业体制、国家的银行业产业政策等历史制度性因素的深层影响，这一解释忽略了互联网金融与我国传统银行业金融改革与制度创新的历史逻辑关联性，因此不能较好地回答，为什么在20世纪90年代中后期互联网技术在中国兴起时，并没有带来互联网金融的快速崛起。那么，我们似乎可以设问：互联网金融在我国的快速发展根本上是一种技术创新，还是一种来自国家所推动的金融制度创新？要回答这一问题，我们就必须植根于中国特定的制度语境，从中国银行业金融体系变革及形态变迁的历史制度脉络中去寻找深层次的答案。

而关于我国银行业金融体系的变革及形态变迁，通过大量的文献梳理和考察，我们发现，改革开放以来，作为我国经济体制改革的重要组成部分，我国银行业金融领域的改革始终伴随着国家经济环境的变化、经济改革的需要而持续进行。从20世纪80年代初我国初步确立银行制度以来，中国银行业金融形态发生了巨大变迁，这总体表现为：从传统专业化分割垄断的银行业体制向现代多元市场化商业银行体系（1984～2007年前后），到民间金融的再度兴起及制度化发展（2008～2012年前后），再到2013年以来互联网金融的迅速兴起与繁荣[①]。从产业制度变迁的视角来看，之所以能作出上述判

---

① 需要说明的是，三个阶段的判断是相对而言的，并不是说后一阶段是对前一阶段的完全替代，而是从产业制度变迁的意义上讲，银行业形态或银行业改革的重要关注点客观上存在着三阶段变化。

断，主要理由在于：其一，2006 年 10 月 27 日，中国最大的国有商业银行中国工商银行同时在香港和上海两地资本市场上市交易，标志着以传统国有商业银行市场化改革为代表的国有银行体系改革初步完成（周革平，2007）。这之前的 20 多年时间中，中国银行业金融的主要发展形态基本上都是聚焦于从一元银行体系向多元化和多层次银行体系的转变。特别是伴随着中国履行加入世界贸易组织的承诺，中国政府放开银行业对外国资本的准入限制，到 2007 年前后，中国已经逐步建立起了以中央银行、银监会、国家银行等为主体，政策性金融与商业性金融分工、多种金融机构合作、功能互补、共同发展的现代银行体系（王斌，2011）。其二，2008 年之后，受到全球性金融危机的影响，中国国内经济尤其是以珠三角、温州等地为代表的民营制造业经济受到了巨大影响，民营中小企业发展中的“融资难”问题，以及民间资本进入银行业的问题日渐凸显，成为当时中国银行业金融改革的重要关注领域。因此，2008 ~2012 年前后更主要地表现为民间性金融再度兴起与制度化的发展阶段。其三，2013 年后，伴随着以余额宝为代表的互联网产品受到广泛关注，中国的银行业金融从象征意义上开始进入互联网金融时代，传统银行业开始遭遇互联网金融异军突起的重要挑战[①]。上述阶段性判断也得到了一系列经验数据的支持。我们通过对相关词频的梳理统计分析，中国期刊网上关于民间金融的文献数量从 2006 年以来呈现出较快增长；而关于互联网金融的文献数量则从 2013 年开始大量增加。这也表明，不同时间段，人们对于中国银行业金融的关注重点发生了较明显的变化（见图 1 –1 和图 1 –2）。

中国银行业金融体系的形态变迁在一定程度上折射了改革开放以来，在从计划到市场的转型大背景下，国家对关键产业治理模式的变迁与演化过程。为此，从中国银行业金融形态变迁的复杂过程来看，我们试图进一步追问，中国银行业金融体系的发展变迁暗含着一种什么样的制度逻辑，是什么

---

① 进一步补充说明：中国银行业改革变迁本质上存在着多重逻辑，从不同的视角出发会有不同的观点。本书对银行业金融形态变迁的三阶段划分，不是要把包括国有银行改革、民间金融制度化发展和互联网金融发展的所有层面及其内容进行无所不包的论述，而是旨在以金融形态的变迁为主要观察维度，从银行业金融制度变迁的角度来揭示其背后隐含的某种一致性逻辑。因此，第一阶段的时间跨度相对较长。这一阶段尽管国有银行体系发生了复杂而巨大的变革，如为应对国企改革、应对亚洲金融危机、加入世界贸易组织等重大事件而进行的一系列变革。但总体上，这一阶段的变革从金融形态上都是一致的，是相对于最初的四大国有专业银行体系而有所变化。

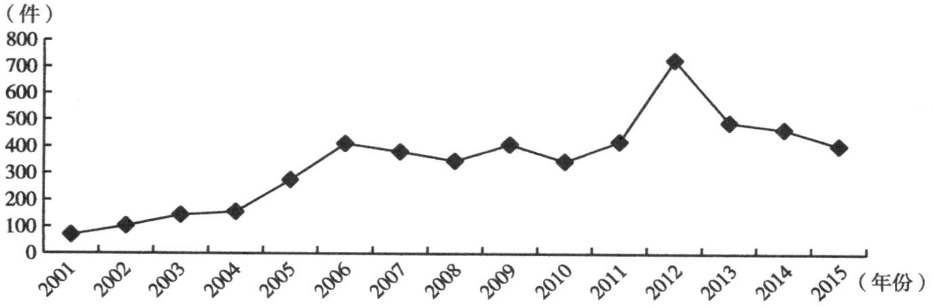

图 1－1　中国期刊网以“民间金融”为主题的文献变化趋势

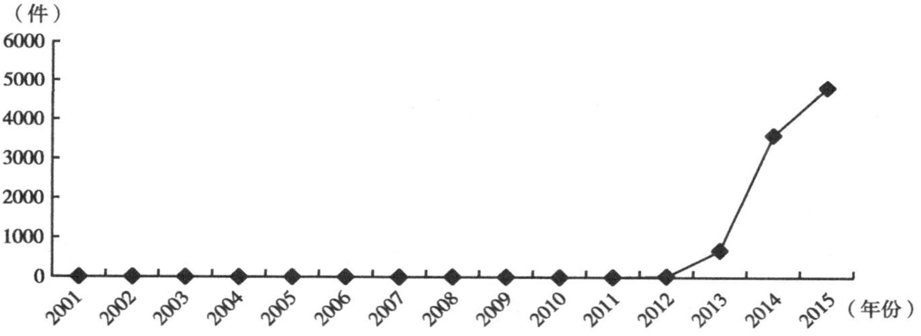

图 1－2　中国期刊网以“互联网金融”为主题的文献变化趋势

样的力量与深层机制型塑了这一系列的复杂变迁？正如我们所熟知的经济学解释的那样，市场需求、外来竞争，抑或是金融技术本身的创新等决定了中国银行业金融体系的发展变迁？是否还有更为复杂的植根于历史情境的产业制度变迁逻辑？

受到经济社会学历史制度主义等相关理论范式的影响，本书试图从改革开放以来国家所主导的银行业金融体制变革演化过程来探索包括互联网金融在内的中国银行业金融形态变迁的深层影响因素及其历史制度逻辑，同时试图揭示围绕着银行业的改革与制度创新过程中，国家、体制内银行、民间资本、现代互联网金融公司等市场主体间在特定的组织与制度逻辑下所发生的产业政治，是如何影响和改变了中国银行业的基本形态并催生了一系列新的制度创新。本书的基本假设可以表述为：包括体制内银行体系的改革、民间金融的发展、互联网金融的兴起等在内的中国银行业金融形态变迁有其特定的、共通的和一致性历史制度逻辑，即，在中国银行业金融形态变迁的长时段历史进程中，始终贯穿着国家所主导的以增量式改革①为特征的制度变迁逻辑，以及在推动银行业增量式改革逻辑实施的过程中，始终隐含着包括国家及监管部门、国有银行机构、民间金融机构、互联网金融企业、中小企业等在内的相关主体间以特定产业政治形式表现出来的互动博弈。换言之，增量式改革及隐含于其中的产业政治构成了影响和推动中国银行业金融形态变迁贯穿始终的脉络及制度逻辑。

二、中国银行业变迁研究的传统路径

（一）关于中国银行业制度变迁的研究

银行业的发展与改革变迁是我国经济体制改革的核心领域。改革开放以来，在中国经济改革的各个时期，银行业的发展始终受到学术界的高度关注。一方面，银行业作为我国最主要的金融领域在国家经济建设、社会发展进程中扮演着不可替代的重要角色，是关系到国计民生的关键性产业；另一方面，我国的银行业从最初形成基本的体系框架开始，就一直处于不断的变革过程中，银行业的改革与变迁受到了多重复杂因素和机制的影响，作为国家实现经济发展、社会治理的重要杠杆工具，我国银行业的发展变迁并不简单重复西方银行业的发展模式和路径，具有自身更多的复杂性，因而其可能产生的制度变迁后果也会更加复杂深刻，毫无疑问会引起包括经济、金融、政治学、社会学、公共政策等学科领域研究者的高度关注。客观而言，关于金融尤其是中国银行业发展变迁的文献非常丰富，已经形成了一系列的重要研究成果，为我国改革开放以来各个时期的金融体制改革，以及不同形态的银行、金融创新发展提供了非常重要的理论参考。通过对大量的关于金融业，特别是关于中国银行业改革变迁的文献梳理，除了一些规范性分析的文

① 本书中所谓的银行业增量式改革主要包括三次增量式改革，第一阶段是指相对于国有专业银行体系，以股份制银行、城商行的发展、引进战略投资者等为代表的变革；第二阶段相对于正规银行体系而言，民间性金融的发展是一种增量式改革；第三阶段是相对于传统银行业而言，互联网金融又是另一次增量式的制度变迁。

献外，既有的相关研究大致围绕几组相互对垒的争论而展开，例如，关于中国银行业规制的效应及其良性改革问题而形成的“金融抑制”或“金融深化”的讨论；关于中国银行业市场化改革的核心路径问题而形成“产权多元化”与“竞争结构多元化”的对话（刘伟、黄桂田，2002；于良春等，1999；于永臻，2004）；关于中国银行业制度变迁的主导力量及变迁机制问题而形成的“强制型制度变迁”与“诱致型制度变迁”的对话等。从这些脉络出发的相关研究为我们理解中国银行业制度变迁及形态演化提供了重要的分析框架。

1. 金融抑制、金融深化与中国银行业改革变迁

20 世纪 70 年代以来，全球资本主义经济体系进入所谓的新自由主义发展阶段。相应地，在金融发展领域，西方国家逐渐开展了一场意义深远的金融自由化运动。而推动这一运动的金融理论基础在很大程度上源于 1973 年，美国斯坦福大学的经济学家罗纳德·麦金农（Mckinnon，1973）和爱德华·肖（Shaw，1973）的理论创建。在他们的著作《经济发展中的货币与资本》（*Money and Capital in Economic Development*）、《经济发展中的金融深化》（*Financial Deepening in Economic Development*）中，两位研究者基于对发展中国家金融与经济发展滞后关系的研究提出，金融变量与金融制度对于一国或地区经济成长、经济发展而言，具有重要作用，既能起到促进作用，也会起到阻碍作用，其关键取决于政府的金融政策与制度选择（安宇宏，2015）。而许多发展中国家由于错误地选择金融政策和金融制度，使经济发展受到制约，如政府对金融活动实施强制干预，对金融资产价格人为控制，典型的就是对利率和汇率的控制（卢文鹏，2002）。他们将这类现象称为金融压抑或金融抑制现象（金学群，2004）。金融抑制之所以能够阻碍经济增长，主要在于：在政府对利率实行严格管制的制度条件下，发展中国家普遍存在的通货膨胀容易导致实际利率为负值。而负利率会损害储蓄者的利益，削弱金融体系集聚金融资源的能力，使金融体系的发展陷入停滞甚至倒退；负实际利率本质上是向借款人提供补贴，会刺激借款者扩大对金融资源的需求，导致金融资源供不应求的状态。在有限金融资源的情况下，国家往往会根据自己的偏好实行信贷配给，分配金融资源，这会损害金融体系的资源配置功能（金学群，2004）。关于这一作用机理，有学者对麦金农和肖的论述进行了较

清晰的概括，即金融抑制一般包括四个方面的内容：一是在货币市场和资金市场上，价格是扭曲的，无论是存款利率还是贷款利率都被压得过低，不能如实反映资金的稀缺程度和供求状况，从而造成储蓄相对于投资供不应求；二是资金市场是被分割的，存款被少数大的金融机构所垄断，缺少竞争；三是广大中小企业和农村地区难以获得贷款，从而导致地下金融交易活跃；四是财政、外贸与金融的扭曲交织，形成恶性循环（金中夏，1988）。为此，麦金农和肖提出，发展中国家应该取消一系列导致金融抑制的金融政策，通过放松利率管制，控制通货膨胀，使利率能够真实反映市场对资金的需求水平，使实际利率为正值，进而恢复金融体系集聚金融资源的功能（金学群，2004），即实现所谓的“金融深化”。爱德华·肖认为，发展中国家金融市场不发达，储蓄者的资产选择范围狭窄，其金融深化的重点应是完善金融市场，用价格机制和分权机制替代金融配给机制，拓展储蓄者对投资机会的选择空间（王少国，2007）。关于金融深化，麦金农和肖提出了一整套完整的改革方案，具体包括五大方面的内容：一是要使人们持有的货币量有较大的增长，为此就需要提高名义存款利率，减少财政赤字，降低通货膨胀率，以提高实际存款利率；二是削弱少数专业金融机构在吸收存款和分配贷款时所处的垄断地位，变专业银行为全能银行，成立新的银行以鼓励竞争；三是有组织地扩大金融机构对城乡小规模经济单位的信贷；四是实现金融与财政同步改革；五是在此基础上全面推进外贸自由化（金中夏，1988）。与金融抑制对经济增长的制约机制相反，金融深化能够促进国民经济的发展。其机制主要表现为：政府放弃对金融体系和资本市场的过多干预，允许市场机制特别是利率机制自由运行，一方面健全的金融体系和活跃的资本市场能有效地动员社会闲散资金向生产性投资转移，引导资金流向高效益的部门和地区；另一方面，通过增加国民收入和提高各经济单位对金融服务的需求，刺激金融业的扩展，由此形成金融和经济发展相互促进的良性循环（祖强等，1998）。

关于国内银行业的改革变迁，国内研究者也受到了麦金农和肖的金融抑制与金融深化理论的影响，研究者重点关注和分析了国内银行业的金融抑制水平及其负面效应、国内金融抑制的影响因素等重要问题。首先，部分研究认为中国银行业存在着较严重的金融抑制。黄桂田、何石军（2011）的研究认为，包括中国在内，发展中的转型经济金融部门的最大特点就是存在着金融抑制。在中国，金融抑制最主要的表现就是利率和汇率管制、对国有企业和民营企业差别化的信贷待遇。金融抑制不仅影响中国企业和居民的货币需求行为，更为严重的是会导致实体经济部门的扭曲。因为利率低估会导致中国国内的投资消费结构扭曲，高投资、高消耗的经济模式不可持续；而汇率低估则导致中国对外的经济结构扭曲，对外贸易的依存度过高。祖强等（1998）的研究则指出，长期以来，中国的金融体制建立在封闭的计划经济之上，尽管实现了部分改革，但仍然存在着较严重的金融抑制现象。为此，其研究认为中国金融体制的金融抑制有四种类型：金融机制抑制，主要体现为金融机构的封闭性；金融市场抑制，主要表现为利率市场化程度较低，利率制度不能反映市场的资金需求，不反映均衡的利率水平；金融调控抑制，主要表现为金融市场容易受到中央政府及地方政府的行政干预而发生偏离；金融监管抑制，则表现为金融监管不力等。傅利福等（2014）的研究实证性地验证了国内金融抑制的存在及其负面效应。该研究利用中国 100 家银行 2004～2011 年的数据，检验了银行业集中度、银行业竞争度与金融抑制的关系。研究发现，金融抑制是影响国内银行业集中度和竞争度及相互关系的重要因素。

除此之外，金融抑制的负面效应还直接体现为对民营经济等金融市场主体的影响。长期以来，我国的民营经济尽管在国民经济增长中具有较高的贡献率，但在实际的金融市场中总会遭遇以国有银行为代表的信贷歧视，遭遇“融资难”的状况。余鹏翼等（2004）认为，金融抑制是中国银行体系的主要特征之一。金融抑制和低效率的国有银行垄断造成银行业严重的信贷歧视，非国有经济部门深受其害。虽然非国有部门对中国经济贡献超过了 70%，但很长一段时间里获得的银行正式贷款却不到 20%，80% 以上都流向了国有部门。余力等（2013）的研究也认为，中国民营企业融资困境根源于既有的金融体制无法为其提供适宜的金融服务。政府在有限的资金约束下会按照国家总体发展战略进行资源配置，对不同经济主体采取差别待遇。政府往往通过行政干预信贷市场，将利率管控在低于均衡水平，并限制金融市场准入，为金融部门和国有企业创造的特许权价值和租金机会大于存款者福利损失。利率管制扭曲信贷资金价格，信贷歧视使国有企业垄断银行可贷资金，民营企业难以从信贷市场成功融资。与之类似，由于国有金融体系金融抑制的存在，在特定时期，民间金融、影子银行等的大量出现就是对金融抑制和金融政策扭曲的一种理性回应。徐军辉（2013）的研究认为，民间自发的金融创新行为本质是国内金融抑制的产物。改革开放以来，中国一直在推行政府主导的自上而下的强制性金融制度变迁，很长时间内国有金融是唯一合法的金融产权形式，民间金融和民营金融长期受到政府的打压，到20世纪90年代中期几乎完全从地上转入地下，民间金融甚至成为非法金融的代称。但是民间金融并没有就此消失，而是变得更隐蔽，近几年更是成为中小企业的主要资金来源。胡金焱等（2013）的研究则从反面验证了受到金融抑制的影响，民间金融对于民营经济成长的重要作用。其研究利用2005～2011年中国省级面板数据和动态面板广义矩估计方法，对民间金融如何影响宏观经济增长与产业发展进行了实证研究。结果表明，民间金融的发展对中国经济增长具有显著的推动作用。在金融抑制的背景下，民间金融对于民营经济发展及中国整体经济增长具有重要意义。金融抑制的负面效应不仅仅体现为对民营中小企业融资的影响，同样也会对国内银行体系尤其是中小商业银行的发展形成制约。秦艳梅（2004）的研究认为，中国的金融抑制现象一直都存在，国内的中小商业银行也面临着金融抑制的问题。其大致表现为：一是国有产权占有相当的比例，使中小商业银行的法人治理结构呈“官本位”的特征，在很大程度上脱离市场规则；二是高度垄断的所有制使中小商业银行在银行业中处于不利地位；三是中小商业银行遭遇政策歧视；四是地方政府的行政干预干扰中小商业银行的正常业务；五是信用环境的恶化也给中小商业银行的信贷行为造成了诸多困难。

部分研究面对国内金融抑制的客观状况，进一步剖析了导致金融抑制的影响因素及机制。其中大部分观点都强调了国家基于宏观经济战略考虑而实施较为严格的金融规制是导致金融抑制的结构性原因。潘英丽（2013）认为，国内金融抑制政策是一种服务于工业化战略的金融配套政策，在中国渐进式经济改革的过程中扮演着核心的角色。政府通过实施低利率政策，人为降低资本成本以鼓励资本密集型工业的固定资产投资，并通过产业政策和行政管制手段，将供不应求的廉价资本导入政府需要重点发展的产业和企业。为此，国内金融抑制政策大致可以分为四个阶段，每个阶段都将金融的发展和服务附属于国家战略。第一阶段是 1952 ~ 1985 年的工农业产品价格“剪刀差”政策，将农村剩余价值转移到城市工业部门；第二阶段是 1985 ~ 1993 年货币超发寻求货币化利益的阶段；第三阶段是 1993 ~ 1997 年银行功能财政化阶段；第四阶段是 1997 ~ 2006 年国企和国有银行改革成本借助股市实现社会化分摊阶段。史恩义（2009）认为，中国金融发展有一个动态演变的过程，但中国的金融体系始终内生于国家的经济发展战略。这种带来金融抑制的战略是国家的理性选择。一方面政府干预金融发展保证了国民经济的稳定运行；另一方面政府干预金融发展降低了企业筹资成本，维持了中国经济的长期增长。徐琳等（2005）也指出，中国金融路径演变的一大特征就是强政府干预的传统。在计划体制下，中国的银行体系是按照中央计划委员会的指令行事，扮演着被动的角色。金融制度安排实际上是政府奉行的经济发展战略的工具。经济体制改革后，基于体制的惯性和某些东亚强政府型国家的发展经验，这种传统不但没有消减，反而在市场化改革的过程中以新的面目出现。

与强调中国银行业的发展变迁服从于国家经济宏观战略的观点相关联，较多研究者进一步揭示了国家战略与金融抑制关系得以构建的前提条件——国家控制的银行业产权制度。李文洲等（2014）认为，我国绝大多数金融机构由政府控制，企业也有国有和民营之分。政府控制使金融机构配置资源的过程带有明显的政治性。国有企业与生俱来的产权特征决定其在国民经济发展中的重要地位以及在资源配置方面的独有优势。金融管制形成的政策性贷款首先会支持国有企业的发展，民营企业往往只能靠留存收益、企业家个人储蓄以及一些非正规融资而获得金融资源。国有商业银行存在的政企不分、产权不清、治理机制缺失等问题没有实现根本改变。国有企业产权性质、国有企业高管任命的行政性决定了其与政府间紧密的政治关联以及由此产生的在金融资源配置方面的优先地位；长期的金融压抑造成银行系统严重的信贷配给问题，进而演化为对民营部门的所有制歧视。刘晓辉等（2005）认为，基于国家所有权的产权制度安排是我国银行业强垄断结构与弱竞争行为的根本原因。产权的国家所有不仅导致国有商业银行在银行业体系中的强垄断地位，也抑制了体制外因素对其形成的竞争压力的释放，从而导致我国银行业难以形成有效竞争。类似地，宋君卿（2007）关于中国银行业规制性进入壁垒的研究也指出，我国银行业市场准入的壁垒事实上根源于所有制歧视。中国的银行业改革总体上是以政府行政为主导的金融改革。改革的设计者及规制者与在位银行都是国有资本利益代表者，其根本利益的一致性，使其容易形成一个强大的金融官僚利益共同体。在这样的格局下，政府规制总是倾向于维护具有垄断地位的国有银行利益，民营金融机构无法发挥促进竞争的作用。

也有部分研究从利益集团及利益博弈的角度分析了中国银行业金融抑制的原因。尹希果等（2011）从政治经济学的视野分析了中国金融抑制的根源。其研究认为，金融抑制是政府为了给予国有企业和国家财政金融补贴而内生出的制度安排，为了降低改革成本，维护转轨时期的社会稳定，在财政能力持续下降的情况下，中央政府通过加强对金融体系的控制，以利差租金和货币发行收益为主要形式向经济改革过程中的利益受损集团（国有企业、政府财政）提供补贴，以减小改革阻力。郁方（2010）的研究回顾了中国银行业规制变迁历史进程中，利益集团间博弈对金融政策的重要影响。其研究认为，改革开放以来，多元利益主体间的博弈直接影响到国内银行业垄断与规制的变迁。在中国银行业的演变进程中，政府规制是一个决定性的变量。任何一个转轨过程都是构建新的博弈均衡的过程，银行的垄断格局以及金融规制的松紧等都与各种利益集团的博弈演变有关。这些利益集团的博弈包括：中央政府与地方政府的博弈，国有、民有、外资经济势力间的博弈，公众利益与私人利益的博弈等。徐军辉（2013）在关于民间金融制度供给的研究中发现，我国民间金融长期以来遭遇金融规制的压制，但近年来民间金融的制度供给逻辑实现了从精英决策到公共选择的过程。即从传统的强制清理整顿到2008年金融危机之后国家对民间金融的相对包容。这一转变的发生本质上也是由于民营企业家、投资者和民间资本富裕区域作为特殊利益集团，在政治领域开始发出自己声音的结果。

2. 产权结构抑或是市场结构：中国银行业改革变迁的路径之争

改革开放后，中国银行业就已经开始了以市场化为导向的改革与制度变迁，然而，以国家为主导的银行业改革应该走什么样的路径一度是学术界和决策者关心和争论的重要问题。从既有的文献来看，关于中国银行业改革路径的核心争论主要围绕着产权制度、市场结构而展开。其中，一部分观点认为，中国的银行业改革变迁应重点围绕着产权制度改革来进行，逐步实现国有银行金融机构的产权多元化。而另一部分观点则不认为产权多元化是第一位的改革内容，相反，银行业改革应首先实现银行业市场结构的多样化，通过不同性质市场主体的引入，以提升银行业的竞争效率。此外，还有部分观点倾向于两者兼而有之，认为中国银行的改革变迁应兼顾产权结构改革和市场结构改革。

关于银行业改革以产权结构或市场结构作为侧重点的讨论，在一定程度上缘起于20世纪90年代国内一些经济学家就国企改革路径的争论。早在1995年6月，林毅夫和张维迎曾就国有企业改革问题进行了一次公开讨论。其中，林毅夫认为，中国国有企业的改革和发展的障碍不在于产权制度，而在于缺乏公平竞争的宏观环境，创造一个公平竞争的市场环境是国企改革的充分条件和促进中国经济增长的首要因素。而张维迎则认为，产权是经济效率的必要条件和充分条件，产权改革是国企改革的关键，要使企业中最重要的成员拥有剩余索取权，增强企业成员的产权激励（王国红，2003）。林毅夫和张维迎的这一争论到后来影响到了关于中国银行业改革重点的讨论。

具体来看，所谓银行业改革的市场结构派理论，主要是建立在美国哈佛大学产业组织理论SCP范式（结构—行为—绩效）的基本假设之上。相关观点认为，中国银行业存在的主要问题是国有银行对信贷市场的高度垄断，市场结构的过于集中阻碍了金融市场的充分竞争，使整个银行业的产业绩效远低于西方银行业，而信贷资金的低效率配置，会进一步损害国家长期的经济增长能力。同时，过高的市场准入条件抬高了银行业的准入成本，使新的竞争主体难以进入，造成银行业垄断的市场结构一直没有得到有效改善。因此，中国银行业改革的首要问题应是放松市场进入的管制，鼓励外资银行和民营银行的快速发展，改变过度集中的产业组织结构，促进银行间的有效竞争，提高国有银行的经营效率和信贷资金的配置效率（于永臻，2004；吴韡，2005）。为此，有研究者在比较中外银行市场集中度、市场绩效以及金融机构市场行为的基础上研究认为，促进市场竞争和银行业市场效率提升，须放宽行业进入限制，鼓励外资银行和民营银行参与竞争（于良春等，1999）。徐忠等（2009）研究者的研究基于对我国东、中、西部地区12个省份县级金融机构的调查数据分析发现，银行业的市场结构，主要指市场集中度对于银行业的绩效有较显著的影响，降低市场集中度会对原来的垄断银行有较大的刺激作用，从而提高所有市场参与者的效率。在集中度较低的银行业市场中，银行的效率较高，盈利能力也更强。因此，进一步开放银行业，降低准入门槛是提升国内银行业发展效率的关键。

与市场结构派理论相对应，产权结构派理论则对以调整市场结构为重点的银行业改革不以为然。产权结构派理论建立在产权经济理论基础之上。而产权理论认为，清晰界定的产权能够通过利益机制引导出最有效率的经济行为，从而能够充分激励产权主体的积极性，提升经营效率。国有银行的股份制改造能够严格界定银行所有者的权利束和行为边界，通过良好的内部治理结构，实现股东利益的最大化。因此，股权结构的改革应是中国银行业改革的必然选择（张新，2006）。产权结构论认为，中国银行业的主要问题并不是市场结构失衡，而是国有银行产权结构单一。提高中国银行业的市场效率，关键在于对国有商业银行进行产权改革，实现产权的多元化（吴韡，2005）。产权结构派理论还认为，由于国有四大商业银行已引入战略投资者改善产权结构，通过产权多元化的股份制改革，建立有效的公司治理机制等作为改革的切入点，能够较好地规避市场结构改革所具有的潜在金融风险，更适合中国银行业的改革发展（于永臻，2004）。持这一派观点的研究中，北京大学的刘伟和黄桂田的研究比较具有代表性。他们在《中国银行业改革的侧重点：产权结构还是市场结构》一文中，对以 SCP 范式为基础的市场结构派理论进行了批判。他们认为，中国银行业改革发展首要的问题不是市场集中度的问题，而是国有银行产权结构单一的问题。从行业市场结构的角度为突破口的改革可能导致中国经济震荡，在中国银行业资产与市场份额高度集中于有局限的国有商业银行的条件下，改革的侧重点不能从行业结构的调整为起点，而是相反（刘伟、黄桂田，2002）。裴平等（2004）的研究将中国银行业的改革区分为两个阶段，加入世界贸易组织之前的改革以市场结构改革为主，但是面对加入世贸组织之后的银行业竞争，市场结构的改革弊端显现，一方面国有商业银行缺乏参与市场竞争的内在激励；另一方面部分中小商业银行产权结构不合理、不规范也制约了银行的发展。因此，银行业改革应把重点放在产权结构的调整上，使银行业的产权结构与市场结构相协调。加大银行业产权结构调整，重点就是要降低国有股权和国有法人股的比例，增加民间资本和社会公众的股权比例，形成多元化股权结构。

在市场结构论与产权结构论看似严格对垒之外，也有部分观点从理论及中国银行业的现实状况出发，提出了两者并重的观点。例如，王国红（2003）认为，关于中国银行业改革，不能用市场集中度的分析来替代对中国银行业市场结构的判断。不同于西方国家，中国银行业的市场集中度不是自然竞争形成的，而是国家有意识构造的。同时，产权结构改革也并不一定带来立竿见影的效果，中国银行业的竞争力及绩效也不一定会有必然的提升。因此，中国银行业改革应双管齐下，一方面改造产权，另一方面改造市场结构，两方面协调推进。与之类似，张新（2006）和于永臻（2004）的研究也分析了银行业改革产权论和市场结构论各自的不足。他们的观点比较类似，大致都认为，国有产权必然导致经营低效率的立论依据并不充分，而市场结构除了内生性的条件外，也会受到外生性特点（如国家保护政策）的制约。银行业的改革重点和路径应是两者兼顾。相关方案应包括：完善银行产权制度，推动经营市场化；消除市场的制度性垄断，推动银行业格局多元化；加快推进金融资源的市场化配置改革等。

3. 中国银行业改革中的强制性制度变迁与诱致性制度变迁问题

从既有文献来看，关于中国银行业改革变迁，一些研究受到新制度经济学关于制度变迁性质的理论论述的影响，试图对这一变迁做出性质上的识别与分类，即中国银行业的发展变迁作为一种制度变迁现象，到底是所谓的强制性制度变迁，还是所谓的诱致性制度变迁？这一类型学划分的背后隐含着研究者试图从制度变迁的主体、决定性力量及机制、变迁方式等维度揭示中国银行变迁的独特特征。根据林毅夫等（1994）制度经济学家的观点，制度变迁可以分为强制性制度变迁和诱致性制度变迁两种形式。其中，强制性制度变迁主要是指由国家通过行政权力和立法手段等外在强制力量推行制度、变革制度的一种制度变迁方式；而诱致性制度变迁则是指一群（个）人在响应由制度不均衡引致的获利机会时所进行的自发性变迁（黄少安等，1996）。强制性制度变迁与诱致性制度变迁的概念工具后来被广泛运用到关于中国银行金融业的研究讨论之中，并逐渐形成了两派明显区分的观点：较大一部分研究者认为中国银行业的改革变迁本质上是由国家所主导的强制性制度变迁过程；也有部分研究者从中国银行业改革的特定阶段发展的观察出发认为，中国银行业的发展也包含着某种诱致性的制度变迁，这种诱致性的制度变迁也是推动中国银行业发展变迁的重要形式与力量。

首先，绝大多数的研究都认为，中国银行业尤其是国有银行的改革是一种典型的政府"自上而下"主导的强制性制度变迁过程。政府通过行政权力、财政资源等设定银行业改革的目标与框架，在克服各种外在阻力和成本的束缚情况下，强制推动相关领域的改革。宋士云（2008）的研究对 1979～2006 年中国银行业市场化改革的进程进行了具体的回顾和分析，其研究认为，从新制度经济学的视角看，中国银行业市场化改革与变迁尽管也有诱致性变迁的因素，但它主要是一种由政府推动的强制性制度变迁，中国银行业每一步大的变迁都源自"自上而下"的政府强制性供给行为，而不是"自下而上"的诱致性微观银行企业需求行为。在这种制度变迁框架内，微观银行主体，特别是国有商业银行只能是银行体制改革的被动接受者。李志辉（2008）在《中国银行业的发展与变迁》一书中系统梳理了改革开放以来中国银行业的制度变迁。其研究认为，从银行业的改革逻辑上看，中国银行业经历了从最初原始的"司库"地位向"政治银行家"、现代"银行家"的发展路径。中国金融制度的结构与变迁是政府"自上而下"的强制性变迁过程，很少有诱致性变迁与之并行。"政治银行家"始终为中国金融的发展掌舵前行，并在改革的各个先期阶段发挥主导作用，待时机成熟，再逐渐退居幕后，让市场发挥作用。这种强制性的制度变迁，缩短了银行业制度改革的时滞，提升了银行业改革的效率。

中国银行业强制性变迁的制度特征不仅体现在城市国有商业银行体制的改革中，同样也深刻地贯穿于农村金融体制的改革进程。特别是关于农村信用社的改革，大多数研究都认为农村信用社的体制改革就是一种明显的强制性制度变迁。杨金栋（2011）的研究运用制度变迁理论对 30 多年我国农村金融体制改革的制度变迁进行了分析，认为我国农村金融体制改革具有浓厚的强制性制度变迁特征，具有特定的历史必然性。边维刚（2006）的研究也认为，农村信用社从产生到之后的每一次制度变迁均是"自上而下"的政府强制性行为，而非"自下而上"的诱致性的农村经济主体自主性行为，它走过的是一条强制性制度变迁的道路。农村信用社的建立本身就是行政力量作用的结果，社员入社并非自愿，且资金规模小，管理不规范。这种靠行政捏合的变异性合作金融制度长期困扰着农村信用社的定位与发展。与之相关联，部分研究进一步分析了农村信用社强制性制度变迁为农村金融发展带来的负面效应（张令骞，2008；王占北等，2006；王桂堂等，2014）。何广文（2009）的研究认为，农村信用社改革与制度变迁，实际上是在对农村信用社与农户在农村金融资源配置中的利益关系进行调整的同时，对农村信用社控制权资源进行的重新组合，是一个政府主导的渐进强制性制度变迁过程。但是，这一制度变迁暴露出明显的缺陷：改革缺乏战略导向和目标模式的设定；改革更多拘泥于形式和数量的调整、管理权力的重新分配；政府与市场的关系没有理顺；以市场为基础的外部治理机制发育不全等。这就导致农村金融服务一度存在严重的问题，例如，在一些欠发达地区，农村信用社资金短缺，运转困难，原有的合作性金融特征不明显等。侯英（2012）的分析指出，尽管近年来，国家加大了农村金融体制的改革力度，但是既有的改革缺乏内生性金融的供给，政府主导的强制性制度变迁并未使我国农村的金融服务得到根本改善，甚至是导致农村金融供给不足的主要原因。在农村金融制度变迁中，政府试图通过体制内的正规金融制度供给来满足农村金融需求，导致内生于广大农村融资中的非正规组织和制度的变迁成本高昂，不能得到合理的演进与正常发展。而作为外生金融机构的农业银行、农村信用社等服务于农村，并非其自然选择，而是政府在制度供给中强加于金融机构的要求。金融机构一方面要商业化，另一方面要承担政策性的支农服务。这种目标的多元化等因素使农村正规金融机构在经营过程中容易产生明显的逆向选择和较严重的道德风险。

其次，关于中国银行业的发展变迁，虽然强制性制度变迁的观点占据主流，但也有部分研究者从诱致性制度变迁的视角出发考察了中国银行业的发展变迁。换言之，在这部分研究者看来，中国银行业的发展变迁也包含着诱致性制度变迁的维度或经验。区别于强制性变迁强调国家主导的强制性机制，诱致性制度变迁则倾向于从“自下而上”、自然演化的角度去理解中国银行业的制度变迁。从既有文献来看，持这一类视角及观点的研究主要集中于对我国民间金融制度变迁的研究。罗丹阳等（2005）的研究认为，民间金融的产生是典型的诱致性制度变迁。其依据在于：民间金融的实施主体是个人、企业或由它们组成的群体；民间金融是自发的、“自下而上”的、局部的现象和行为；民间金融是一种制度供给，它为个人和企业提供特定的融资制度；民间金融增加了实施主体的利润。该研究还分析了民间金融作为一种诱致性制度变迁的成因：中国乡土社会为民间金融提供了生存的土壤；中国金融改革路径安排使正规金融对农村和中小企业供给不足；正规金融对小规模经济的信贷歧视；非国有经济和农村地区经济发展内生出对民间金融的需求。任旭华等（2003）的研究也强调中国民间金融诱致性制度变迁的性质。其观点认为，中国金融制度发展的不均衡性孕育着既有制度下的巨大潜在收益，诱致性地促动了中国民间金融制度的自发产生。旺盛的金融制度需求以及短缺的金融制度供给是民间金融诱致性变迁的基础。

在承认民间金融诱致性制度变迁的基础上，部分研究者进一步考察和分析了民间金融诱致性变迁的积极效应。史晋川等（1998）的研究在考察了20世纪80～90年代浙江民营金融业的发展后认为，金融体制改革过程中民营金融业发展在特定阶段体现出了自发诱致性制度变迁的特征。民营金融业的产生和发展同我国的民营经济发展有紧密联系。民营金融业的兴起极大地促进了民营经济的发展壮大。在受到正规金融体系金融抑制的情况下为满足中小民营经济的融资需求起到了重要的作用。而且民营金融业的诱致性发展还有利于提升金融深化水平。例如，民营金融业的产生和发展，促进了金融机构组织体系的完善；引入竞争机制，促进了国有金融业的改革发展；规范的民营金融有利于增强金融的规范化发展；也有利于推动金融利率市场化改革。周振等（2011）则以农村资金互助社的调查数据为基础，实证性地检验了农村资金互助社这种诱致性的制度变迁对农户福利的影响。其研究发现，农村资金互助社的制度安排对农民的收入和获得信贷的影响有显著正效应，对提升农户的福利具有明显的推动作用。

此外，关于中国银行业的发展变迁，强制性制度变迁与诱致性制度变迁的判断看似有比较清晰的区分，但仍有部分研究者认为在特定金融领域，中国银行业的制度变迁既有部分强制性变迁的特征，又同时具有诱致性变迁的属性。徐军辉（2013）具体考察了温州民间金融改革的历程，其研究认为，中国的民间金融客观上经历了从典型的诱致性制度变迁到强制性制度变迁的过程。早期的民间金融和民营经济协调发展，民间金融响应制度变迁的潜在收益，实现了诱致性制度变迁。但由于受到政治稳定偏好、要素市场扭曲、利益集团施压以及自身运作不规范等原因，民间金融又被多次纳入政府推动的强制性制度变迁过程。董杰等（2002）关于农村合作基金会在我国兴起衰落的研究也揭示了民间金融制度变迁的演化更替性特点。其研究认为，农村合作基金会是20世纪末中国农村兴起的一种金融制度创新形式，其20年的发展历史可划分为前期的发展壮大和后期的动荡收缩期，前一时期呈现出诱致性制度变迁的特征，而后一时期则表现为强制性制度变迁的特征。钱水土等（2007）在考察我国农村非正规金融制度演进路径的基础上揭示了这一演进过程中，农村非正规金融从诱致性制度变迁到政府管制的强制性制度变迁特征，并认为在农村非正规金融演化过程中，诱致性制度变迁与强制性制度变迁并非截然区分开来，而是构成了前后因果互动的变迁机制。

（二）关于中国互联网金融何以异军突起的研究

作为中国金融业变迁的一部分，近年来互联网金融的兴起吸引了社会的广泛关注。关于互联网金融的产生及其内涵、性质、功能，以及对传统银行业的冲击和挑战、互联网金融监管等也就成为学术界关注的重要问题（谢平，2014；张瑾，2014；皮天雷，2014）。其中，关于互联网金融何以能够在短时期内迅速兴起，既有研究尚未形成较统一的认识。从文献梳理来看，既有研究大致有三种路径或视角的解释：其一，最典型的解释是技术路径或技术创新视角的解释；其二，是制度路径或制度规制、制度创新视角的解释；其三，是市场自然演化路径的解释。

首先，伴随着互联网技术的普及，互联网已经高度渗透人们的日常生活，而互联网技术的发展与金融技术实现了飞跃式的金融变迁。由此，有较多研究都认为，互联网金融在中国的快速兴起首先是源于技术领域的创新发展（王念等，2014；张臻，2014），互联网金融首先表现为一种技术创新。张承慧（2014）认为，互联网金融的兴起与发展，有其特殊原因，主要源于互联网技术的快速发展和广泛应用。互联网特有的技术禀赋能大大缩短人际间距离，加快信息传递和处理的速度，能够为将金融服务拓展至“长尾市场”创造条件；同时，互联网金融能够超越传统银行的集中管理模式，推动金融资源的优化配置；而互联网具有的追求效率、平等和共享的理念，对于青年群体具有很强的吸引力，能够在短期内增加互联网金融的市场份额，形成挑战主流金融的市场能量。王达（2014）认为，在技术层面，网络、通信以及计算等领域的技术革新与普及是中国互联网金融勃兴的重要前提和基础。Web 2.0 时代的互联网技术信息聚合的能力更强，更加开放，极大地改变了信息的获取和传播方式。这种信息网络使互联网金融产品的开发和营销更具可行性。而移动互联网的普及又进一步拓展了互联网的边界，使碎片化、个体化的金融服务成为可能；云计算和大数据技术的成熟及运用改进了信用风险评估控制的方法和效率，为基于海量数据处理的互联网金融奠定了技术基础。陈维（2014）也认为，近年来，以互联网企业开启金融服务为标志，我国互联网金融出现井喷式发展。其技术层面的原因包括四个层面：其一，社交网络、电子商务、第三方支付、搜索引擎等提供大数据支撑；其二，云计算和行为分析理论为进行大数据挖掘提供了可能；其三，数据安全技术能力的增强使隐私保护和交易支付顺利进行具有保障；其四，搜索引擎降低了金融参与者获取相关信息的难度。这些技术的实现能够极大地降低金融交易成本和风险，促使互联网金融的扩张。

与强调互联网金融技术变量的观点相联系，部分研究则强调了互联网技术与金融叠加之后互联网金融所具有的功能优势也是其兴起的重要原因。吴晓求（2015）认为，金融功能与互联网技术的耦合是互联网金融发展的必要条件，构成了互联网金融存在的逻辑基础。互联网与金融功能的耦合主要表现为：其一，互联网金融可以进一步优化金融的资源配置功能。互联网可以更有效地识别信用风险，解决经济活动中信息不对称性问题，能够实现金融资源的优化配置。其二，互联网金融可以进一步改善既有的以商业银行为主体的支付体系，提供更便捷的支付清算服务。其三，互联网金融具有进一步完善财富管理的功能（包括向下延伸客户链；提供成本低廉、快捷便利的基于财富管理的金融营销网络；推动余额资金的财富化，扩大财富需求者规模）。其四，互联网金融具有改善金融价格形成机制的功能，使金融价格信息更加丰富、及时、准确。周琰（2015）认为，互联网金融的出现是对传统金融的一种补充。互联网金融通过互联网技术的使用，使其具有时空性、递增性、普惠性、数据性及综合性的功能，不仅拓宽了传统金融的服务领域，也拓宽了传统金融的产品创新领域。互联网金融的发展使更多的大众消费者及中小型生产商能够享受金融服务给经济生活带来的便利性，促进了金融活动的普惠性发展。互联网金融突破了传统金融发展的时空限制、地域限制、行业限制以及渠道限制，通过网络属性扩展了其服务的领域和范围。其充分的信息收集和处理能力极大地促进了金融服务创新。这些都推动了互联网金融的快速发展。

其次，互联网金融的兴起与其面对的制度条件或制度环境有紧密关系。持制度视角的相关分析认为，互联网技术直接推动了互联网金融的发展，但在中国情境下，互联网金融的兴起与发展根本上离不开特定的制度环境。这种制度环境包括两个方面的内容：一方面，长期以来，以正规金融主导的银行体系及其金融抑制是互联网金融发展的结构性力量（王念等，2014）；另一方面，近年来国家在互联网金融发展方面相对包容的政策环境也是互联网金融得以发展的重要原因。王军（2014）强调了这两方面的制度因素对于互联网金融兴起的影响。其研究认为，多年来，中国的金融业基本上由银行主导并垄断，金融机构的创新能力以及服务意识不够，银行主要为国有大中型企业和政府融资平台服务，中小微企业和个人客户容易遭遇金融“门槛”。在金融发展与创新被抑制的情况下，互联网金融的出现和发展为中国金融市场的深化、变革和客户需求的爆发提供了契机。同时，国家阶段性金融监管理念的变化和政策调整也促进了互联网金融的发展。国家强调简政放权，释放改革红利，促进中小微企业发展的政策导向，也使金融监管部门对于互联网金融创新采取了相对包容和有条件支持的态度。也有研究者认为，从制度层面看，中国长期以来以利率和信贷规模管制为特征的金融抑制扭曲了金融资源的市场化配置机制和金融机构的创新意识与能力。这就导致广大中小企业的融资需求和“草根”阶层的金融服务需求被抑制和忽视。在特殊制度环境下，金融资源的错配以及金融机构意识和行为的扭曲为互联网金融的产生和高速成长创造了条件，甚至促成了互联网金融一段时间内的“野蛮生长”（王达，2014）。还有研究者把互联网金融的发展本身就看作一种制度变迁。李海燕等（2014）认为，互联网金融的出现与发展本身就是中国金融制度变迁的重要内容。新的融资渠道、新的融资模式、新的金融服务，大量新生事物的追求者，以及由此引发的新旧金融模式间的竞争和对新的金融管理制度的需求等因素，都促进了互联网金融的生成与发展。此外，也有一些观点认为，从制度角度看，互联网金融的发展在一定程度上也是因为国家金融监管体制存在罅隙，为其发展提供了制度空间。例如，王国刚（2014）认为，以第三方支付等为代表的互联网金融快速发展本质上受益于我国分业监管的金融监管体制。这种分业监管人为地切断了各种金融机制和金融产品之间的内在联动关系，严重限制了金融机构的业务拓展以及与实体经济的联接。这恰恰为互联网金融的发展提供了条件。因为部分互联网金融平台或企业不属于金融机构的范畴，其业务活动实际上可以规避金融监管部门的直接监管，反而获得了自由扩展的空间。

最后，关于互联网金融的兴起，既有研究中基于市场自然演化视角的相关观点也占有一定的比例。从这一视角出发的相关研究或观点认为，互联网金融在国内的快速发展也存在着金融市场需求扩展本身的诱因，互联网金融本身是部分平台企业、金融机构发现和识别这一潜在需求及收益后的一种市场回应。王海军等（2015）指出，互联网金融是一种需求推动的金融创新。互联网金融业态创新来源于消费者日益增长的个性化、细分化和非标准化的金融消费需求。互联网金融企业能够根据消费者的消费习惯、风险偏好、信用情况、支付能力等来开发和设计个性化的金融产品与服务。因此，在一定程度上，互联网金融兴起的微观基础是市场需求结构的变化。赵燕等（2015）也把金融市场的供求结构作为互联网金融发展的重要因素。其观点认为，随着普惠金融等理念的提出，我国广大中小企业的金融需求持续增长和扩展。互联网金融基于自身的禀赋特征或功能优势，受到了小微企业的欢迎。这为互联网金融的市场规模扩展提供了重要的需求空间。类似地，也有观点直接指出，小微企业的成长和消费群体需求的增长带动了互联网金融的兴起。相关观点认为，一方面，互联网金融的发展离不开众多小微企业的成长。互联网金融的产生和发展契合了小微企业融资需求的特点，能够满足小微企业从正规金融机构无法获得的金融需求；反过来，小微企业通过互联网平台融资也极大地促进了互联网金融的发展，为其发展提供了动力。另一方面，消费者的消费需求可以被看作互联网金融发展的根本动因。互联网金融能够较好地满足个体消费者进行网上支付、财富管理、资产保值增值等需求，为普通消费者的金融理财等提供了新的渠道，因而在互联网时代不断增长的消费群体需求的增长也客观地拉动了互联网金融的发展成长（周琰，2015）。潘博等（2014）也强调指出，市场需求是互联网金融兴起的决定性力量。互联网金融之所以迅速发展，追根溯源还是市场的强劲需求。其主要表现为三个方面：其一，互联网金融可凭借互联网平台的优势，针对客户多样化的需求，根据客户信息进行创新，以此为支点推出量身定做的金融产品，最大化满足客户需求；其二，实体经济产生新的金融需求推动互联网金融的产生与发展；其三，互联网金融能够为投资者提供多样化和便捷的投资理财渠道并带来较高的投资收益。这些综合性的市场因素为互联网金融的兴起与发展提供了重要需求动力。

（三）文献评述

通过上述文献梳理，我们发现，既有研究对于理解和解释中国银行业的发展变迁提供了诸多有价值的知识和启示。这些研究关注或回答了中国银行业发展变迁中某些需要具体回应的问题，如银行业的规制与监管问题、银行业的市场准入问题、银行业的金融深化问题等。相关观点或成果能够从侧面反映出学术界及决策部门对于银行业发展变迁问题的思考重点、观察视角、分析策略等。然而，从经济社会学实证研究及学科知识积累与创新的角度，以及从深刻理解中国银行业制度变迁及其逻辑的角度出发，我们认为既有的相关研究仍然存在着一系列的不足，导致我们无法从一个整体性框架出发深刻理解中国银行业形态的演变或制度变迁，无法真正勾勒和揭示出影响中国银行业发展变迁的历史制度逻辑。

首先，关于中国银行业的制度变迁，受银行业改革发展的客观历史经验影响，既有研究主要关注的是某一阶段国有银行体系、正规金融体系的改革与发展，相关的研究议题大多局限于国有银行的体制改革方案、银行业监管政策等具体问题；相关研究分析也大多局限于一般的政策性与规范性的分析，缺乏深入的实证性的解释。这就导致相关研究成果呈现出阶段性、碎片化、应然性等特征。

其次，具体而言，第一，既有研究中关于中国银行业金融抑制与金融深化的讨论，尽管指出了中国银行业体系、银行业规制的现实特征及重要“瓶颈”，为进一步的金融体制改革、扩大金融体系的开放度与市场化水平指明了方向。然而关于这一问题的大量研究更多的是一种症结诊断式与规范性的分析，缺乏深入的制度机制性的解释，因而不能揭示从传统金融到互联网金融的变迁机制与变迁动力。金融抑制与金融深化的确是中国银行业、金融体系的一个重要特征，但如果仅仅从金融抑制或金融深化出发来考察银行业的发展变迁，在较大程度上不能揭示为什么银行业发展变迁在特定阶段、特定领域实现从较高的金融抑制转向一定水平的金融深化，推动这种转变的动因是什么？这些都是既有的相关研究无法涵盖和回应的重要问题。第二，关于中国银行业改革产权结构派与市场结构派的争论指出了银行业改革不同路径及切入点的可行选择。但是，关于这一问题的争论主要集中于对传统国有银行体系改革的讨论，而当引入民间金融、互联网金融的发展之后，尚未看到有较多从这一关系角度出发展开的较有价值的研究。客观而言，当国有银行股份制改造及上市的改革完成后，围绕这一问题的争论基本上不再是重要的讨论议题，学术界和决策部门也不再把产权改造和市场结构改造当作对垒性的问题来看待。相关研究也已证明，在中国银行业改革的不同阶段，产权改革与和市场集中度的改革并非中国银行业发展变迁中非此即彼的问题。同时，围绕这一关系命题而展开的相关研究也未能较好地解释中国银行业形态演化的组织与制度逻辑，其基本的观点假设主要是建立在产权经济学和产业经济学产业组织理论的基础上，缺乏经济社会学的机制性解释。此外，从产权与市场集中度（结构）角度出发的解释更主要的是一种静态的效率分析，而忽略了中国银行业形态变迁深层历史制度机制。第三，从强制性制度变迁与诱致性制度变迁视角出发的相关研究与争论，引入了制度变迁的视角，从影响制度变迁的主导力量及制度变迁方向的角度描述了中国银行业改革发展的基本性质，为我们理解中国银行业的发展变迁提供了一种制度性分析的路径。然而，与产权结构 VS 市场结构的分析研究类似，无论是强制性制度变迁还是诱致性制度变迁的相关解释只是强调了中国银行业改革发展的推动主体及基本诱因——是基于潜在收益还是基于国家强制性力量。这种策略的研究同样不能揭示中国银行业发展变迁隐含的一致性逻辑，进而不能回答什么条件下银行业的变迁会选择强制性变迁路径或诱致性变迁路径，以及两种变迁路径之间为什么会发生替代；另外，强制性变迁与诱致性变迁的相关研究要么过分强调了国家或政府“自上而下”的强制力作用，要么过分强调了“自下而上”的需求因素的影响，进而都在一定程度上忽略了银行业相关行动主体之间围绕制度变迁而建构的博弈互动及其意义，这也就忽略了中国银行业形态变迁历史进程中真实存在的产业政治对制度变迁所具有的重要影响。第四，关于互联网金融兴起，相关研究分别从技术、制度、市场需求等角度进行了分析，但大部分研究还只是从规范性、描述性的角度进行了相关讨论，而且大多数研究得出的相关结论基本上大同小异。这些研究能够对人们理解互联网金融的兴起提供一些背景性知识和感性认识，但缺乏从变量间关系及作用机制的角度进行解释性研究。这些研究只是静态地讨论了不同因素对于互联网金融兴起的影响，实际上忽略或割裂了互联网金融作为一种新的金融形态与传统的正规金融、民间金融之间的历史勾连，因而无法深刻揭示植根于中国银行形态历史演化进程中政府主导的产业制度变迁逻辑对于互联网金融兴起所具有的意义。因此，相关解释不能提供一种贯穿银行业长时段变迁的制度逻辑的解释，不能为理解互联网金融的兴起提供一种具有洞见性的历史制度解释。

三、理解中国银行业变迁的新范式

（一）理论视角

本书试图运用经济社会学历史制度主义的相关理论范式，从中国银行业形态演变的历史进程出发，考察和揭示中国银行业发展变迁的一致性的历史制度逻辑，进而为中国互联网金融兴起提供一种历史制度性的解释。

（二）概念工具

本书的分析主要包括两个核心概念工具：国家主导下的增量式改革及隐含于其中的产业政治。本书将具体借鉴林德伯格、坎贝尔、弗雷格斯坦等经济社会学家关于产业变迁的相关解释策略、理论假设、概念工具，综合构建起一套系统性的分析工具和框架，来揭示和分析从传统国有银行体系、民间性金融到互联网金融等银行业形态演化的共通性逻辑。这一共通性逻辑大致从形式逻辑和行动逻辑两个层面去理解：一方面，从中国银行业金融形态演化过程来看，从传统国有银行体系、民间性金融到互联网金融，每一阶段的发展都隐含着某种相似的增量式改革或制度创新的形式逻辑；另一方面，这一增量式的改革或制度创新的背后又隐含着包括国有银行、股份制银行、民间金融企业、互联网金融企业、中央政府、地方政府等多元主体间围绕改革的核心问题、改革目标、路径与方案、改革利益协调等而构建起来的互动博弈——产业政治的逻辑。正是这双重逻辑的交织和共存构成了中国银行业金融形态演化的历史制度根源和机制。

（三）分析框架

本书试图从增量式改革与产业政治的角度出发考察和揭示中国银行业形态演化的历史制度逻辑，兼而解释互联网金融兴起的历史制度原因。为此，本书的因变量（项）可以表述为：中国银行业的形态及其变迁（具体包括国有银行体系的改革与发展、民间性金融的再度兴起与制度化、互联网金融的异军突起）。本书的自变量（项）可以表述为：增量式改革与产业政治（具体可操作为三个维度：第一，不同阶段银行业发展面临的核心问题与国家战略认知；第二，产业政策与增量式战略构建；第三，产业主体间博弈及政银商关系）。总体上，本书的分析框架可概括为表 1－1。

表 1－1　　中国银行业金融形态演化的历史制度分析框架

项目 \ 时间	1984～2007 年	2008～2012 年	2013～2015 年
因变量（Y）：产业形态	从专业化分割银行体系到多元体系构建	民间金融的再度兴起与制度化发展	互联网金融的异军突起及其对传统金融的超越
自变量（X）：（X1）决策者认知	服务于国企改革与国家宏观调控、把银行办成真正的银行	从服务三农到服务实体经济、民间金融宜疏不宜堵	传统银行业金融体系的局限、作为金融创新形式的互联网金融
（X2）增量式战略构建	允许股份制银行等金融机构的发展、引进境外战略投资者	发展小额贷款公司、村镇银行等金融组织；区域金融改革	鼓励和规范以第三方支付、P2P 等为代表的互联网金融发展
（X3）产业政治	国家控制下依附性的政银商关系、央地间金融控制权博弈	市场化的非对称银企关系、村镇银行的准入游戏	金融脱媒条件下均衡对称性依赖的政银商关系、传统银行业与互联网金融间竞争与合作

四、研究意义与创新

本书以中国互联网金融何以快速兴起为提问起点，从中国银行业的三阶段形态演化出发，运用经济社会学历史制度学派的理论视角，来揭示30多年来中国银行业金融形态变迁的历史制度逻辑。无论是从国内关于银行业发展变迁的研究来看，还是从国内经济社会学领域关于我国重要产业变迁、产业治理的研究来看，本书在理论与实践层面都具有一定的研究与参考价值。

在理论创新层面，本书试图超越传统关于中国银行业发展变迁中规范性研究、对策性研究以及静态结构性分析的局限，从改革开放以来中国银行业复杂变迁的脉络中，揭示从传统金融到互联网金融发展所内含着的一致性的历史制度逻辑，而既有研究中相关路径的实证研究相对较少。本书运用历史制度主义的相关理论概念工具，从增量式改革及产业政治的角度出发对中国银行业的发展变迁进行阐释，能够深刻揭示出国家的产业认知、产业政策及改革战略、产业主体间的互动关系等对于银行业变迁的重要影响机制。这一解释能够为我们理解中国银行业的发展及产业治理提供一种不同于既有研究的新的解释路径，也能够进一步丰富国内经济社会学关于国家关键性产业变迁及产业治理的研究成果。

在实践层面，尤其是国家的产业治理层面，本书能够为我国金融业的改革发展及其政策构建提供有一定价值的理论参考。特别是在当前全球经济仍未完全走出经济危机影响，中国经济发展进入结构性调整的新时期，我国金融业尤其是银行业如何更好地服务于经济结构调整和产业升级，并同时进一步推进自身的改革发展，是我国金融产业治理和经济转型的重大战略问题。在此情景下，通过深入考察和分析中国银行业发展变迁的历史制度逻辑，本书的研究成果及发现，能够为优化和改进国家对于金融业的产业规制，提升产业治理绩效提供有意义的启示。

五、方法与实证材料的获取

本书主要运用经济社会学质性实证研究方法，考察和分析中国银行业形态的历史变迁，并揭示这一变迁历程所隐含的制度逻辑。

在实证材料获取上，本书主要采用文献研究法。

本书的实证材料主要包括如下类型：第一，有关于中国银行业、金融业的发展大事记材料、国家及相关部门关于银行业等统计数据（主要是统计年鉴数据、中国人民银行年报数据、中国金融稳定报告数据等）；第二，政府关于中国银行业改革开放以来的政策文件、公报、通知、指导意见、法规、工作总结、官员讲话、行业规划等；第三，关于中国银行业、金融业的相关学术性、专业性研究成果，也包括一部分商业机构的行业研究报告成果等；第四，各主流新闻媒体、网站关于中国银行业、金融业的相关新闻报道、观点争论性文章等。

本书实证材料的收集渠道：第一，中国人民银行、银监会、国家发改委等政府相关部门的门户网站、主要商业银行的网站、新浪财经等主流财经网站等提供的相关材料；第二，图书馆馆藏的相关著作、期刊文献、统计年鉴等，以及中国期刊网和一些外文期刊数据库可供搜索和下载的关于中国银行业、金融行业的相关研究成果；第三，还通过与部分基层银行机构、非银行金融类机构的工作人员进行交流获得一些访谈类辅助性的经验材料。

| 第二章 |

历史制度主义与产业变迁：展开分析的理论基础

20 世纪 70 年代以来，以英国撒切尔夫人的执政和美国罗纳德·里根出任美国总统等为起点，以布雷顿森林体系[①]的崩溃、华盛顿共识[②]的达成为重要历史标志，全球政治经济领域再一次兴起了自由主义的思潮。在此宏观背景下，西方社会关于经济发展与产业治理的基本理论想象或意识形态逐渐走出战后凯恩斯主义的束缚，重新回到了以新古典经济理论为基础的自由主义经济治理时代。在新自由主义范式的经济理论指导下，西方国家开始普遍反思凯恩斯政府干预经济的政策弊端，并重新举起了亚当·斯密所主张的让市场充当经济治理“无形之手”的旗帜，国家或政府逐渐从之前的干预经济和较高程度的经济规制模式中退身出来，充当“守夜人”的角色。与之相应，在西方学术界，以新古典的经济理论为代表的主流经济学日益呈现出所谓的“经济学帝国主义”的特征，一部分经济学家开始运用经济学的基本原理和逻辑来理解一系列社会现象和社会问题，并实质性地造成对传统社会科学领域社会学、政治学等学科的领地“侵占”[③]。也正是在这一时期，作为对所谓的经济学帝国主义的回应，以及对新自由主义范式引导下“市场失灵”等经济现象的照应，在社会学、政治学等社会科学领域也逐渐兴起了一

① 可参考孟宪扬：《对布雷顿森林体系的评价》，《世界经济》1990 年第 1 期。

② 可参考李珍：《华盛顿共识与发展中国家新自由主义改革》，《世界经济与政治》2002 年第 5 期。

③ 可参考斯威德伯格：《经济学与社会学》，商务印书馆 2003 年版。

股反新古典自由主义理论假设的学术力量。其中，作为在经济社会学、政治学领域都非常有影响的新制度学派，尤其是历史制度学派的相关理论思想开始兴起。一部分研究者开始运用新制度学派的基本假设和观点，来理解东亚经济体及中国等部分新兴经济体的经济成功模式。这一领域的大量研究及共享的理论观点为我们理解一国或地区经济发展以及特定产业的治理变迁等提供了有价值的视野、工具和框架。

一、历史制度主义的视野及其理论特征

从理论发展的过程来看，历史制度主义等新制度学派的发展其实是跨学科领域的，在社会学、政治学等社会科学领域都产生了重大影响。20 世纪 70～80 年代以来，作为对以新古典经济理论为代表的理性范式理论的回应，包括历史制度主义在内的新制度学派试图重新找回“制度”在政治、经济和社会现象解释中的重要位置（马奇，2011）。1984 年，组织社会学家詹姆斯·马奇和约翰·奥尔森在美国《政治科学评论》发表了《新制度主义：政治生活中的组织因素》这一重要文章，将政治学、社会学的研究“推进”到了新制度主义阶段（杨福禄，2006）。在这篇文章中，马奇和奥尔森对以行为主义[①]为代表的传统政治理论进行了批判。他们认为，传统的行为主义政治理论忽略了对影响人类政治行为的制度因素的分析，是一个重大的缺陷。具体而言，传统政治理论存在多个方面的局限，例如，其一，倾向于将政治现象视为个别行为所产生影响的总和，而忽略了影响政治结果的组织结构及行为规则等因素的影响，因而有明显的简约论特征；其二，倾向于将政治行为理解成为一种经济理性的行为，忽略了个体对特定义务和责任的反应；其三，倾向于将历史视为达到唯一的、适宜的均衡的有效机制，忽略适应性欠佳的可能性及历史发展的多种可能性；其四，倾向于将决策的制定和资源的分配界定为政治生活的核心任务，较少关注政治生活中符号、仪式等

① 行为主义政治学主张以政治行为和行为互动为研究对象，通过可观察的人的行为来阐释一切政治现象。行为主义坚持先验的经济人假设，认为人的偏好是稳定的，不受制度的形塑和改变（魏少亮等，2005）。

意义性的维度（杨福禄，2006）。为与传统的行为主义政治学划清界限，马奇等新制度主义者提出了自己相对应的理论观点，例如，“我们论证了政治制度的相对自主性和独立的作用以及它们的组织特性所具有的重要性；我们主张政治是围绕着对生活的解读以及意义、目标和方向的发展而组织起来的；我们关注制度化的规则、规范以及标准执行程序对政治行为产生影响的方式；我们坚持认为历史是无效能的，并批评了各种标准的均衡模型”（马奇等，2010）。

在之后的理论发展演进中，历史制度主义逐渐从新制度主义体系中进一步分化出来。1996 年，彼得·豪尔和罗斯玛丽·泰勒等在英国《政治研究》杂志上发表了《政治科学与三个新制度主义》一文，他们认为新制度主义可以分为历史制度主义、理性选择制度主义和社会学制度主义（何俊志，2004）。在其中，豪尔和泰勒还从四个方面概述了历史制度主义的基本特征：历史制度主义倾向于在相对广泛的意义上来界定制度与个人行为间的相互关系；强调在制度运作和产生过程中权力的非对称型；在分析制度的建立和发展过程中强调路径依赖和意外后果；关注其他因素尤其是能够产生某种政治后果的因素来整合制度分析（Hall and Taylor，1996；何俊志，2002）。然而，学术发展史上最早从严格学术意义上使用和阐述“历史制度主义”的却是历史社会学家瑟达·斯科克波尔（Theda Skocpol）、凯瑟琳·丝莲（Kathleen Thelen）和斯文·史泰默（Sven Steinmo）等人。在他们的观点中，“历史制度主义代表了这样一种企图，即阐明政治斗争是如何受到它所得以在其中展开的制度背景的调节和塑造的”（杨福禄，2006）。很显然，在政治学的历史制度主义中，政治行为或政治现象开始与特定历史阶段的制度结构因素发生关联。

历史制度主义是一种将历史和制度（结构）因素纳入分析框架的理论流派，具有其独特的理论特征和解释策略。对此，我们可以从国内一些研究者的梳理中得到较清晰的认识。首先，从研究的主要内容及基本观点来看，历史制度主义表现出了其理论建构的容纳性以及和其他理论（包括传统的行为主义政治理论、理性选择制度学派、社会学制度学派等）的差别性。例如，其一，关于制度的内涵。新制度主义将制度纳入分析的框架中，尽管很多研究者都自称为所谓的新制度学派，但事实上，这些制度学派很少以统一的面目出现。即便是关于制度这一概念而言，也存在着诸多不同的界定和理解。其中，理性选择的制度主义一般将制度定义为功利性的层次，认为制度是理性的个体为了解决集体困境所作出的策略性算计行为，它遵从“偏好—制度（约束）—行为”的逻辑；而社会学制度学派则将制度界定在更加宽泛的层次，往往将制度等同于文化的概念。认为制度不仅包括正式的规则、程序、规范，而且还包括为人们的行动提供意义框架的象征系统、认知模式和道德模板等（魏少亮等，2005）。相对而言，历史制度学派对制度的界定则介于理性选择制度学派和社会学制度学派之间，对于制度内涵的界定相对更具弹性。以豪尔和泰勒为代表的历史制度主义者认为，制度是指嵌入政体或政治经济组织结构中的正式或非正式的程序、规则、规范和惯例。其范围涵盖官僚体制内等的操作规程和对工会行为及银企关系起管制作用的一些惯例。在历史制度主义理论中，制度是与组织和正式组织所指定的规则和惯例相连的。这也就决定了历史制度主义者更关注国家与社会制度的整体范围如何影响政治行动者确定其利益，以及如何构建起同其他团体的权利关系。诸如竞选规则、政党系统的结构、不同部门间关系、工会等经济行为主体的结构和组织等，都被纳入了制度的范畴（杨福禄，2006）。其二，关于制度的起源和变迁。历史制度主义高度关注制度的起源和变迁。不同于理性选择制度学派的功能主义观点①，历史制度主义坚持制度变迁路径依赖的解释。制度变迁过程中容易形成一种自我强化机制。由于政治生活中制度密集、政治权威和权力的非对称性特征、政治生活复杂性和不透明等原因，政治领域的制度变迁比经济制度有更强的路径依赖。关于制度变迁的路径依赖，保罗·皮尔森（Pierson，2000）在《回报率递增、路径依赖和政治学研究》（*Increasing Returns*，*Path Dependence*，*and the Study of Politics*）中指出，一旦某个制度被确定并运作，它能够提供比其他可选制度更大的收益，制度的报酬递增机制会实现制度的自我强化。而制度的学习效应、协同效应、适应性预期和退出成本的增大等，也使制度变迁更加困难，由此导致制度被锁定在固定的轨道。同时，历史制度主义还认为，制度变迁是一种渐进式的变迁，制度变迁

① 理性选择制度学派认为，制度的产生和存续是基于相关主体能够从制度或制度变迁中获得的成本收益的权衡。

是一个不断演进的过程而非设计的产物。其三，关于制度观。历史制度主义强调政治制度对公共政策和政治后果的重要影响，同时也特别强调政治变量之间的排列方式对政治后果的重要作用。制度通过塑造行动者的策略和目标，并通过协调其合作与冲突的关系，来构造政治的情景，并对政治结果产生显著影响（杨福禄，2006；魏少亮等，2005）。一方面，制度会对其框架范围内活动的不同行动者的最终行为结果产生重要影响。不同的制度结构意味着一种非对称权力结构的存在，进而形成不同的社会力量对比格局，既定的制度安排对这种力量对比有着重要的维护作用。也正是这种力量对比构成了制度变革的内在张力。另一方面，制度对行为者的行动方向和行动方式，以及它们对自身与其他行动者的关系判定具有构造作用。行为者的利益判定不是在真空中产生的，而是基于对特定制度结构的规定而产生的（曹胜，2009）。

其次，历史制度主义也具自身独特的理论特征和解释策略，为解释制度变迁及其后果提供了具有历史洞察力的解释路径。其一，历史制度主义关注长时段历史变迁及关键时间点的重要意义。在历史观上，历史制度主义注重通过追寻事件发生的历史轨迹来找出过去对现在的重要影响，强调政治生活中路径依赖和制度变迁的特殊性，并试图通过放大历史视角来找出影响事件进程的结构性因果关系和历史性因果关系（何俊志，2002）。历史制度主义在分析对象上，不屑去处理那些由行为主义和理性选择理论所处理的微小事件，而是致力于发掘重大的政治事件和对人类产生重大影响的政治过程。历史制度主义更倾向于在大历史的视野内展开分析。例如，国家和社会革命、改革、全球化以及一些重大的偶然事件等都是历史制度主义关注的重点。因此，历史制度主义的分析其时间跨度从数十年甚至上百年（杨福禄，2006）。在历史制度主义的分析中，找到重要事件在时间序列上形成的关键节点是其展开分析的重要方法或策略。历史制度主义认为，关键节点主要是指历史发展过程中某个特殊的时间点，在这个时点上发生了重大的政治事件，对之后的历史发展产生了重大影响。通过分析这个关键点，可以更好地把握历史变迁的主要路径和特征。正如瑟伦所言，历史制度主义经常认为制度变迁实质上就是平衡断裂的过程。重要制度变革的机会常常出现在一个短暂的时刻，紧接着就是制度保持稳定性的较长阶段（刘圣中，2009）。概括而言，历史制度主义热衷于从历史的角度对政治现象进行因果分析，将历史视为一种过程，强调历史对于现实、过去对于现在的影响。在历史制度主义者眼中，那种脱离了历史情境的制度研究终究是不全面和无意义的（谭融等，2013）。其二，历史制度主义重视国家的作用。在行为主义的政治理论中，国家的重要性被明显地忽略，其更强调的是微观的政治行为。不同于行为主义的理论传统，历史制度主义重点强调了国家在政治经济现象及制度变迁中的关键作用。有观点认为，历史制度主义借鉴了比较政治学中的政治发展观，重新勾勒了国家在政治发展中的核心地位，矫正了行为主义对国家研究的忽视。这方面的代表人物及代表作有：斯科克波尔的《国家和社会革命：法国、俄国、中国的比较分析》（1979）、《对资本主义危机的回应：国家的新马克思主义理论及新政的案例分析》（1980）、《国家能力以及早期新政中的经济干涉》（1982）。在这些著作中，斯科克波尔强调了国家在政治发展中的重要性，把国家作为分析政治结果的重要工具。另一个代表人物埃文斯在其著作《回归国家》中，明确强调了国家本身所具有的独立性和自主性，反对多元主义将国家处理成一个无关变量及认为个体偏好可通过党派、利益集团等自动达成政治结果的观点。埃文斯认为，集体行动者、制度都有着自己的历史，它们塑造着利益的表达；宪法和政治制度、国家结构、政策网络等构成了政治过程，它们自身就塑造着政治的结果。为此，许多历史制度主义学者都会涉及跨国公共政策的比较，尤其强调国家政治制度在国会、利益集团、选举、司法等领域的各种复杂关系（赵晖等，2003）。在历史制度主义者看来，国家的作用主要体现在为政策建构提供制度性的约束。在特定政策实施过程中，决策者会受到国家组织本身具有的制度特点的约束，即国家组织的制度特点会制约决策者政策手段的选择，从而决定着国家行动者的自主性和能力大小。所谓的国家组织的制度特点又主要包括三方面内容：国家的决策传统和政策理念取向；决策结构的纵向集团化程度；决策结构的横向凝聚性程度（李汶纪，2003）。其三，历史制度主义非常重视观念、认知、意义系统等因素对于政策及制度变迁的影响（Schmidt，2008；李骥，2004；刘圣忠，2010）。在历史制度主义的解释框架中，除了历史和制度的要素外，研究者还注重强调观念或理念的重要作用。理念影响着制度选择的方向、模式和结果。许多历史制度主义者都从不同角度揭示了理念和制度、理念和政策、制度和认同等要素间的互动关系，并阐释了理念对相关问题的影响，在这些研究中都凸显了理念在制度变迁中的先在性地位和作用（刘圣忠，2010）。其实，在讨论什么是制度的问题上，历史制度主义就比较明显地把观念、认知或理念等放到重要位置，甚至经常也会把观念作为制度的一种类型。彼得·豪尔就认为，制度除了正式的规则之外，还包括非正式程序、日常惯例等。在其后来的研究中，豪尔直接把观念视同为一种制度安排。也正是因为重视观念的作用，历史制度主义在展开研究分析时，非常强调把制度分析和观念等其他因素结合起来，并认为制度与观念之间存在着某种一致性（赵晖等，2003）。

关于理念等观念因素与制度变迁之间如何互动，历史制度主义者一方面认为，价值、理念等会受到制度结构、制度环境的塑造。在历史制度主义者看来，政治行为既是行动者的动机、利益和偏好的产物，也是环境提供机会及环境对机会的约束的产物。这种动机、利益和偏好不是既定的，而是变动的，甚至是无法预知的（朱德米，2007）。个人偏好相对于制度来说是内生性的，价值和偏好都源出于特定的制度背景。制度会形塑政治行动者的偏好追求、目标和手段（魏少亮等，2005）。例如，高登斯坦（Goldstein，1988）的研究在分析美国贸易方面制度结构时，就强调了制度结构会强化某种观念，而同时弱化另一种观念。韦尔斯（Weirs）的研究则分析了英美两国政治制度的差异对于凯恩斯的思想在两国不同的传播影响力的影响（赵晖等，2003）。

另外，历史制度学派又认为政治行为、制度会受到理念等因素的重要影响。有观点认为，一个国家的政策理念取向和决策传统会限制决策者的思考范围，并反映决策者的习惯和偏好。政策产出的结果不会超出决策者和决策系统的思想传统和政策理念范围。政策理念是决策过程中具有一贯性和统一性的思想体系，它是确定国家政策基本方向和战略目标的基础，并且是当政策实施遭遇困难时提供解决方案的思想基准和理论依据。而政策理念对决策过程和政策变化施加影响，主要通过三个渠道：在决策者设定政策目标时提供认知地图；在各行为者之间发生利益冲突和矛盾时，提供解决矛盾的客观标准；对政府机关、法律、规范和程序等政治制度不断施加影响力（李汶纪，2003）。关于理念对制度变迁的影响，彼得·豪尔也认为，理念实际上是制度变迁的重要动力，理念在经济社会发展中发挥着重要的基础作用。理念在特定制度结构下会对一定的政治人物产生重要的观念影响，从而推动实施某项新的政策。同样，豪尔也指出，理念要发挥影响，还需要借助一定的组织渠道。任何理念的社会力量都必须在这些理念被有力的政治组织采用，并且与其他意识形态方式整合在一起，被更广泛地扩散到社会机体时才能得到产生和增强（刘圣忠，2010）。类似地，坎贝尔也认为，认知和规范是制度变迁的观念基础。思想观念是影响制度变迁的重要因素，思想观念可能是内在于决策背景中被视若当然的基础性假定，也可能是位于决策前台中被决策者明确阐述的概念和理论。思想观念既可以是认知性的，也可以是规范性的。并由此可以划分出四种观念类型：认知范式、公共情感、程序和规范框架。在坎贝尔看来，不同的思想观念会以不同的方式影响决策或制度变迁。其中，范式是认知性的基础假定，通过界定决策者所能够想到且认为是有用的方案选择集，来制约决策与制度变迁。公共情感是规范性的背景假定，通过限定决策者可能想到且对于其支持者和自己来说都可接受的程序范围，进而制约决策与制度变迁。程序是处于决策前台的认知性概念和理论，通过规定和说明决策者如何解决具体问题，而对决策与制度变迁产生促进作用。框架是处于决策前台的规范性概念，有助于决策者将其程序在支持者当中合法化，进而实现制度变迁（向静林等，2015）。与理念相关，历史制度主义也探讨了认同在制度变迁中的作用。历史制度主义者卡岑斯坦在其著作《文化规范和国家安全》中就运用历史制度分析的方法分析了文化规范和国家安全政策之间的关系。其研究发现，日本的安全政策和美国、德国的安全政策有较多差异，其根源在于日本社会中的认同因素对于其安全政策的制定有重要影响。他认为，是日本社会和文化中的规范性认同（包括特定国家体制下的规制性规范和形成性规范），而不仅仅是权力平衡和自由主义观念促成了日本国家安全政策上的和平性、历史态度以及在国际体系中的定位（刘圣忠，2010）。

此外，随着理念或观念在历史制度分析中的重要性不断凸显，近年来，在历史制度主义的发展中甚至还出现了所谓的“观念转向”。美国学者维维恩·施密特把这种观念转向的制度学派称其为话语制度主义。在其文章《话语制度主义：观念与话语的解释力》，以及《认真对待观念与话语：话语制度主义如何解释变迁》中，施密特描述了历史制度主义的观念转向。他认为，观念是话语的实质性内容，政治学者一般是在三个重要层面上理解并运用观念的概念。第一个层面包含由决策者制定的具体政策和实施方案。第二个层面包含使政策性观念得以巩固的更为一般化且更加基础的程式。第三个层面则是所谓的“公共哲学”“公共情感”或“深层内核”层面，主要指涉以知识和社会生活中的系统化观念、价值与原则作为基石，承载并巩固政策性观念和程式化观念的各种世界观。在此基础上，施密特区分了两种观念类型，即认知性观念和规范性观念。其中，认知性观念阐明了是什么和做什么的问题，能够为政治行动赋予指导方针和实施路线，通过揭示政策和程式同行动者的利益相契合，来证明前者的合理性；而规范性观念则根据某人应该做什么来指出什么是好的或坏的。规范性观念不仅为政治行动赋予价值，而且在程式中为政策提供合适的参照物而令其具有合法性（施密特，2015、2016）。

二、经济社会学的历史制度学派与产业变迁

正如前所述，历史制度主义是20世纪70年代以来西方资本主义体系变迁的理论产物。然而，历史制度主义的研究从来不只局限于单纯的政治领域，不仅考察和分析包括政府、政党、政策等在内的政治现象及政治行为，而且也把研究的视野和触角延伸到了经济治理和产业变迁领域，并由此形成了经济社会学领域具有较大影响力的历史制度学派的研究范式。经济社会学的历史制度学派也是在和新古典经济学及理性选择制度理论进行批判和对话的基础上兴起的。历史制度学派受到欧洲政治经济学尤其是德国历史学派的影响，反对主流经济学和理性选择理论对经济主体及经济行为的过度理性化和功利化的假设，并认为人类的经济行为总是受到其所在的特定制度环境所影响的，制度结构形塑了经济主体行动的目标、路径与策略的选择及其可能的结果等。根据高柏教授的观点，历史制度学派主要从两个层面对新古典经济学和理性选择理论的理性行为假设进行了批评：一是人类的许多行为无法用理性行为假设来分析；二是理性行为本身的选择偏好来自制度，而不是一种先验的、外在的存在。制度化的理性神话与制度本身的规范都以内生的形

式建构理性行为的选择偏好（高柏，2008）。

与政治历史制度学派的基本假设和理论特点相一致，历史制度学派在经济社会学领域，尤其是对于一国或地区经济治理、产业发展、产业变迁的研究中，也坚持从长时段的历史变迁维度，从制度分析的视角出发对一系列的经济与产业现象展开阐释分析。基于20世纪70年代以来西方资本主义经济变迁的实际，以及为与新古典经济理论和理性选择学说进行理论对话，经济社会学制度学派同样强调了经济治理、产业变迁过程中，一些关键的（非市场）变量或要素所起到的重要作用。美国经济社会学界代表人物之一的高柏教授在其研究中指出，作为经济社会学制度学派之一的历史制度学派非常关注三大方面的问题，或者说有三大基本的概念工具。其一，理性的社会建构。相对于经济学理论的个体主义的功利理性而言，经济社会学历史制度学派却认为理性本身也是被特定的制度结构、社会环境所建构出来的，其中认知因素在其中发挥了重大作用。受这一观点假设的影响，经济社会学历史制度学派在阐释经济发展和产业变迁时，就非常重视诸如意识形态、经济理论和经济思想等对理性社会建构的作用，一般都倾向于从政策范式的角度入手来剖析理性行为的社会文化特征。在经济发展和产业变迁过程中，总是会投射出一些起主导作用的经济意识形态、经济理论和思想等观念要素的深刻影响。而这些意识形态等因素又在很大程度上与特定的经济利益集团或代理人、国家权力等有紧密联系，形成所谓的产业政策范式。其二，国家的作用。在经济社会学历史制度学派的理论框架中，国家的作用并非如新古典经济学所认为的那样外在于经济发展，而是可以对经济发展和产业变迁施加重要的影响。经济社会学历史制度学派认为，国家可以通过直接或间接地影响治理机制的选择来构架经济。无论是国家的行动，还是国家制度的形式，都可以制约经济行动主体的策略行为和权力。国家既可以影响选择正式还是非正式的组织或机制来治理经济与产业，也可以影响双边和多边的交换形式；既可以影响经济生活中资源和信息的生产和配置，又可以通过产权的控制来影响经济主体的行为。因此，在这一意义上，国家在经济和产业发展中，既是一个行动主体，也是一个结构。一方面国家在经济产业发展中有自己独立的目标与利益，另一方面国家作为结构会为经济行动主体提供政治和竞争的场域与舞台。其三，高柏教授还论述了非市场治理机制以及全球化的钟摆运动在经济社会学历史制度学派分析中的重要地位（高柏，2008）。上述几个重要的分析要素或变量构成了经济社会学历史制度学派在理解经济和产业发展变迁中的基本框架和特征。

从研究的基本路径和策略来看，经济社会学历史制度学派会在考察一国或地区经济治理与产业变迁的历史经验的基础上，把观念认知、国家及其制度建构（主要是指产业政策）等变量作为理解经济治理和产业变迁的重要维度。这一鲜明特点在经济社会学历史制度学派大量经典的实证研究成果中可以得到充分的体现。比较有代表性的研究有，约翰·坎贝尔、罗杰斯·霍林斯沃思、利昂·林德伯格等历史制度学派的经济社会学家在他们所编著的《美国经济治理》一书中，就具体呈现了19世纪以来美国经济结构尤其是电信、核能、铁路、钢铁、汽车、乳制品、肉制品、医疗保健等重要产业所经历的产业治理变迁及其隐含的历史制度逻辑。通过对这些产业治理变迁的历史制度分析，坎贝尔等人试图揭示，要理解美国产业及其治理变迁就必须把对经济进程的考察与特有的政治进程的分析结合起来。产业治理机制的演进不简单地如新古典经济学所呈现的单纯基于利益和效用的自然演化逻辑，恰恰相反，在产业治理机制变迁过程中，一些非市场的机制扮演了决定性的作用。在坎贝尔看来，新古典经济学所揭示的自由市场本质上只是经济产业治理机制的一种形式而已，除自由市场机制外，实际上还有诸如责任网络、等级制、监控制、推广网络、行会等治理机制在特定阶段发挥着重要的作用（坎贝尔等，2009）。同时，在所呈现的实证研究中，坎贝尔等研究者最终得出结论认为，国家是影响产业治理变迁的重要力量，不管是通过产权控制，还是要素分配，国家可以通过多种形式影响产业治理机制的选择和变迁路径。关于国家对于产业变迁的影响，卡岑斯坦的研究指出，20世纪70～80年代以来美日等国家面对全球性的经济危机没能够实现成功的产业政策调整，而以挪威、奥地利等为代表的欧洲国家应对危机的产业政策却取得较大成功。其关键原因在于这些欧洲国家国内政治的民主统合主义的影响。相对于自由主义和国家干预主义的模式，这些欧洲国家实行的民主统合主义具有三个方面特征：一是经济和社会政策问题上的社会合作理念；二是相对中心化和集中化的利益集团；三是利益集团、国家官僚机构和政党间通过不断的政治谈判来非正式和自愿地协调互相冲突的目标。这些特征导向了某种低压政治，降低了国内不同利益集团之间的矛盾和冲突（卡岑斯坦，2009）。卡岑斯坦的研究既凸显了产业治理中国家的作用，又强调了产业不同利益主体间的博弈互动的重要意义。类似，琳达·维斯等人的研究以东亚经济的成功和英美经济的相对衰落为案例，强调了国家力量在促进经济增长中的决定性作用。他们认为，第二次世界大战以后，英美两国在全球经济体系中的相对衰落本质上就是由于缺乏国家主导的中央信息协调机构以及其在经济治理中发挥协调合作功能的缺失（维斯，2009）。而区别于西方自由主义的经济治理，以日本为代表的东亚经济体的成功则似乎归功于“聪明的国家”，即国家在干预和促进经济增长中发挥了决定性的作用。最典型的研究如 1982 年，查默斯·约翰逊在其著作《通产省与日本奇迹：产业政策的成长（1925 ~ 1975 年）》中创造性地提出了“发展型国家”的概念，为解释日本经济的战后成功提供了一种强调国家特质及国家作用的解释（约翰逊，2010）。这种发展型国家典型的特征主要包括：国家主导产业政策，扶持重要战略性产业的发展；以出口为导向型的经济战略；职业官僚体系；良好的政商关系的构建等。

如果说上述研究重点考察产业治理机制变迁以及国家的作用，那么，另一些历史制度主义的经济社会学家则从文化、理念的层面考察了产业变迁的动力和诱因。经典的研究有，弗兰克·道宾关于 19 世纪美国、英国、法国三个国家铁路产业政策的研究则从文化传统或政治文化历史差异的角度揭示了其铁路产业政策构建的差别。道宾认为，美国社区自治是政治秩序的基本要素，美国的铁路产业政策倾向于采取市场化机制的措施来确保经济自由和经济增长，防止国家采用其他形式干预经济生活。法国政治文化则具有强调集权化的国家制度以及国家统治权威的传统，这就导致法国的政治精英在规划铁力发展时使用了强力手腕，以确保自利的铁路公司不过分偏离公共利益。在英国的政治文化传统中，个体的政治自治是其政治秩序的基本因素，由政府或其他私人行动者占据支配地位是政治秩序的破坏力量，因此，英国铁路政策中将铁路规划的权力完全交给了私人投资商（道宾，2008）。与道宾类似，高柏的研究也提供了一个关于文化观念影响经济或产业治理的历史制度主义研究范例。在关于 1931 ~ 1965 年日本发展主义经济意识形态的历史制度分析中，高柏指出，受到德国历史学派、卡尔·马克思、约瑟夫·熊彼特及凯恩斯等理论传统的影响，日本从 20 世纪 30～60 年代三个阶段连续的产业政策范式都体现出了明显的发展主义的经济意识形态的影响。这种发展主义意识形态体现在产业政策中主要包括管制经济、优先鼓励生产、促进出口与高增长等特征。其具体表现为：第一，政府以产业政策来保护幼稚产业与国内市场，不鼓励外资进入，同时积极发展本国的战略产业；第二，在产业层面上，以产业行会、卡特尔和企业集团等非市场治理机制来协调经济主体的生产过程，避免过度竞争；第三，努力建立内生的创新体系，进行独立自主的研发并创立自主品牌，以迅速的产业升级换代和高附加值产品为基础进行出口扩张和经济增长；第四，在培养国家竞争力时，政府不是指定特定的企业去一味扶植，而是通过寡占竞争的机制来选择；第五，重视经济发展和政治稳定的平衡；第六，企业治理层面重视协调而轻视监控；第七，以牺牲经济结构升级换代为代价追求政治稳定（高柏，2008；费滨海，2012）。另外，理查德·斯科特关于美国医疗保健业制度变迁的研究，也发现经济理念的变化会带来产业治理模式（包括制度逻辑、制度行为主体和治理系统）的转变。其研究认为，美国医疗保健业自 20 世纪 20 年代以来先后经历了职业群体主导、政府主导和市场主导三阶段的变迁，这主要是由于不同时期，政府、社会在医疗保健业不同的认知理念（福利权利与效率）变化所导致的（斯科特，2008）。

三、历史制度主义视角下产业变迁的分析要素

如前所述，历史制度主义的形成与发展一方面源于对 20 世纪 70 年代以来西方自由资本主义遭遇危机的积极回应，另一方面源于其试图超越新古典经济学、行为主义、功利理性主义假设等基础上的学术流派局限的努力。历史制度主义尤其是经济社会学历史制度主义为理解一国或地区经济发展或特定产业的治理及变迁提供了一种具有较强历史与制度洞察力的分析路径，有利于揭示产业发展及治理变迁的深层历史制度逻辑。为此，本书在方法论立场上将秉承历史制度主义的基本视野，融合历史制度主义的相关理论概念、解释策略等，构建起一个将历史制度主义理论范式与中国情境下的（银行

业）产业变迁相连接的分析性框架。这一适应性的分析框架主要包括如下（在逻辑上紧密联系的）要素。

一是产业发展的核心问题与国家战略认知。历史制度主义的分析路径在考察产业及其制度变迁问题时，会强调对产业发展面临的环境因素进行深入分析。所谓的环境因素一般包括产业发展的制度环境、市场结构、产业本身的状态及问题、社会认知等。因此，要理解产业变迁的原因，首先就要分析特定产业在不同阶段所面临的核心问题是什么？国家或政府对产业本身及其问题的认识是什么？国家如何定位特定产业的发展方向、改革目标、变迁路径等。即国家会对如何推动特定产业的发展与治理变迁形成相对清晰明确的战略认知。在历史制度主义的分析策略中，国家的作用尤其是国家对产业发展、产业治理的观念、理念和思考等认知性因素对于理解产业变迁具有重要的前提性作用。长期以来，中国是一个政府具有很强经济主导能力的国家，一些关键性产业的发展始终离不开国家的力量与资源，因而对中国情境下特定产业变迁的研究需要充分厘清和深入分析国家在其中的战略认知。

二是产业政策或产业战略构建。在历史制度主义的分析框架中，国家对于经济产业发展变迁的影响，重点体现为国家通过制定和实施特定的产业政策、发展战略等来推动经济产业发展。产业政策或产业战略是国家实施产业治理的主要工具。而不同阶段的产业政策或产业战略会给产业发展带来区别性的影响，从而导致特定产业的发展呈现出阶段性的变化特征。同样，特定产业政策或产业战略的建构能够较好地反映国家作为重要的产业治理主体本身的战略认知、理念和意识形态特征。特定的国家战略认知必然会伴随着与之相适应的产业政策。当然，历史制度主义所强调的产业政策或产业战略不是指一些微不足道的政府政策，而是指对于产业变迁而言具有重要影响力、具有关键历史转折意义的产业政策或大战略。历史制度主义的产业分析要求研究者通过深入的历史事件考察，建构起产业政策或产业战略与产业发展、产业变迁之间的逻辑关系。分析中国情境下的产业政策，主要涉及产业的准入政策、合法性与合规性政策、资源汲取与分配政策等。

三是产业主体间博弈及政（银）商关系。历史制度主义视野下的产业研究内含着需要识别和处理好特定产业发展中的治理主体及其相互关系，如国家或政府、企业、市场、社会等主体，他们都会对产业的发展变迁施加特定的影响，甚至由于特定利益的存在，不同主体之间会持续形成复杂的博弈互动。而国家所实施的产业治理本质上就是要在产业发展变迁中动员起包括市场、企业等在内的多方主体间的协调合作，共同促进产业的发展（费滨海，2012）。另外，在历史制度主义的产业研究中，还隐含着对于产业变迁的“政治博弈”机制的关注。任何产业变迁，都离不开不同主体（尤其是政商）之间合作博弈及其关系的协调。正如尼尔·弗雷格斯坦（2008）在其“市场制度创建的政治学”理论中所提出的，产业市场中存在着不同主体为争取市场支配权而建构起来的政治过程。这种组织场域的存在及其变化会极大地影响市场秩序的形成及其转变。因此，产业主体间博弈及政商关系应该是历史制度主义的产业分析的重要维度，能够为理解特定产业变迁的动力提供重要的帮助。

第三章

第一次增量改革：体制内银行的曲折改革（1984～2007年）[①]

我国银行业的改革变迁始终是嵌入我国经济体制改革进程之中的，并成为经济体制改革的重要组成部分。20世纪80年代中期以来，伴随着我国城市经济体制，尤其是国有企业改革战略的启动，我国的银行业体系也相应地开始了具有重大意义的改革与制度变迁（唐双宁，2004）。正如前所述，从历史制度演化的角度来看，20世纪80年代以来，我国的银行业金融形态先后经历了三次比较明显的增量式改革变迁，即1984～2007年前后，通过培育和发展股份制银行、城市商业银行，引入外国银行资本及国有银行的股份制改造与上市而推动的国有银行体制改革；2008～2012年前后，相对于体制内正规金融而言民间性金融的兴起和制度化改革；2013年以来，相对于传统金融形态而言的互联网金融的异军突起和规范化发展。其中，第一阶段的体制内银行业的曲折改革在中国银行业金融形态的演变中具有最关键和最基础的制度意义。因为，这一阶段中国银行业实现了从具有计划色彩的专业银行体制向包括国有商业银行、股份制商业银行、城市商业银行、外资银行、中外合资银行等多元金融组织在内的商业化体系演化。这一阶段持续的银行业体制改革探索与实践始终受到了党和国家关于我国银行业金融体制的性质、

① 需要说明的是，本章内容的重点不在于全面重述国有银行体系自20世纪80年代以来的所有改革与发展变迁，就历史经验的角度而言，国有银行体系的变革涵盖了很多方面，本章的研究只是试图从增量式制度变迁的视角或逻辑出发，重点勾勒出以股份制银行、城市商业银行等准体制外银行的发展对于我国银行业金融形态演变的意义和制度性影响。

功能，以及特定时期国家经济体制改革核心问题等方面战略认知的影响。换言之，20世纪80年代以来，国家在推进经济体制改革的过程中，一方面始终把银行业作为服务于国有企业改革的重要杠杆工具；另一方面，又试图从银行业作为金融产业的角度，把中国的银行办成真正的银行，特别是适应银行业对外开放竞争需要，不断提升中国银行业的整体质量和竞争能力。正是在这种工具性和实质性的战略认知影响下，国家开始并始终把推进国有银行体制的改革发展作为一项重要的改革内容与目标。为实现国有银行体系改革目标，在传统产业利益格局等多重复杂因素的影响下，国家并未一开始就利用强大的行政权力自上而下地实施强制性、颠覆性、全面性的制度改革，而是通过培育和发展以股份制银行等为代表的准体制外金融，实现一种体制内的局部增量式变革（宋士云，2008）。在不彻底改变原有银行业金融格局的情况下，通过引入部分新的组织、要素、机制来实现一种以竞争倒逼的产业制度变革（刘华，2004）。准体制外金融力量的培育和发展一方面实现了我国银行业体系的多元化；另一方面，更为重要的意义在于较好地促进了国有银行的改革与发展。无论是从专业银行向国有商业银行的转变，还是向股权结构的多元化的股份制商业银行的转变等，都在一定程度上受到了其他竞争性银行业金融力量的影响。这种国家主导并推动的银行业增量式变革并非一种完全顺利或无"摩擦"的制度变迁。这一改革过程中还隐含着银行业相关主体，如中央政府与地方政府、国有企业与国有银行、国有银行与其他银行机构等之间的复杂互动博弈关系（主要表现为国有银行对于国家或政府的行政依附性、中央政府与地方政府间的金融控制权争夺等）。正是一系列隐含于其中的互动博弈在一定程度上使这一阶段的银行业改革呈现出复杂曲折的路径特征，同时也构成了第一次银行业增量式改革的一种深层动力。

一、银行业金融形态：从分割化专业银行体系到多元商业化银行体系

从历史经验来看，伴随着改革开放进程的启动，我国的银行业作为经济体系的重要组成部分也相应地出现了改革变迁的萌动。而从产业形态上来

看，20世纪80年代初，我国还谈不上有真正意义上的银行产业，总体上，到1984年中国人民银行的央行功能及地位获得官方正式确认前（郭冬梅，2006），受到1949年以来计划经济体制路径依赖的影响，我国的银行业还具有非常明显的计划特征和行政主导特征。主要形成的是以中国人民银行和四大专业银行为主体的二元化银行体系（李志辉，2008）。其中，1979年2月，国务院发布了《关于恢复中国农业银行的通知》，对中国农业银行的性质、任务、业务范围、资金来源、机构设置等进行了明确的规定。同年3月，中国农业银行正式恢复设立，并承担起了统一管理支农资金，集中办理农村信贷，领导农村信用合作社，发展农村金融事业的职责。同样在1979年3月，国务院批转了中国人民银行《关于改革中国银行体制的请示报告》，改革了中国银行的体制，确定中国银行是国家指定的外汇专业银行，统一经营和集中管理全国的外汇业务。1983年4月，国务院同意并转发了财政部《关于建设银行机构改革问题的报告》，确立了中国人民建设银行的专业银行地位。1984年1月，国家又在确立中国人民银行央行职能的基础上，正式设立了中国工商银行，其主要性质定位于以城市金融业务为主的国家专业银行（宋士云，2009）。至此，我国开始形成了以中央银行为金融宏观调控主体，以工、农、中、建四大国有专业银行为经营主体的二元银行组织体系。

在之后的近10年时间里，这种二元的银行组织体系人为地构建了工、农、中、建四大专业银行为主体的分割垄断的银行业经营格局①。1983年9月，国务院颁发的《关于中国人民银行专门行使中央银行职能的决定》中，就对专业银行的性质进行了具体的说明：中国工商银行、中国农业银行、中国银行、中国人民建设银行等专业银行都是国务院直属的局级经济实体（赵效民，1987）。1986年1月，国务院又正式发布了我国1949年以来第一部比较全面系统的综合性金融管理基本法规《中华人民共和国银行管理暂行条例》（以下简称《条例》），其中，对中央银行、专业银行及其他金融机构活的性质及法律地位又进行了原则性的规定②。关于中央银行，《条例》确定了十二条职责，例如，研究拟订全国金融工作的方针、政策；掌管货币发

① 参考：《中国银行业改革：历史回顾与展望——访中国银行业监督管理委员会副主席唐双宁》，《中国金融》2005年第3期。

② 参考《中国金融年鉴1998》。

行，调节货币流动，保持货币稳定；管理存款、贷款利率，制定人民币对外国货币的比价；编制国家信贷计划，集中管理信贷资金，统一管理国营企业流动资金；审批专业银行和其他金融机构的设置或撤并，等等。关于专业银行，《条例》规定，国家根据国民经济发展的需要，设立若干专业银行。各专业银行按照规定的业务范围，分别经营本外币的存款、贷款、结算及个人储蓄存款等业务。专业银行具有十项基本职能，例如，按照国家政策和国家计划，决定对企业的贷款；负责本系统的资金调度；实行信贷监督和结算监督；根据中国人民银行授权管理国营企业流动资金等[①]。由此，以国有专业银行为主体的国有银行体系框架基本确立。

银行业发展的实践表明，在专业银行体系下，中、农、工、建四大国有专业银行在产权形式上都属于国有银行，各自拥有专业、专门的经营领域，且各银行之间竞争较少，基本上处于一种分割垄断的市场结构（易棉阳，2012；郁方，2010）。具体而言，中国工商银行作为国家专业银行，其基本的任务是贯彻执行国家的政策法令，按照国家的金融方针、政策、法规，支持发展工业生产，扩大商品流通，促进第三产业的发展，推进科技进步和企业技术改造。其主要业务经营范围是：办理城镇储蓄存款，吸收工商企业存款，发行金融债券；办理国营工商企业、城镇集体企业和个体工商企业的流动资金贷款；管理工商企业和有关企业主管部门的各种专用基金，办理技术改造贷款和部分基本建设贷款；开展委托、代理、租赁、咨询等业务；办理现金和转账结算等。而中国农业银行的基本任务则是根据国家统一规定的货币政策、信贷政策、利率政策和金融法规，拟订农村金融工作的方针、政策、规章制度和办法等，在国家统一计划指导下，筹集、调剂、融通农村资金，集中办理农村信贷；发展农村金融事业。其业务范围主要有：办理农村全民所有制、集体所有制、个体经济和联营企业、事业单位、机关、团体部队的各项存款、现金管理、转账结算业务以及居民储蓄；办理农村国营、集体、个体和联营企业的农、工、商各项贷款；监督拨付国家支农资金，等等。中国银行作为国家专业银行，主要业务聚焦于外汇的收支和管理。例如，办理贸易和非贸易的国际结算，办理外贸信贷、外汇信贷及相应的人民

① 参考：《中华人民共和国银行管理暂行条例》（1986）。

币配套贷款、中外合资企业信贷、出口信贷、国际银团贷款、国际信托投资和租赁业务，外汇买卖和国际黄金买卖，发行外币债券和其他有价证券，外币存款及人民币存款等。建设银行的业务领域主要集中在基本建设领域，其主要是根据国家计划和有关方针政策，筹集分配和组织供应建设资金，监督检查建设资金的合理使用，具有财政和银行的双重职能①。显然，从国家对专业银行的职能定位及业务范围的定位来看，各专业银行之间很少形成业务领域的交叉，分割垄断特征明显。这种专业银行分割经营体制最直接的表征就是早期我国银行市场较高的集中度。统计数据分析显示，在1992年前，工行、农行、中行、建行等四大国有专业银行在贷款规模、存款规模以及资产规模等方面，占银行业总规模比例都在90%以上②。为此，有观点认为，在专业银行体系下，四家专业银行有着较为严格的专业分工，业务条块分割，服务对象范围相对固定，互不交叉，每家银行都对自身业务范围拥有绝对的垄断地位，所以这种专业银行体系就是一种高度垄断的市场结构（于良春，1999）。具体如表3-1至表3-3所示。

表3-1　1990~1992年主要银行贷款规模情况　单位：亿元

年份	1990年	占比（%）	1991年	占比（%）	1992年	占比（%）
工商银行	6871.90	41.63	7971.20	39.65	9337.09	38.38
农业银行	3774.00	22.86	4578.00	22.77	5468.00	22.48
中国银行	3325.23	20.14	4143.25	20.61	4965.61	20.41
建设银行	1928.05	11.68	2600.21	12.93	3453.45	14.19
交通银行	393.18	2.38	539.62	2.68	735.23	3.02
中信实业银行	123.22	0.75	157.71	0.78	193.95	0.80
中国投资银行	91.24	0.55	115.06	0.57	159.23	0.65
光大银行					16.67	0.07
合计	16506.82	100	20105.05	100	24329.23	100

资料来源：《中国金融年鉴1993》。

---

① 参考：《中国金融年鉴1986》。

② 根据《中国金融年鉴1993》进行整理。

表3－2　　1990～1992年主要银行存款规模情况　　单位：亿元

年份	1990年	占比（%）	1991年	占比（%）	1992年	占比（%）
工商银行	5173.49	37.30	6405.03	35.88	7962.3	35.15
农业银行	2640.00	19.03	3319.00	18.59	4131.00	18.24
中国银行	3905.81	28.16	5215.8	29.22	6121.09	27.02
建设银行	1580.49	11.39	2116.38	11.86	3235.81	14.28
交通银行	444.34	3.20	610.20	3.42	934.99	4.13
中信实业银行	107.46	0.77	152.97	0.86	198.59	0.88
中国投资银行	18.66	0.13	29.83	0.17	61.35	0.27
光大银行					8.02	0.04
合计	13870.25	100	17849.21	100	22653.15	100

资料来源：《中国金融年鉴1993》。

表3－3　　1990～1992年主要银行资产总额情况　　单位：亿元

年份	1990年	占比（%）	1991年	占比（%）	1992年	占比（%）
工商银行	9383.68	31.46	11174.69	29.95	14336.53	30.13
农业银行	5540.00	18.57	6868.00	18.41	8681.00	18.25
中国银行	8591.11	28.80	11077.39	29.69	14221.35	29.89
建设银行	5178.38	17.36	6697.42	17.95	8163.87	17.16
交通银行	785.10	2.63	1060.69	2.84	1570.49	3.30
中信实业银行	214.34	0.72	262.82	0.70	335.87	0.71
中国投资银行	136.24	0.46	174.34	0.47	240.95	0.51
光大银行					26.84	0.06
合计	29828.85	100	37315.35	100	47576.9	100

资料来源：《中国金融年鉴1993》。

在专业银行分割垄断的体系下，中国银行业发展的弊端逐步显现。在以央行为监管中心的银行业格局下，各专业银行事实上具有双重的功能。工、农、中、建等专业银行同时承担着政策性与商业性经营的职能。一方面既要配合央行做好宏观金融调控的任务，又要按企业模式开展经营；另一方面既要承担大量政策性贷款，又必须承担一定的风险责任（王迎顺等，1994）。因此，在一定程度上，专业银行既是金融管理机关，又是国营企业。尽管从1985年开始，国家开始鼓励四家专业银行之间开展一定程度的竞争，推动专业银行的企业化改革①，但总体上仍未改变国有专业银行的传统特征。四大专业银行始终难以有效摆脱政策性的限制，尚未成为具有较高自主权的独立经济实体。

因此，从1994年开始，在中国的银行业体系中，又生发出国家政策性银行这一金融组织形态。为了推动国家专业银行向国有独资银行的转型，国家先后成立了国家开发银行（1994年4月14日成立）、中国进出口银行（1994年7月1日成立）及中国农业发展银行（1994年11月18日成立）等三家政策性银行（张克雯；2012），并专门承担原来由专业银行承担的政策性金融业务（唐双宁，2004）。根据国家的政策设定，三家政策性银行的主要任务是承担那些社会效益好，而自身经济效益不太高、无力承受正常贷款利息的项目的贷款，或者是一些资金需求量大，还款周期较长，商业银行不愿意承担的贷款。其中，国家开发银行专门为政府经济开发和发展提供中长期投资贷款，资金投向国家支持的基础设施、基础产业中的政策性基础建设和技术改造项目；中国农业发展银行则主要对国家粮棉油等农副产品储备收购、贫困地区经济开发等进行贷款；中国进出口银行主要是为大型成套设备的进出口提供买方信贷和卖方信贷，为出口信贷提供信用担保②。客观而言，政策性银行的成立，在剥离国有专业银行政策性业务的同时，通过提供各类信用贷款也为国家的重要产业政策的实施、基础设施建设、农业和农村发展作出了较重要的贡献。例如，有研究数据显示（见表3－4），2002～2007年，三家国家政策性银行每年提供的政策性贷款的供给规模从约17000亿元增长到约36000亿元，其占所有金融机构贷款余额的比例基本都保持在12%以上（陈森，2013）。

表3－4　2002～2007年政策性银行贷款规模　单位：亿元

项目	2002年	2003年	2004年	2005年	2006年	2007年
国家开发银行	8744.77	11208.85	13891.86	17112.40	20226.30	22617.00
中国进出口银行	894.78	1039.96	1252.86	1759.87	2316.70	3210.54

① 李志辉：《中国银行业的发展与变迁》，上海人民出版社2008年版。

② 《中国金融年鉴1995》第146页。

续表

项目	2002年	2003年	2004年	2005年	2006年	2007年
中国农业发展银行	7366.30	6901.81	7189.20	7870.15	8843.96	10224.39
合计	17005.85	19150.62	22333.92	26742.42	31386.96	36051.93
占金融机构贷款余额比重	12.95%	12.04%	12.53%	13.73%	13.91%	13.82%

资料来源：陈森（2013）。

在政策性银行设立之后，国有专业银行开始向国有商业银行的方向改革发展。具体而言，1994～2003年，国有银行经历了较为深刻的商业化改革，最终转变成为国有独资的商业银行。应该说，这一阶段国有银行业的改革并没有带来银行业产业形态上的变迁。这一阶段的国有银行商业化改革重点凸显的是国家对国有银行的规制改善和加强，突出国有银行治理机制的完善。代表性的进展如下，1995年，国家颁布了《中华人民共和国商业银行法》，第一次从法律上确定了国家专业银行的国有独资商业银行地位，明确了国有独资商业银行的发展目标，即要以效益性、安全性、流动性为经营原则，实行自主经营、自担风险、自我约束①。尤其是，1997年、1998年亚洲金融危机之后，国家更加抓紧了对国有银行业的风险规制。为此，国有商业银行业经历了一系列的规制变革。其主要表现为：一是剥离不良资产，进行财务重组。1998年，国家发行了2700亿元特别国债，对四家国有商业银行进行了注资补充资本金。1999年，国家又通过专门成立的信达、东方、长城、华融等四家国有资产管理公司，对四家国有商业银行进行了不良资产的剥离，极大地降低了四家国有商业银行的不良资产比率（郭梅亮，2015）。二是改进银行内部信贷管理。1998年1月1日起，央行正式取消了对国有商业银行的贷款限额控制，实行“计划指导、自求平衡、比例管理、间接调控”的管理体制，在一定程度上增强了国有商业银行的自主经营权（李志辉，2008）。四家国有商业银行业进一步强化了企业法人体制，实行严格的授权授信制度。同时将经营效益和资产质量等纳入管理层考核，实现了由行政评价向效益评价的转变②。三是

①② 《中国银行业改革：历史回顾与展望——访中国银行业监督管理委员会副主席唐双宁》，《中国金融》2005年第3期。

加强了风险控制。在国家的要求下，四大国有商业银行建立起了与国际惯例接轨的风险控制机制，改革了呆账准备金提取制度，并建立了以风险为基础的贷款五级分类制度（李志辉，2008）。作为银行商业化和市场化改革，以及增强企业自主权与竞争的结果，20 世纪 90 年代中后期开始，各国有商业银行纷纷开始进行了机构和人员的调整与精简，一大批国有银行的经营网点、分支行开始从原来区域撤并出来，把最优质的金融设施和资源都配置到了经济更为重要的城市及中心城。有研究数据认为，1998～2003 年，四家国有商业银行在县以下撤并营业网点约 5 万个（林铁钢，2004）。其中，同时期中国农业银行服务于“三农”的金融机构网点就减少了 1.92 万个左右（李志辉，2008）。

国有专业银行的商业化改革并未从根本上实现银行业在产权与治理结构上的市场化变迁（张克雯，2012）。为此，紧接着从 2003 年开始，国有商业银行的发展又进入所谓的股份制改造及上市融资阶段。2003 年 10 月，中共十六届三中全会提出，要选择有条件的国有商业银行实行股份制改造，加快处置不良资产，充实资本金，创造条件上市。2003 年 12 月，国家成立了中央汇金投资有限责任公司作为国有金融资本出资人，负责向实施股份制改造试点的国有银行进行注资。同时，以出资人的身份，促使银行落实相关改革措施，完善银行公司治理结构（李志辉，2008）。2003 年 12 月，国务院动用外汇储备，由中央汇金投资有限责任公司向试点的中国银行和中国建设银行分别注资 225 亿美元，再次充实了两家银行的资本金，由此拉开了国有独资商业银行股份制改革进程。国有银行股份制改革的主要内容包括：按照现代商业银行的要求，建立规范的公司治理结构和严明的内部权责制度，形成良好的财务约束和内在风险防范机制，同时进行相应的财务重组，加快处置不良资产，充实资本金，建立良好的财务基础和严格的财务标准。其中，加快深化内部改革，建立良好的公司治理结构，转换经营机制是国有独资商业银行进行股份制改造的关键①。2004 年 8 月 26 日、9 月 21 日，中国银行和中国建设银行分别由国有独资商业银行改组为股份制有限公司，建立了现代公司治理结构的基本框架。2005 年 10 月 27 日，股份制改造后的中国建设银

① 《中国金融年鉴 2004》第 8 页。

行在香港联交所正式挂牌上市交易，创下了当时港股金融机构上市融资的最大规模纪录，实现了国有商业银行市场化改革的重大突破，也是中国银行体系融入国际金融市场的真正开始（周革平，2007）。继中国建设银行之后，2006 年 6 月 1 日，中国银行成功在港股上市，融资 97 亿美元，超过中国建设银行成为当时全球最大的公司 IPO 筹资。2006 年 7 月，中国银行在上海 A 股实现挂牌上市，成为国内首家沪港都发行上市的国有商业银行[①]。2005 年 4 月 18 日，中国工商银行的股份制改革方案获得国家正式批复，中国工商银行股份制改造正式启动。2005 年 4 月 21 日，中央汇金公司动用外汇储备 150 亿美元向中国工商银行注入资本金。2005 年 10 月 28 日，中国工商银行变更为中国工商银行股份有限公司，注册资本金为 2480 亿元。2006 年 10 月 27 日，中国工商银行在上海证券交易所和香港联交所挂牌上市，并创造了资本市场上公司上市的多个历史纪录[②]。中国银行、中国建设银行和中国工商银行的股份制改造完成及成功上市标志着国有银行业的改革发展进入一个相对稳定的阶段，国有银行股份制改革基本完成（黄震等，2008）。之后国有股份制银行的发展进入以机制完善、竞争力和效益不断提升为主要特征的阶段[③]。

1984 ~2007 年，国有商业银行的改革与发展是中国银行业形态变迁的主要线索和主要内容，然而历史地看，这一阶段中国银行业的发展并不只表现在国有商业银行领域。与国有商业银行改革发展相伴随，以股份制银行、城市商业银行、外资银行等为主要形态的银行业组织也构成了其间中国银行业形态发展的重要组成部分，并实质性地实现了中国银行业形态从专业化分割体系向多元化竞争体系的转变。比较通行的观点认为，到 20 世纪 90 年代，我国已初步形成了一个多层次、多形式和多功能的金融体系（崔鸿雁等，2011）。从 1986 年 7 月国务院批准交通银行重新组建到 1997 年底，全国共有 13 家新型商业银行相继成立，主要包括中信实业银行、招商银行、深圳发展银行、福建兴业银行、广东发展银行、中国光大银行、华夏银行、上海

---

① 《中国银行概述》，中国银行官网，http：//www. boc. cn/aboutboc/ab1/200809/t20080901_985. html。

② 《历史回眸》，中国工商银行官网，http：//www. icbc - ltd. com/ICBCLtd。

③ 之后的 2008 年中国农业银行股份制改造及 2010 年 7 月在上海证券交易所上市成功，基本上承袭了中行、建行和工行的路径模式。

浦东发展银行、民生银行等（宋士云，2008）。2001 年中国加入世界贸易组织之后，特别是2006 年银行业过渡期结束后，随着外资银行及其资本的进入，中国银行业更是呈多元竞争的产业形态（王兆星，2010；李润兰等，2010）。统计数据显示，到2006 年9 月，共有22 个国家和地区的73 家外资银行在我国25 个城市设立了191 家分行和14 家外资法人机构，外资银行本外币资产总额达1051 亿美元，占到我国银行业总资产的2%①（见表3－5）。总体上，数据显示，到2006 年末，我国共有银行业金融机构法人机构17164 家，其中，包括中国工商银行、交通银行等5 家大型商业银行，国家开发银行等3 家政策性银行，12 家股份制商业银行，266 家城市商业银行及城市信用社，1 家储蓄银行，16877 家农村信用社。同时，全国银行业金融机构营业网点197560 个，其中5 家大型商业银行网点68180 个，政策性银行营业网点2188 个，股份制商业银行营业网点3696 个；城市商业银行及城市信用社营业网点7187 个，邮政储蓄营业网点35617 个，农村信用社营业网点80692 个等②。

表3－5　在华外资银行市场占有率情况（2001～2007 年）　单位:%

年份	资产占比	存款占比	贷款占比
2001	1.79	0.45	1.21
2002	1.43	0.41	0.96
2003	1.50	0.45	0.86
2004	1.84	0.52	1.33
2005	1.91	0.64	1.55
2006	2.11	0.75	1.80
2007	2.38	1.00	2.42

资料来源：李润兰等（2010）。

股份制银行、城市商业银行、外资银行等银行金融组织形态的发展，直接带来了中国银行业形态的多样化、多层次、体系化的变化，中国银行业的现代市场体系也日渐成熟。这些银行力量的发展改变了传统国有银行高度垄

① 《2006 年度中国十大金融事件》，《银行家》2007 年第1 期。

② 《今年末我国共有银行专业金融机构法人机构17164 个》，人民网，2007 年6 月28 日，http：//finance. people. com. cn/BIG5/5925526. html。

断和主导的产业格局，为中国银行的快速发展引入了新生力量。如前所述，在20世纪90年代之前，中国银行业是一种高度垄断的市场结构，国有专业银行无论是在存贷款规模，还是在总资产规模等关键指标方面都占到90%上的比重。但是随着股份制银行等非国有商业银行的进入，传统国有银行的市场优势遭遇到了较明显的冲击，在资产、存款、贷款等指标方面，都逐渐呈下降趋势。有研究数据显示，1995年，四大国有银行的市场集中度（CR4）表现在资产规模方面为80%，2007年则降低为51%（见表3－6）；在存款规模方面，1995年的集中度为69%，到2007年降到46%；在贷款规模方面，1995年的集中度为62%，到2007年降低为46%（易棉阳，2012）。

表3－6　　1995～2007年中国银行业市场集中度情况（CR4）　　单位：%

项目	1995年	1997年	1999年	2001年	2003年	2005年	2007年
资产	80	79	76	74	61	57	51
存款	69	69	70	67	60	54	46
贷款	62	63	64	63	64	57	46

资料来源：易棉阳（2012）。

相对于传统国有商业银行而言，股份制银行、外资银行等非国有或体制外的银行金融机构在内部治理、市场运作机制等方面相对较完善，具有国有商业银行不具备的相对优势。正如有观点指出的，这些新兴的银行从一开始就注重按照现代商业银行的管理运营模式确立了内部管理机制，规范企业行为，产业结构清晰。这些银行虽然得不到政府补贴，但不承担国家政策性贷款业务，很少有政府干预，在利润最大化的目标指引下，管理严密、机制灵活、经营规范、服务完善、利用竞争手段开拓市场，其行为特征的市场化和竞争性比国有商业银行更强（于良春，1999）。为此，1984～2007年，伴随着股份制银行等非国有银行的不断发展壮大，中国银行业多元化的格局更加稳定，基本上形成了股份制商业银行、城市商业银行、国有商业银行、外资银行等为代表的“四分天下”的银行业市场结构。以2001年的统计数据为例，股份制银行、城市商业银行等银行的发展使我国银行业竞争性的市场体系基本建立起来，非国有银行的市场竞争力进一步提升（见表3－7）。例如，在资产总额方面，10家股份制商业银行资产规模达到2.4万亿元，占银行业金融机构资产比例的11.4%；109家城市商业银行的资产总额则为8730亿元，占总资产比例为4.2%；四大国有商业银行总资产规模为11.9万亿元，占总资产比例为57.1%（裴平等，2004）。

表3-7　　2001年银行业发展结构情况比较　　单位：亿元人民币

项目	资产总额（占比）	存款余额（占比）	贷款余额（占比）	所有者权益（占比）
股份制商业银行	23858（11.4%）	18484（11.9%）	12244（10.3%）	1030（10.8%）
城市商业银行	8730（4.2%）	6817（4.4%）	4258（3.6%）	341（3.6%）
四大国有商业银行	118950（57.1%）	96417（62%）	69597（58.5%）	6057（63.5%）
金融机构总计	208443	154780	118989	9534

资料来源：裴平等（2004）。

总体概括而言，从20世纪80年代初到2007年近30年的时间中，在我国经济体制市场化改革的背景下，我国的银行业体系实现从传统国有银行专业化分割垄断格局到多元化、多层次银行体系的转变。经历国有专业银行的企业化、商业化、股份制改造等系列改革之后，国有银行高度垄断银行业的情况得到了较大改变，以股份制商业银行、城市商业银行、外资银行机构等为代表的非国有银行获得了较重大的进步与发展，作为一只新生增长的力量，逐渐成为我国多元银行体系的重要组成部分，为国家的经济社会发展以及银行业的持续改革变迁起到了重要作用。到2007年底，我国银行业金融机构总数达到2.8万多家，总资产超过52万亿元，成功构建了以国有控股商业银行为主体、政策性金融与商业性金融相分离，多种金融机构分工协作、功能互补和协调发展的银行业体系（马蔚华，2009）。

二、决策者认知：国家关于国有银行业体系变革的双重战略理解

1984～2007年，中国银行业金融形态从以国有专业银行为主导的分割垄断到以国有银行、股份制银行、城市商业银行、外资银行机构等为构成主体

的多层次、多元化银行体系的变化，作为一种产业变迁过程，本质上是国家自上而下有意识推动的产业制度变迁（蔡从露，2007；宋士云，2008）。换言之，这种重要的产业形态变迁并非银行业自然演化发展的结果，其本身隐含着特定的产业制度变迁逻辑。历史来看，这一阶段中国银行业体系的变迁就是一种由国家所主导和推动的增量式渐进改革，即一种以增量改革促存量调整的制度变迁（宋士云，2008；李志辉，2009；吴韡，2005）。更具体而言，就是以培育和发展股份制商业银行、改组和发展城市商业银行、引入外资银行资本等为代表的产业制度变迁逻辑。关于产业制度变迁，经济社会学历史制度学派及相关领域的理论观点认为，任何制度变迁都会受到特定的文化、观念与认知因素的影响。产业治理主体尤其是决策者的观念认知、经济意识形态等会影响产业制度变迁的目标、方案的设定及路径选择（高柏，2008；坎贝尔，2009；梁波等，2010）。受到这一理论范式的启发，我们的研究发现并意识到，要理解20世纪80年代以来我国银行业第一次体制内增量式改革的路径及逻辑，就必须深刻分析和把握这一阶段银行业改革背后隐含着的决策者（党和国家）在推动银行业改革与形态变迁上所具有的主要观念认知，尤其是决策者对于银行业治理与改革中核心问题的理解、把握和认识。这些特定的观念或认知性的因素构成了银行业制度变迁的前提和情境。具体来看，这一阶段银行业形态变迁背后隐含的决策者的观念认知主要表现为两个方面：一方面是所谓的工具性认知，即总体上早期国家把银行业作为服务于国有企业改革和国家经济宏观调控的工具杠杆的认知；另一方面是始终认为应该坚持的某种实质性认知，即在国企改革和银行业体制改革过程中，国家逐渐意识到银行业作为一个产业所应有的目标（产业效率、风险规避和银行业竞争力），认识到必须把银行办成真正的现代商业银行，特别是中国加入世界贸易组织之后，决策者开始把提升国内银行业的竞争力作为应对开放银行业后外资银行资本竞争和挑战的重要任务。

（一）工具性认知：银行业应积极服务于国有企业改革与国家宏观调控

20世纪80年代，国家开始对城市国有经济、国有企业进行一系列的改革，例如，以扩权让利为特征的国有企业体制改革，赋予国有企业一定程度的经营自主权；以调整国家和企业利益关系为目标的“利改税”改革；借鉴农村联产承包责任制经验，在利润留成和经济责任制基础上推行的企业承包制改革等（陈国恒等，2000；黄小蕙，1998）。但是，这些改革并没有使国有企业走出经营的困境。例如，有研究数据显示，1989 年，全国预算内工业企业实现利润同比下降18.8%，可比成本上升了22.4%，亏损企业的亏损额增加了1.2倍。到90年代初期，国有企业仍然处于严重困难状态。其主要表现为产品积压，销售不畅，占用资金严重，经济效益普遍下滑（见表3－8）。对此，时任国务院总理李鹏在 1990 年 12 月 1 日的全国计划会议上的讲话比较深刻地表达了对国有企业经营及改革困境的担忧：“现在有不少产品不适销对路，积压严重，但企业还照样生产。这种状况必须改变。在企业组织结构方面，一些消耗高、质量差、产品无销售的企业，应该通过关停并转加以改组。地区经济结构同化，重复生产、重复建设的现象，也还没有发生根本性的改变。（另外）企业经济效益普遍下降，亏损增加。今年 1～10 月，预算内国营工业企业可比产品成本上升 6%，实现利税下降 20%，亏损增加，亏损面上升……当前，企业特别是大中型企业确实面临许多困难。[①]”

表3－8　　主要年份国营预算内企业实现利润和税金情况　　单位：亿元

年份	利税合计	实现利润	税金
1985	1693.7	998.8	694.9
1986	1540.3	795.1	745.2
1987	1846.6	981.5	865.1
1988	2215.5	1164.9	1050.6
1989	2233.5	1001.2	1232.3
1990	1722.5	491.5	1231.0
1991	2137.4	744.5	1392.9
1992	2510.6	955.2	1555.4

数据来源：《中国金融年鉴 1996》。

① 参见：《中国金融年鉴 1992》。

而面对着国有企业改革的艰巨任务，在当时的情况下①，国家及地方政府不得不依赖和运用其掌握着的国有专业银行作为帮助国有企业走出困境的最重要资金渠道来源和工具。为此，国家不断强调，国有银行体系应该积极服务于国家经济发展，尤其是国有企业改革。这成为当时国家决策者所持有的一个重要认识和观点。在这一方面，一些早期的官方文献记录比较清晰连贯地呈现了国有银行应该在国有企业改革中履行的义务和使命。比较有代表性的观点有：1988 年 1 月时任国务院总理李鹏、国务院副总理姚依林在人民银行全国分行行长会议上就指出："我国要发展社会主义有计划的商品经济，需要加强宏观控制。银行是国家进行宏观调控的主要手段，起着关键的作用……专业银行不仅要讲自身的经济效益，同时还要担负起宏观调控的职能。银行的信贷政策要服从国家的宏观经济政策，对国家急需发展的能源、交通、原材料等基础工业，银行要给予大力支持，对需要控制的一般加工工业，银行在信贷上要给予限制，以发挥银行调节经济的杠杆作用。②"同样，在当年五月的人民银行行长会议时，国务院总理李鹏再次强调："银行是国家对经济进行宏观调控的重要手段，它在宏观调控的诸多手段中越来越起着关键作用。因此银行必须积极努力，加快改革，尽快转变职能，以便更好地发挥银行调节经济的杠杆作用。③" 1991 年 1 月，国务院总理李鹏在人民银行行长会议上继续谈到了金融在宏观调控中的作用。他认为，"随着我国有计划商品经济的发展，要进一步加强和搞好金融工作，更好地发挥金融在国民经济宏观调控中的作用，促进国民经济持续、稳定、协调地发展。十年改革开放以来，金融业发生了很大的变化，对改革开放做出了很大的贡献，对治理整顿也做出了很大贡献，主要是从资金上支持了国家建设，支持了一些改革措施的出台。""国营大中型企业这些年来对国家的贡献很大，是国家重要财政来源。但许多企业技术设备落后、厂房破旧，生产条件差，这样下去，我们大中型企业的竞争能力就会逐渐下降，所以，对国营大中型企业，一方面是挖掘它们的潜力，另一方面国家要给他们一些投入，支持他们的技术改造。人民银行、各专业银行（要）主动积极地给需要扶持的大中企业注入技术改

---

① 在 20 世纪 80 年代末和 90 年代初，受国内外形势的影响，我国的宏观经济也处于巨大的波动调整期。

②③ 参见：《中国金融年鉴 1989》。

造资金。”“银行是国家经济的重要调控手段，人民银行是中央银行，是政策性银行，是领导和管理各专业银行的。专业银行也是政策性银行，但也是实行企业化管理。实行企业化管理，就有一个社会效益与自身利益矛盾的问题。如果二者发生矛盾，应该把社会效益放在第一位，把银行利益放在第二位。①”类似，同年国家出台的《金融工作的指导方针和主要目标》中也高度强调了银行业应承担的责任，“要牢固树立政策观念。各家金融机构，都必须不折不扣地贯彻执行国家有关经济、金融的各项方针政策。中央银行制定的政策和规定，各金融机构必须认真执行。要牢固树立全局观念和服务观念，讲究职业道德。进一步纠正和防止从局部利益出发而损害全局的行为，发扬团结协作、同舟共济的精神②”。1992 年 7 月召开的人民银行全国分行行长会议上也提出：“支持国民经济更好地上一个新台阶，这是银行的职责，各级金融部门都要全力做好这项工作。”“各级银行要积极支持农业、国营大中型企业、国家重要物资储备及长江三角洲和长江沿江开放开发地区、珠江三角洲以及沿边开放地区经济发展的合理资金需要，支持第三产业的发展。”1993 年 1 月，李鹏在全国分行行长、保险分公司总经理会议上讲话，更是鲜明地传递出了当时国家决策者对于银行业作为服务于国企改革、国民经济发展的工具性认识。李鹏认为：“大家曾经设想，建立社会主义市场经济，专业银行应该成为商业银行，实行自负盈亏，有自我约束机制，对每一笔贷款都应该负责。应该说，这是发展方向。但我们在研究了当前的金融形势以及整个经济情况，听取了各方面的意见之后，认为现在这样做条件还不成熟。建立社会主义市场经济体制是改革的目标，我们已经向这个目标迈进了一大步，但至今市场还不完善，价格还没有理顺，一套完善的规章制度还没有建立起来。如果立即把四个专业银行完全改为商业银行，那就可能使国家失去这方面有效的宏观调控手段。到目前为止，我们的认识统一到这一点上，即这些专业银行现在还具有政策性和商业性双重职能，可以逐渐减少政策性任务，逐步向商业性过渡，但需要有一个过程。希望各专业银行在执行党和国家的经济政策，实现宏观调控目标方面继续发挥作用。③”从上述讲话，我们

---

①② 参见：《中国金融年鉴 1992》。

③ 参见：《中国金融年鉴 1993》。

可以发现，在国有专业银行时期，基于国家与国有专业银行的高度行政化的关系，当面临国民经济的过热或过冷，国有企业经营困难这一重大问题时，在认知层面，国家很容易把国有专业银行当作其实施经济体制改革和国家治理的重要手段或工具。因此，在这一情况下，国有专业银行只是国家解决经济治理问题，或推动经济体制改革的附属领域。

受到国家关于国有专业银行功能定位及国有银行体系改革的工具性认知的影响，作为其规制对象的人民银行、国有专业银行自身也对这一工具性认知或国有银行服务于国企改革和经济宏观调控的使命表现出了较一致的认同和较高程度的服从。对此，我们可以从早期人民银行、各专业银行的年度工作总结（报告）及部分银行负责人的会议讲话中发现这一特征。例如，1985 年 4 月 27 日召开的全国银行工作会议上，时任国务委员兼中国人民银行行长的陈慕华发表的题为《充分发挥银行的职能作用，更好地为宏观经济决策服务》讲话中就曾表态："国务院决定，中国人民银行专门行使中央银行的职能，目的是充分发挥银行的经济杠杆作用，集中社会资金，支持经济建设……中国人民银行职能的确定和具体职责的规定，是经济体制改革和对外开放、对内搞活的需要，是历史服务我们的新的使命……银行工作是为国民经济发展服务的，只有从经济入手，从经济到银行，又从银行到经济，才能开阔银行工作者的视野，扩大银行的服务领域，才能使银行工作的路子越走越宽。""使国民经济有一个适当的发展速度，是各经济部门、各地区和银行共同的任务，各方面都要采取积极措施共同作出努力。从银行来说，在加强宏观调控上不搞一刀切，要根据客观情况具体分析，该支持的积极支持……对经济效益好，产品有销路，能够扩大内外贸易增加外汇收入的项目，银行要从贷款上大力支持，保证合理的资金需要，促进经济健康发展。①"

同样，以中国工商银行为例，作为专门负责工商企业领域信贷资源配置的国有专业银行，其实际的信贷投放就呈现出了与国家要求国有专业银行服务于宏观调控和国企改革要求的高度契合。例如，1990 年的中国工商银行工作中，"工业贷款实行'三侧重'：一是重点支持了大中型骨干企业的生产启动和逐步回升，新增贷款中 60% 以上的贷款用于大中型骨干企业；二是重

① 参见：《中国金融年鉴 1986》。

点支持了能源、原材料等基础产业的生产。全年对冶金、石油、化工、煤炭、有色金属等六大基础产业新增贷款250多亿元，占同期工业贷款新增额的30%。三是重点支持了物资供销企业发挥蓄水池作用，对物资供销企业新增贷款62亿元，支持收购重要生产资料，增加了国家储备”。“商业贷款实行了‘双倾斜’。一是向国营大中型骨干企业（国营批发企业、大中型零售企业）倾斜，积极支持国营商业发挥主渠道作用。二是确保粮油收购、储备资金需要。[①]”1991年，中国工商银行的“贷款工作始终把支持搞好国营大中型企业摆在突出的位置上，制定了支持大中型企业的政策措施。总行下发了工商银行支持国营大中型企业的23条政策措施，各分行也因地制宜地研究制定了若干措施办法，从规模中确定了一定比例专门用于支持国营大中型企业或实行计划单列，进一步增加了对大中型企业的贷款投入。”“根据党中央、国务院关于搞活大中型企业的一系列指示精神，继续坚持对大中型企业的倾斜政策，形成自上而下，相互配套的政策体系，进一步探索了总行、省行和市行层层集中资金，分工协作，支持大中型企业发展的调控机制，在对鞍钢、二汽等特大型骨干企业实行的三级联合贷款中，这些办法都收到了实效；各级行处纷纷以座谈会、现场办公会、业务洽谈会等方式，帮助大中型企业解决资金、生产、销售等实际问题。经过一年的努力，工商银行以大中型企业为主体，以特大型骨干企业为中坚的贷款投放格局得到了巩固。[②]”1992年，中国工商银行“继续坚持了以国有经济为主体的贷款投放布局；（在工交信贷方面），建立贷款分级保障制度，重点支持大中型企业的健康发展；（在技术改造信贷方面），继续支持国有大中心企业的技术改造作为重点。在贷款方式上，增加了对重点项目的三级联贷。[③]”这些年度工作的总结性文字从侧面显现出国有专业银行自身行为与国家关于国有专业银行工具杠杆的认知的一致性。

（二）实质性认知：“把银行真正办成银行”

1984～2007年，国家关于银行业改革变迁的主要观念认知还具有实质性

① 参见：《中国金融年鉴1991》。

② 参见：《中国金融年鉴1992》。

③ 参见：《中国金融年鉴1993》。

的一面，即在推动经济体制改革及银行业发展变迁进程中，国家从银行业体制市场化改革的一开始到国有银行的股份制改革完成，在战略认知层面，始终都坚持要把银行办成真正的银行，建立起适应市场经济体制的现代商业银行体制，重点提升国有银行的经营质量、效率和竞争能力。这一战略认知本质上是和国家关于国有企业改革的目标认知相一致的①。

历史来看，最早提出要把银行逐渐办成现代意义上的银行的观点源自邓小平。早在改革开放之初，1979 年 10 月 4 日至 11 日，中央在北京召集各省、市、自治区委员会第一书记召开座谈会。会上，邓小平认为，经济工作是当前最大的政治，经济问题是压倒一切的政治问题。也正是在这次会议上，邓小平第一次强调提出“必须把银行真正办成银行”。他指出：“现在对财政、银行，有很多反映。有的好项目只花几十万元，就能立即见效，但是财政制度或者是银行制度不允许，一下子就卡死了。这样的事情恐怕是大量的，不是小量的。卡得死死的，动都动不了，怎么行呢？当然也有成千万元的项目，那就必须慎重一点了，但是成千万元的项目也有很快见效的，财政、银行应该支持，这样就活起来了。这不是个简单的财政集中分散的问题。必须把银行真正办成银行。”② 1979 年 10 月 8 日，邓小平对银行业改革提出了要求：“是不是设想把银行作为发展经济、更新技术的杠杆。我们现在的银行只是算账，当会计，并没有真正起银行的作用。资本主义国家的银行是很灵活的，利息也不是固定的，有高有低。国家今后对企业的建设项目不要用财政拨款的办法，而要用银行贷款的办法，收利息。企业应该从银行借支，银行收利息。”（刘诗平，2009）正是邓小平关于中国银行业的这一番朴素的讲话为后来银行业的改革与发展指明了方向，提出了要求，提供基本的战略理念。正如后来（1980 年）担任过人民银行副行长，主管过金融体制改革的刘鸿儒所言：“邓小平的这个讲话，为我国银行体制改革指明了方向。当时关于这次讲话还没有文件。我们在机要室查了这次会议的简报，从简报上看到了邓小平讲话的内容。许许多多从事银行工作的同志对这个讲话的内涵非常敏感，特别激动，感到这个讲话抓住了要害。邓小平关于‘必须把银行真正办成银行’的指

① 参考周小川：《国有银行改革的本质是国有企业的改革》，《中国经济时报》2004 年 5 月 20 日。

② 《关于经济工作的几点意见》，《邓小平文选》第二卷，人民银行出版社 1993 年版，第 200 页，转引自刘诗平，《三十而立：1978 ~2008 中国银行业改革开放历程》，经济科学出版社，2009。

示传达后，我们这些从事金融体制改革的工作者，感到心明眼亮，知道劲该往哪里使了”（刘鸿儒，2009）。很显然，邓小平关于银行业改革的这一观点开始把银行业当作一个行业，把银行机构当作一个经营实体来看待。

把银行真正办成银行的战略认知由此成为改革开放以来我国银行业改革发展变迁、银行业体系不断完善的总体战略思想。而且，这一认知在后来的探索实践中不断得到了强化和深化。1984 年 5 月 12 日，第六届全国人民代表大会第二次会议做出了“拨改贷”的决定，开始将通过财政拨款向国有企业注资的计划方式改变为通过国有银行向国有企业贷款的方式。1985 年 9 月，中共第十二次全国代表大会关于“七五”计划的建议强调专业银行应坚持企业化改革的方向。人民银行会同财政部等部门拟订的金融体制改革方案中，明确提出国有专业银行实行企业化经营，成为独立法人的金融企业，以利润最大化为目标，实行商业化经营，自主经营、自负盈亏、自担风险、自我发展的导向要求（李志辉，2008）。1986 年 12 月 19 日，邓小平在谈到金融改革问题时，再次强调“金融改革的步子要迈大一些。要把银行真正办成银行。我们过去的银行是货币发行公司，是金库，不是真正的银行。①” 1986 年初，国家确定了沈阳、武汉、重庆、广州、常州五个城市作为金融体制改革试点城市。同年 12 月，在武汉召开了金融体制改革的第三次座谈会。会议在总结试点工作经验的基础上提出：进一步明确指导思想，加快专业银行企业化的步伐，继续开拓和发展金融市场，改善中央银行的宏观管理②。1987 年 3 月 25 日，第六届全国人大第五次会议的政府工作报告提出，深入进行金融体制改革，积极发展多种金融组织和有效利用多种融资工具，在各种金融组织之间适当开展竞争；有条件地实行省以下专业银行等金融机构的企业化，逐步做到独立经营，自负盈亏③。1991 年 4 月颁布的《中华人民共和国国民经济和社会发展十年规划和第八个五年计划纲要》中也提出，健全中央银行的垂直领导，加强中央银行对专业银行的领导与管理。专业银行主要是执行国家产业政策，承担经济调控职能；同时进行企业化管理，实行自

① 《邓小平：金融改革的步子要迈大一些，要把银行真正办成银行》中国共产党新闻网，2020 年 3 月 5 日，cpc. people. com. cn/nl/2020/03/05/c69113 – 31618494. html.

② 参见：《中国金融年鉴 1987》。

③ 参见：《中国金融年鉴 1988》。

担风险、自负盈亏。同样，在国家确定的（1991～1995年）“八五”期间金融体制改革基本目标中也包括：完善以中央银行为领导，国家银行为主体，多种金融机构并存、分工协作的金融组织体系。专业银行要在经济、金融法规的约束下，在金融机构自负盈亏、自我约束的基础上，充分发挥各金融机构自主经营的积极性，进一步搞活金融。

客观来看，1993年前的银行业改革变迁中，在改革决策者的认知中，尽管已经明确了把银行真正办成银行的总体指导思想，但是，受到国家关于银行业改革知识的不完备性或有限理性的影响，以及20世纪80～90年代初国民经济运行状况、国有企业改革困境等现实迫切问题的影响，在两种主要的认知观念中，国有银行服务于国家宏观调控，服务于国企改革的工具性认知还是一度占据更优先的位置①，前面对此已有梳理。而刚刚开始迈入改革变迁进程的中国银行业正是由于这一特殊的历史阶段国家强调其杠杆属性的理念影响，也逐步地将自身的发展推入了包袱沉重、竞争不足、效率低下的发展困境，甚至到90年代初引发了全国范围内的金融秩序混乱（惠小兵，1994）。后来担任中国工商银行行长的姜建清关于这一境况有过这样的描述：“20世纪80年代中后期，随着我国经济体制改革的深入推进，经济领域一些深层次矛盾开始显现，转轨中的一些国有企业经营遇到困难，经营风险逐步暴露，加之当时法制、信用制度建设滞后，以及银行自身经营管理存在的诸多问题，导致银行资产质量恶化，并在90年代集中暴发。国有银行作为我国金融业的主力军，也产生了巨额的不良贷款包袱，经营发展受到严重影响”（姜建清，2012）。同样，有研究通过数据分析发现，1993年前后，我国国有金融的控制成本开始远远超过了控制收益，出现巨额的净收益负值，为－5073.89亿元（见表3－9）。而导致这一结果的直接原因在于专业银行分割垄断的格局下，垄断性银行市场结构使国有银行整体效率低下，商业化进程缓慢，并在一定程度上成为改革的“瓶颈”；国有银行对国有企业的无条件支持在国有企业陷入困境时累积了巨额不良资产，金融风险凸显等（李建华，2006）。另外，出于帮助国有企业改革脱困的需要，维持体制内产出的平稳增长，20世纪80～90年代初，国有银行的信贷资金大量流向了国有企业，注入国有企业的净资金流量高达GDP的7%～8%

---

① 参见李志辉：《中国银行业的发展与变迁》，上海人民出版社2008年版，第18页。

（见表3－10）（米运生等，2003）。这也在很大程度上导致了80年代、90年代我国国有银行不良贷款问题的产生。以1996年为例，标准普尔公司的测算数据显示，中国银行系统的不良贷款率已经超过了央行规定的17%的最高界限，为22.8%（余学斌，2004），这一数据也远远高于国际银行业规定的10%的警戒线（米运生等，2003），如表3－11所示。

表3－9　主要年份国有金融的净收益变动情况　单位：亿元

年份	收益	成本	净收益
1986	1228.69	307.18	921.51
1987	1570.55	1147.10	423.45
1988	2202.05	1546.93	655.12
1989	2330.42	2264.86	65.56
1990	3533.55	2480.77	1052.78
1991	3530.50	2725.57	804.93
1992	3732.41	4109.75	－377.34
1993	3394.17	8468.06	－5073.89
1994	2657.70	9919.04	－7261.34

资料来源：李建华（2006）。

表3－10　主要年份国有经济贷款占国有银行信贷规模的情况　单位：亿元

年份	1986	1988	1990	1992	1994	1996
国有经济贷款总额	6606	9711	14213	20866	33146	49766
国有银行贷款总额	8150	12219	17681	26323	40810	61153
国有贷款占比（%）	81.1	79.1	80.4	79.3	81.2	81.4

资料来源：米运生等（2003）。

表3－11　主要年份国有银行不良贷款情况　单位：亿元

年份	1990	1991	1992	1993	1994	1995	1996
贷款平均周转率	1.48	1.25	1.32	1.19	1.08	1.02	1.04
不良贷款	2951.9	3518.9	4216.3	5173.9	6488.2	7849.9	9486.9

资料来源：余学斌（2004）。

专业银行垄断条件下国有银行经营的低效率和严重的困境给当时的决策者以极大的冲击。为此，大致在20世纪90年代中期之后，国家对银行业的治理战略观念，才真正回复到最初提出的把银行真正办成银行的认知理念。为此，

1993 年，党的十四届三中全会进一步明确强调了要把专业银行转变为商业银行的改革方向（姜建清，2011），并正式提出了要“把国家专业银行办成真正的国有商业银行”的改革口号（刘明康，2007）。1993 年 12 月 25 日颁发的《国务院关于金融体制改革的决定》（国发〔1993〕91 号）中，国家重申了国有银行的改革目标和原则，提出在政策性业务分离出去之后，国家各专业银行要尽快转变为国有商业银行，按现代商业银行经济机制运行。建成国有商业银行须贯彻四条原则：一是贯彻执行自主经营、自担风险、自负盈亏、自我约束的经营原则；二是国有商业银行要强化集中管理，提高统一调度资金的能力，全行统一核算，分行之间不允许有市场交易行为；三是一般只允许总行从中央银行融资，总行对本行资产的流动性及支付能力负全部责任；四是允许国有商业银行之间有业务交叉，开展竞争。类似地，在稍早前 1993 年 12 月 5 日召开的人民银行全国分行行长会议上，中国人民银行副行长周正庆就表示：过去的银行业体制不适应社会主义市场经济发展的要求，不改不行。要把国有专业银行办成真正的商业性银行，这是落实小平同志“要把银行真正办成银行”指示的一项重要部署，是金融体制改革的一部“重头戏”，是深化金融体制改革的关键。这项改革的步骤是：先建立政策性银行，把现有专业银行中的政策性业务分出去，然后按照商业性银行的一般原则改造现有的专业银行，使其逐步变为真正的商业银行。国有商业银行最基本的特征就是自主经营、自负盈亏、自担风险、自我约束。要引进竞争机制，各家银行之间，银行与非银行金融机构之间，中资银行与境内外资银行之间，既要遵守金融法规，又允许在规范业务行为的前提下展开竞争，以不断提高服务效率和资产质量①。之后，1995 年 6 月，时任国务院副总理兼中国人民银行行长朱镕基在全国银行业经营管理工作会议上分析指出：我国银行业在改革中发展，已成为支持我国经济发展的主要资金渠道。当前存在的主要问题是逾期贷款比例较高，资金周转速度较慢，经营效益较低。因此，各家银行要在深化改革的同时，把工作重点转移到加强经营管理和提高资金使用效益上来。要尽快把我国各专业银行办成具有国际先进经营管理水平的商业银行②。这些讲话能够较好地反映当时国家对于银行业

---

① 参见：《中国金融年鉴 1994》。

② 参见：《中国金融年鉴 1996》。

发展现实问题及改革方向的认识越来越清晰明确。

如果说1997年之前，国家认知层面开始强调银行业自身的发展水平和市场化改革方向是在对国有银行体系客观问题认识的基础上而逐渐形成的，那么，1997年、1998年前后暴发的亚洲金融危机，以及2001年中国加入世界贸易组织之后的全球环境及国内银行业始终未能解决的改革治理难题（如竞争力不足的问题、高风险的问题、不良贷款问题等），又更加迫使国家在认知层面强化了把银行真正办成银行，实现银行业持续改革的态度与观念。

首先，1997年7月，席卷泰国、马来西亚、新加坡、韩国等国家和地区的亚洲金融危机暴发后，相关国家暴露出的金融监管风险问题给中国以巨大的警醒。加之当时国内经济出口受到一定影响，连续多年的紧缩政策之后，国内生产过剩，就业压力增加情况显现，金融隐患和金融风险日益加大。为防止国内暴发类似的金融危机，1997年11月，党中央、国务院召开了具有全局意义的全国金融工作会议。会议提出，要按照建立社会主义市场经济体制的要求，加快和深化金融改革，建立现代金融体系，加强中央银行的监管，把国有商业银行办成真正的商业银行，加强金融法制建设，依法规范和维护金融秩序，防范和化解金融风险，保证金融安全、高效、稳健运行，引导金融业发展①。会上，江泽民指出："通观全局，进一步深化金融改革和整顿金融秩序、防范和化解金融风险，是当前和今后一个时期搞好改革、发展、稳定的关键。"李鹏也指出："这次危机也提高了我们的认识，认识到金融非常重要，一旦发生危机，危害极大。"朱镕基则尖锐地指出："应该看到，（过去几年的金融体制改革）金融领域的深层次问题还没有触及，历史上多年积累的严重问题并没有解决。这次东南亚金融危机，促使我们下决心从根本上解决问题，再不能犹豫了（刘诗平，2009）。"

其次，在2001年中国加入世界贸易组织之后，中国面临着到2006年12月11日不得不全面对外放开国内银行业市场的问题，则进一步强化了中国银行业的危机意识。当时国内普遍存在着一种"狼来了"的担忧情绪②，担心银行业对外全面开放将极大地冲击国内银行业，对国内管理相对落后、经

① 参见：《中国金融年鉴1998》。

② 参考：《"狼来了"，银行业该怎么办?》，搜狐新闻，2006年9月27日，http：//news.sohu.com/20060927/n245553605.shtml。

营效率较低、资产质量较低的国有银行会造成“毁灭性”的打击（詹向阳，2008）。数据显示，2001年底，我国四家国有独资商业银行的不良贷款比例较高，在近7万亿元的贷款余额中，不良贷款规模就有17656亿元，占比25.22%（戴相龙，2002）。同样，按照时任中国银行业监督委员会副主席唐双宁的分析，当时我国银行业在资产质量、内部治理结构、资本金及盈利能力、创新能力等方面都与西方发达国家的外资银行有较大差距。而加入世贸组织后，国内银行业有可能在优质客户、优质业务、金融创新、金融人才等方面遭遇外资银行的冲击（唐双宁，2004）。因此，在此背景下，国家战略认知层面，更加强调国有银行现代化和市场化改革的重要性和紧迫性。2002年2月，全国金融工作会议进一步强调“必须把银行办成现代金融企业”（吴戌，2007）。“对国有独资商业银行进行综合改革是这一时期整个金融改革的重点。”2003年3月，温家宝在中外记者招待会上也强调，金融改革是该届政府四项重要的改革任务之一，要加快国有金融企业改革，建立起真正的现代金融企业制度，“根本解决银行的问题在于改革，在于建立现代的公司治理结构和现代金融企业制度”（刘诗平，2009）；2003年10月，党的十六届三中全会通过的《中共中央关于完善社会主义市场经济体制若干问题的决定》（以下简称《决定》）提出，要深化金融企业改革，健全金融调控机制，完善金融监管体制。在一定意义上，《决定》把深化银行业体制改革尤其是国有银行企业的改革作为这一时期金融改革的历史任务，也为银行业改革开放和监管工作提供了行动指南（刘明康。2004）。

三、增量式战略的构建：发展股份制银行等“准体制外”[①] 金融与引进海外战略投资者

经济社会学历史制度主义的理论范式特别重视以国家或政府为主导的经

① 本书中之所以把股份制银行作为一种准体制外银行组织形态，只是因为我国的股份制银行从来都不是西方意义上的股份制商业银行，我国的股份制商业银行都有比较紧密的政府联系。有研究就指出，股份制商业银行的高管人员基本都来自人民银行、国有商业银行和国家机关，几乎都是按照政府官员的标准，由各级党委组织部门挑选，由党委讨论，由中央或地方政府来任命。董事长的选派与股东几乎没有资本联系，基本上都是行政任命（可参考：朱建武等，2004）。

济产业政策、制度安排等在一国（地区）经济增长与特定产业发展中的关键作用。而与此同时，经济社会学历史制度主义又承认制度或产业变迁路径的多种可能性、多种选择方案。特定的变迁路径或战略方案、产业政策的制定与实施又往往受到国家（产业制度变迁决策者）的观念认知的决定性影响。换言之，特定制度变迁路径的选择、制度安排、产业政策等都与国家或决策者的相关认知紧密联系（坎贝尔，2010）。1984～2007 年中国银行业发展经历了复杂曲折的制度变迁过程，实现了从国家专业银行专业化分割垄断形态向多层次、多元化、竞争性的银行体系的转变。正如前面提及，理解中国银行的改革发展不能离开对国家及其制度行为的深入把握，而要理解国家的制度行为，根本上又需要从国家在银行业改革发展上的关键认知观念出发，进行逻辑的分析。

20 世纪 80 年代之后的二十多年中，以国有银行体制市场化改革为主要历史脉络的银行业发展，深刻地受到了国家关于国有银行的双重认知——银行服务于宏观调控与国企改革，特别是把银行办成真正的银行等理念的影响。从 1979 年邓小平关于“把银行真正办成银行”的讲话开始，在国家决策者及银行业主管部门的思虑中，就一直面临着如何才能建立起现代意义上的银行业体系的重大问题和责任。然而，在 80 年代早中期，我国的银行业还具有较浓厚的计划体制的色彩。虽然为打破中央银行的一元计划格局，国家先后恢复或设立了工、农、中、建四家专业银行，但是受到特定经济形势、国家专业银行传统经营机制、利益格局等多重复杂因素的影响，市场化改革之初的中国银行业依旧相对封闭、缺乏活力和效率。为此，在这样一种经济社会历史背景下，国家理性地选择了一种增量式改革的产业制度变迁战略，试图在不改变国家金融产权及控制力的前提下，以国家专业银行体制之外的银行力量的培育和发展，引入某种竞争性的元素，推动甚至倒逼传统银行体制的改革，实现银行业体系的多元化，提升银行业的运营效率。

所谓增量式改革，主要就是指在不改变存量结构的情况下，通过引入新的制度要素，充分发挥新要素、新机制的积极作用，来达到改革和完善存量制度结构的一种制度变迁路径。这种改革通常是一种渐进式的，它并不追求一步彻底改变既有的利益结构和关系结构，不首先触及体制运行的核心问题，而是在不破坏正常的经济政治秩序的前提下，逐步放松控制，由简单到困难，由表及里，逐步突破（宋士云，2008）。改革开放以来，我国经济领域的改革一个主要的逻辑或策略就是增量式的改革。如有观点所言，体制外发展和增量改革是我国早期经济体制改革与发展的一条总的路子（卓勇良，1995）。同样，在我国银行业的发展变迁过程中，国家也选择并实施了增量式改革的逻辑。对此，一种较普遍的研究观点认为，中国银行业市场化的改革与变迁是一种政府推动的强制性制度变迁，一种以增量改革促存量调整的制度变迁（宋士云，2008），其主要的改革形式就是通过培育和发展股份制银行、城市商业银行等国有银行之外的银行力量，引入市场竞争元素，反过来推动国有银行的改革，最终形成多元化的现代银行体系。与之较类似的观点认为，我国国有商业银行改革的背景和路径表明，我国一直采取的就是"外部逼压式"的改革方式，通过外部环境的变化倒逼着国有商业银行作出适应性调整，具体做法则是通过大力发展股份制商业银行，逐步开放并引进外资银行，打破国有商业银行独霸天下的格局，形成群雄竞争的态势（刘华，2004）。而我国的股份制银行等银行组织形态主要起始于 20 世纪 80 年代末到 90 年代中期，作为新生的金融制度安排，其设立的初衷就是想引入股份制的现代企业制度，形成比较完善的公司治理结构和商业化运作模式，通过增量改革模式在国家的金融行业垄断中导入竞争机制，从而提升整体金融效率，通过引入股份制带来的"鲶鱼效应"，为体制内金融改革提供动力，促进中国金融制度的变迁（严佳佳，2005）。

利用体制外的增量扩张来促进体制内的存量改革从来就是国家对股份制银行准入的主要意图（吴韡，2005）。然而，以培育和发展股份制银行来作为银行业发展的增量式改革战略形式，在很大程度上也缘于国家对既有存量制度结构的理性权衡与把握。一是特定的产权结构的影响。有观点认为，产权的国有不仅导致了国有商业银行在银行业体系中的高度垄断地位，也抑制了体制外因素对其形成的竞争压力的释放，从而使银行业有效竞争的机制难以形成，最终保护了国有商业银行低效率的市场行为，进而导致了国家保护下的制度性垄断无效率或低效率。因此，破除"父爱主义"的产权制度，以形成体制外竞争机制，就构成了我国国有商业银行改革的逻辑前提与关键所在。而为了保护这种独特的产权结构，我国的银行业改革从一开始就注定不是从产权结构开始的，而是开始于体制外竞争因素的引入（刘晓辉等，

2005）。二是特定的利益格局与改革的成本收益考虑。有研究指出，银行业实施增量式的改革在一定程度上出于一种帕累托改进的良好愿望。在逐步引入制度增量的同时，又不损害原有制度下既得利益集团的利益，在新金融制度因素成长并为旧金融制度改革创造条件后，再实质性地推动旧金融制度的改革，从而使金融制度变迁的社会成本最小（宋士云，2008）。我国的银行业改革实际上是在国有商业银行垄断地位不发生实质变化的条件下进行的边际调整，通过扶持新兴股份制银行和城市商业银行的发展，有利于国家实现改革成本的最小化（李志辉，2008）。为此，银行业改革的经验表明，我国银行业的改革中并没有迅速彻底地对国有银行体系进行产权上的改革，而是在此之外，建立新的股份制商业银行、城市商业银行，在维持原有的产业体制格局的情境下，实施增量式的渐进改革，呈股份制银行等与国有银行长期并行发展的长期态势。

（一）市场结构增量：培育和发展股份制银行、城市商业银行等金融组织形式

作为国家推动银行业改革发展的增量改革形式，20 世纪 80 年代中期和 90 年代，我国股份制商业银行和城市商业银行的发展令人瞩目，逐渐成为银行业市场的一支重要参与和竞争力量，在我国的银行业制度变迁进程中具有重要的意义。而关于发展股份制银行对于中国银行的意义，正如银监会副主席阎庆民所言，股份制商业银行是改革的产物，血液里有创新的基因，这是其不断进步发展的内生动力。股份制商业银行从诞生之初，在股权结构、治理机制、经营管理等方面就曾有诸多突破和创新，在银行业改革大潮中，多次扮演试验田的角色，在很多领域成功地激发整个银行业的市场活力。同样，中国银行业协会专职副主席杨再平也认为，股份制商业银行在我国银行业改革发展中发挥了先行先试的重要作用（李琪，2014）。

从经济社会学制度学派的视角来看，股份制银行的诞生与发展并非偶然，而是紧密嵌入我国银行业的改革变迁进程之中，由国家主动推动，作为银行业改革动力而不断培育、发展壮大的。20 世纪 80 年代，中国银行业是国有专业银行分割垄断的天下，各个专业银行之间基于专业化和政策性的分

工，相互之间基本没有太多的业务和市场竞争。而要打破国有银行的高度垄断，提升银行业的效率，更好地服务于经济体制改革，国家谨慎地采取了先体制外突破再整体推进的改革策略。为此，从80年代中期开始，在实施国有专业银行企业化改革的同时，国家开始培育和发展一批新兴的股份制商业银行。在国家的战略设计之中，这些股份制银行规模相对较小，产权相对清晰，而且不给予其承担政策性的银行任务。1986年7月24日，国务院发布了《关于重新组建交通银行的通知》（以下简称《通知》）提出重新设立股份制的交通银行。《通知》指出，为了适应经济发展和体制改革的需要，加强金融服务，充分发挥银行在国民经济中的作用，国务院决定重新组建交通银行。并规定：交通银行是和其他专业银行平行的全国性综合银行，在中国人民银行领导下，执行国家统一的金融方针、政策、法规和中国人民银行制定的基本规章制度。交通银行的任务是按照国家的金融方针、政策，筹集和融通国内外资金，经营人民币和外币的各项金融业务，其业务范围不受专业分工限制。同时，交通银行可根据经济发展和业务开拓的需要，按规定的程序报批后，在国内外设立分支机构或代表处。交通银行总管理处实行总经理负责制，分支机构在总管理处领导下，自主经营，独立核算，自负盈亏。根据交通银行筹备组副组长陈恒平的观点，国家赋予了交通银行诸多特殊的经营特许政策，例如，允许交通银行交叉开户，打破长期以来实行的“一行一户”的垄断局面；信贷管理上实行自求平衡，不受国家信贷计划的控制，包括固定资产贷款的额度，也不受指令计划的限制；在利率杠杆上拥有较大自主性；交行总管理处有权审核新的业务品种和新的信用工具，只需报请人民银行总行备案等①。很明显，国家对重建的交通银行的定位及权限设置在当时而言是极大的制度创新和突破。

交通银行的恢复重建标志着中国股份制银行发展壮大进程的开始，之后，一批新兴的股份制银行陆续成立。1987年4月，在中国改革开放最前沿的深圳蛇口，我国第一家全部是由企业法人持股组建的股份制商业银行招商银行破土而出，成为国家从体制外推动银行业改革的第一家试点银行②。

---

① 参见：《中国金融年鉴1987》。

② 参见：招商银行官网，http：//www. cmbchina. com/cmbinfo/aboutcmb/.

1987 年 2 月，由中国国际信托投资公司发起成立了中信实业银行；同年 12 月，深圳发展银行正式成立，深圳发展银行最初是由深圳当地 21 家农信社合并组建，是我国第一家向社会公开发行股票的股份制商业银行；1988 年 6 月、8 月，广东发展银行和福建兴业银行相继成立，其中广东发展银行是中国股份制商业银行中首家在境外开办分行的银行。1992 年邓小平“南方谈话”之后，全国再次掀起了市场化改革的浪潮，在这一背景下，又一批股份制商业银行相继诞生（李琪，2014）。1992 年 6 月，由中国光大集团发起成立了中国光大银行。同年 12 月，经国务院批准由国有法人控股的全国性股份制商业银行华夏银行成立。也同样是在 1992 年，为助力浦东新区开放开发，振兴上海，服务于上海国际经济、金融、贸易中心的建设，上海市政府控股的上海浦东发展银行成立。1996 年，由全国工商联牵头，多家民营机构参股组建的中国民生银行正式成立，民生银行是我国第一家由非国有企业为主出资设立的股份制商业银行。2003 年，经过整体股份制改造后的原烟台住房储蓄银行（1987 年成立）正式更名为恒丰银行，成为一家全国性的股份制商业银行。2004 年 8 月，经过重组、更名改制后的浙商银行正式成立（其前身是 1993 年在浙江宁波成立的浙江商业银行；浙商银行的民营资本占股 85% 以上）。2005 年 12 月，总部位于天津的渤海银行正式揭牌成立，是我国第一家在发起设立阶段就引入境外战略投资者的中资商业银行①。到 2006 年底，我国共设立了股份制商业银行 13 家。

从发展的阶段性特征来看，2007 年前，我国股份制银行的发展实质上经历了两个主要阶段。有研究认为，1986 ~ 1998 年是股份制商业银行发展的初级阶段。从业务范围及功能上看，初成立的股份制银行大多定位于服务地方区域经济的发展，其竞争模式主要是以抢占大中型对公客户为主，市场份额也比较低（周明等，2003）。而随着自身实力的壮大和市场环境的改善，股份制银行逐步打破按行政区划层层设置分支机构的传统，结合经济区域的划分，按照市场原则和成本效益原则设置机构，为跨区域发展奠定了基础，逐步形成了在沿海、沿江、沿边开放度和经济发展水平较高的中心城市的营业网络。因此，在发展初期，股份制银行的网点大多分布于珠

---

① 具体可参照：李志辉，2008：80.

三角、长三角、胶东半岛和辽东半岛等沿海区域。1998 年之后，我国股份制商业银行的发展进入快速发展时期。伴随着中国经济的快速增长，各类企业跨区域金融服务的需求渐增，为此，各股份制银行业抓住机遇，实施了机构扩张战略，加快网点布局，实现更快更好的发展。以招商银行为代表，部分区域性股份制商业银行加快了营业网点从沿海城市向内陆城市的扩张，开始真正实现了从区域性商业银行向全国性商业银行的转变。特别是 21 世纪以来，股份制商业银行不仅在规模、市场占有率、机构数量，还是市场竞争力等方面都取得了明显的提高。数据显示（见表 3－12），到 2007 年底，股份制商业银行总资产已上升到 13.78%，复合增长率为 19.62%（吕详勍，2010）。

表 3－12　1995～2002 年股份制银行与国有商业银行存贷款增长情况　　单位：亿元

年份		1995	1996	1997	1998	1999	2000	2001	2002
四大国有银行	存款	33089	42402	51906	59478	69770	77505	87670	110252
	增长		28%	22%	15%	17%	11%	13%	26%
	贷款	37564	44477	54375	62314	69573	76062	72307	81549
	增长		18%	22%	15%	12%	9%	－5%	13%
股份制银行	存款	3780	5704	6376	7583	8968	11867	15865	23485
	增长		51%	12%	19%	18%	32%	34%	48%
	贷款	2814	4090	4304	5314	6190	8464	11515	17136
	增长		45.35%	5.25%	23.47%	16.48%	36.73%	36.05%	48.82%

资料来源：吕耀明（2006）。

股份制商业银行的培育和发展为我国银行业体系注入了一股新的力量元素，一方面促进了多元化的银行业体系的形成；另一方面，更为重要的是提升了银行业的市场竞争程度，为国有商业银行的改革发展提供了动力和示范效应。有观点认为，以培育和发展股份制银行等为代表的银行业增量式改革取得了较明显的成效，例如，第一，初步建立了竞争性的市场体系。从 1986 年交通银行的恢复重建开始到 2002 年，先后成立的 10 多家股份制商业银行、100 多家城市商业银行及其营业机构网点（9500 多个），已经形成了一定的市场规模和竞争能力，进而使我国银行业的市场结构由高度垄断向垄断竞争的结构转变。第二，促进了国有银行的改革创新。股份制商业银行等中小商业银行以其历史负担轻、经营灵活以及股份制的优势，努力开拓市场，对国有商业银行形成了明显的竞争压力。而市场竞争的加剧则会迫使部分国有商业银行进行一些机制创新（裴平等，2004）。也有研究认为，股份制商业银行的发展能够利用自身的体制机制优势为国有商业银行的改革提供示范。相对于四大国有商业银行而言，股份制商业银行具有股份公司的组织形式，并按照国际惯例和现代企业制度的基本要求，初步建立了公司制的法人治理结构，包括股东大会、董事会、监事会、管理层等，实现了所有权和经营权的有效分离，较早地推行了符合现代银行治理要求的风险管理、会计制度、成本管理、人力资源制度等（李志辉，2008：81）。这些都是传统国有商业银行在股份制改革之前所没有的特征。

表 3－13　　主要年份我国股份制银行的发展情况

年份	1999	2000	2001	2002	2003
资产规模占银行业比重（%）	10.8	11.9	14.2	16.4	17.6
机构数占银行业比重（%）	3.03	3.4	3.9	4.4	8.9
存款规模占银行业比重（%）	10.3	11.7	14.2	17.0	22.08
贷款规模占银行业比重（%）	7.8	9.4	12.4	15.4	11.4
平均净资产收益率（%）	11.39	12.70	15.97	12.25	11.91

资料来源：朱建武等（2004）。

在国有商业银行具有垄断优势的情况下，新生的股份制商业银行能够获得一定的发展，参与银行业市场竞争，在较大程度上离不开国家及银行业监管部门的政策支持。例如，亚洲金融危机之后的 1999 年，股份制商业银行遭遇到了比较困难的外部经营环境。由于通货紧缩的影响，国内企业的经营效益仍然不容乐观，这就直接影响到了国内银行的信贷资产安全和财务状况。在此背景下，央行出手积极支持股份制银行的发展，包括：支持上海浦东发展银行上市融资，支持中国光大银行收购原建设银行旗下的中国投资银行，支持交通银行、招商银行、广东发展银行等增资扩股，推进股份制商业银行的市场化发展，其中，批准交通银行增资扩股 50 亿元，招商银行增资扩股 14 亿元；同时，支持包括股份制银行在内的中小商业银行按市场原则扩展机构和营业网点，扩大市场份额；此外，还支持股份制银行推出新的业务品种，促进其业务的多样化发展。代表性的案例有，1999 年，在央行的支持下，招商银行成为国内率先开办“个人网上银行业务”的第一家股份制银行①。2000年，面对股份制银行在经营中暴露出来的经营风险问题，央行专门提出了对包括股份制银行在内的中小商业银行“支持发展、鼓励创新、防范风险、加强监管”的监管指导原则，既支持股份制银行的发展，又注意防范风险。当年，在央行的批准和支持下，又有一批股份制银行得以扩充资本，调整资本结构，例如，中国光大银行以现金方式扩股18.42亿元；福建兴业银行用资本公积金转增资本金5亿元，同时扩股10亿元；中国民生银行得以成为第三家上市银行，扩股3.5亿元，筹集资金超过40亿元②。2002年，为督促规范股份制商业银行加强和改善公司治理，央行颁发了《股份制商业银行公司治理指引》《股份制商业银行独立董事和外部监事制度指引》作为推动股份制银行规范发展的重要指导性文件。2004年，银监会更是推动股份制银行率先实施引进战略投资、继续推进上市融资。即银监会鼓励股份制商业银行做大做强，通过联合、兼并、重组和引进境外战略投资者等多种方式，实现规模化经营，提升资产质量，增强财务能力和经营管理水平。例如，指导交通银行进一步深化股份制改革，完成财务重组和不良资产剥离，引入境内外战略投资者，并为公开上市做好了准备；指导和支持兴业银行完成了对佛山市商业银行的收购，兴业银行得以成功地进入珠江三角洲，拓展了经营空间和客户资源；指导和督促兴业银行、深圳发展银行、民生银行引进境外战略投资者；按照股份制商业银行市场准入的七条标准，积极指导和推进浙商银行的重组开业，以及渤海银行的筹建工作等③。

除股份制银行之外，改组和推动城市商业银行的发展也是国家实施银行业增量式改革的重要手段和内容之一。我国城市商业银行大致从20世纪90年代中期开始兴起和发展（宋士云，2008）。1994年，根据国务院出台的《关于金融体制改革的决定》（1993），中国人民银行加快了对城市合作银行的研究工作，决定在城市信用合作社的基础上组建城市合作银行，并拟定了组建城市合作银行的方案及城市合作银行管理的相关法规，对城市合作银行

---

① 《中国金融年鉴2000》。
② 《中国金融年鉴2001》。
③ 《中国金融年鉴2005》。

的体制、业务范围、组织机构、经营管理等做了具体的规定①。1995年，国家颁布了《中华人民共和国商业银行法》，进一步为推动和规范商业银行的发展提供了法律基础。同年，朱镕基在全国银行业经营管理工作会议上也提出，对已失去合作性质，实际已办成小商业银行的信用社，可以在整顿的基础上逐步组建成股份制性质的城市合作银行②。也就是在1995年，在清理整顿和规范城市信用合作社的基础上，根据《城市合作银行管理规定》的要求，国家开始有计划、有步骤地在全国35个大中城市进行了组建股份制的城市合作银行的试点工作，到1996年试点范围扩展到全国100个城市（李天德，1999）。1995年6月22日，我国第一家城市商业银行深圳市商业银行成立，开启了我国城市商业银行作为另一种体制外竞争因素快速成长的进程。1997年11月召开的全国金融工作会议上，国家又提出要力争在三年左右的时间内，建立与社会主义市场经济发展相适应的金融机构体系、金融市场体系和金融调控监管体系。而要实现这一目标，一个重要的方面就是要加快发展地方性金融机构，要在全国300个中心城市，逐步成立由地方财政入股的城市商业银行，完善多层次、多类型的金融机构体系。同年6月，央行印发了《城市合作银行管理规定》（以下简称《规定》），其中明确：城市合作银行是股份有限公司形式的商业银行，在合并所在城市已经商业化的城市信用合作社的基础上，吸收地方财政、当地企业共同发起设立。城市合作银行主要为本市中小企业和居民提供金融服务，以促进地方经济的发展。城市合作银行是独立的企业法人，实行一级法人，统一核算，实行依法自主经营，自负盈亏。此外，《规定》还对设立城市合作银行的条件、程序、要求等进行了明确的说明。同年底，国务院决定将城市合作银行统一更名为城市商业银行，同时，央行专门下发了对组建城市商业银行具有重要指导意义的文件《关于城市商业银行组建工作的指导意见》和《关于对城市商业银行组建工作验收指导意见》③。由于在实际经营中，部分城市信用社背离了最初的合作制原则和为中小企业及居民服务的宗旨，擅自从事商业银行业务，存在着经营管理不规范、不良资产比例较高、经营风险较高等问题，国务院于

① 《中国金融年鉴1995》。
② 《中国金融年鉴1996》。
③ 《中国金融年鉴1998》。

1998 年 10 月下发了《整顿城市信用合作社工作方案》（国办发〔140 号〕），要求对城市信用社进行彻底的整顿和规范。其总体要求是：认真贯彻落实党中央、国务院有关规定，通过清产核资，摸清城市信用社资产负债状况和风险程度，选择不同方式处置和化解金融风险，逐步建立有效的防范风险机制。按照自愿入股、民主管理、主要为入股社员服务的原则把城市信用社真正办成合作金融组织①。之后，国家对城市商业银行继续坚持“巩固、改革、整顿、扶持”的总体方针，以职能转换为契机，分类监管为原则，加强了对城市商业银行的监管。到 2004 年左右，国家也实施了对城市商业银行的公司治理机制的改革，重点是财务重组和引进境外战略投资者。通过改革重组和引资，城商行改善了内部经营环境，股东队伍不断壮大、多元化，股权结构逐步优化、完善（赵雪芳等，2013）②。2006 年，银监会发布了《中资商业银行行政许可事项实施办法》和《城市商业银行异地分支机构管理办法》③，明确了城市商业银行设立异地分行的基本条件，为我国城市商业银行的跨区域发展提供了政策机遇（张吉光，2011）。2006 年 4 月，全国城市商业银行第一家跨区域分行——上海银行宁波分行开业，标志着城市商业银行直接设立异地分支机构的跨区域发展模式拉开了序幕。而 2007 年，南京银行、宁波银行、北京银行等城市商业银行的成功上市又标志着城市商业银行上市融资获得了突破性进展。

总体上，自国家提出组建城市商业银行以来，城市商业银行取得了较快的发展，成为我国银行业体系中的“第三梯队”④。截至 2006 年底，全国共有城市商业银行 113 家，总资产额为 2.59 万亿元，较 1999 年末增长 364%，负债总额为 2.47 万亿元，增长 362%⑤；全年实现利润 136 亿元，不良贷款率降至 4.8%，资本充足率达 8.48%，核心资本充足率达 7.35%。在 2006 年度英国《银行家》杂志公布的全球 1000 家大银行排名中就有 9 家中国的

---

① 《中国金融年鉴 1999》。

② 到 2006 年，全国已有上海、南京、西安、济南、北京、杭州、南充、天津、宁波等 9 家城市商业银行引进了境外战略投资者。

③ 《城商行发展十九年奏响四部曲》，《中国银行业》2014 年第 6 期。

④ 参考：《2008 年中国城市商业银行研究报告》，http：//www. askci. com/reports/2008 - 08/200881384111. html。

⑤ 参见：《中国银行业监督管理委员会 2006 年报》。

城市商业银行入围（杨涛，2007）。

（二）产权结构增量：引入海外战略投资者

在银行业的增量式改革战略中，培育和发展股份制银行、城市商业银行等的同时，国家也采用引入外国银行资本的策略来增加国内银行业的多样性。早在银行业改革启动之初，国家就开始部分地引入外国银行资本。1979年，日本输出入银行在北京设立了我国第一家外资金融机构代表处；1981 年 7 月，中国人民银行批准香港南洋商业银行在深圳设立分行，这是新中国引进的第一家外资银行。从这之后的 20 多年时间里，外资银行作为一种外来的银行组织形态开始部分地进军中国银行业市场。但是，外资银行由于受到了我国较严格的市场准入政策的限制，其在中国银行业市场的发展进展相对缓慢。最初，外资银行进入中国主要都是以设立分支机构的形式存在，不从事银行的存贷款等业务。1982 年以后，外资银行才被允许在允许的业务范围内从事营利性的金融活动。1983 年，中国人民银行出台了《关于侨资外资金融机构在中国设立常驻代表机构的管理办法》，开始逐步批准外资金融机构在部分开放城市、经济特区设立代表机构。1985 年，国务院发布了《中华人民共和国经济特区外资银行、中外合资银行管理条例》，正式允许外国金融机构在四个经济特区设立营业性分支机构。1990 年，中国人民银行发布了《上海外资金融机构、中外合资金融机构管理办法》，就经济特区和上海银行业外资金融机构的设立及监管问题进行了规定（黄震等，2008）。1994年，国家正式出台了第一部全面规范外资银行在华业务的法规《外资金融机构管理条例》（以下简称《规定》），就外资银行国内经营的市场准入条件和监管标准作出了具体规定，而且该《规定》明确禁止外国金融机构投资中资银行（朱盈盈等，2008）。总体上，20 世纪 90 年代中后期之前，甚至 2001年中国加入世界贸易组织之前，国家对外资银行的开放，基本上局限于局部领域和有限业务类型。根据银监会副主席王兆星的观点，这一阶段，我国银行业对外开放刚刚起步，而且国家对此的总体考虑只是配合国家经济发展总体战略，通过外资银行的进入引进外汇资金和改善对外资企业的金融服务，创造较好的投资环境（王兆星，2010）。

2001年，中国加入世界贸易组织之后，中国银行业对外开放的步伐加快。为遵守加入世贸组织时的承诺①，中国政府逐步放开了对外资银行业在中国经营的限制，包括业务类型、客户对象和经营区域等方面。例如，2001年12月，国家取消了外资银行办理外汇业务的地域和客户限制，允许外资银行经营对中国企业和中国居民的外汇业务；在上海、深圳、天津和大连等四个城市向外资银行开放人民币业务。2001年底，国家还相继出台了《中华人民共和国外资金融机构管理条例》《中华人民共和国外资金融机构管理条例实施细则》，对外资金融机构在华设立和经营等条件进行了一系列规定。

对于中国银行业而言，在引入外资方面，真正起到增量式改革影响的变化是在2003年。2003年银监会成立后，实现了对外资银行业市场准入政策的重大调整，将对外资开放的重点由过去主要引进外资银行来华开设分支行转变为重点推动中外资银行加强业务和股权合作（朱盈盈等，2008）。从这一时点开始，国家开始大力倡导和推动引入以境外战略投资为主的银行业开放战略。2003年7月24日，银监会印发的《推动公司治理结构、建设制定重组改制方案的通知》中明确指出："引进战略投资者特别是引进国外战略投资者有利于借鉴国际先进管理经验，如公司治理、财务管理、风险管理、产品研发、信息科技发展等。根据未来几年的发展战略重点，有条件上市的，应在上市前就开始这项工作，改变单一的股权结构，并着力建立业务合作关系"（许国平，2006）。2003年8月25日，中国银监会主席刘明康在在华外资银行负责人会议上公开表示："将鼓励外资银行作为战略投资者或股权投资者参股中资银行。"2004年9月8日，在2004年国际投资论坛上，刘明康又提出："银监会欢迎合格的境外战略投资者按照自愿与商业原则，与中资银行开展各种股权形式的合作。中资银行业迫切需要这种合作，中国银

---

① 银行业对外开放的承诺主要有：扩大外资银行外汇业务范围。正式加入时，取消外资银行办理外汇业务在客户对象方面的限制；逐步扩大外资银行人民币业务范围。第一，允许外资银行在现有业务范围基础上增加票据贴现、代理收付款项、提供保管箱业务。第二，逐步取消外资银行经营人民币业务的地域限制。加入后5年内，取消所有地域限制。第三，放宽对异地业务的限制。允许在一个城市获准经营人民币业务的外资银行向其他开放人民币业务城市的客户提供服务。第四，逐步取消人民币业务客户对象限制。加入后2年内，允许外资银行向中国企业办理人民币业务；加入后5年内，允许外资银行向所有中国客户提供服务；加入后5年内，取消所有现存的对外资银行所有权、经营和设立形式，包括对分支机构和许可证发放进行限制的非审慎性措施。参见：《中国金融年鉴2002》。

行和中国建设银行在改革中都在积极寻找合格的境外战略投资者和合格的国际高管人才（于晓东，2012）。”2004年12月1日，刘明康在国务院新闻办公室举行的记者招待会上指出：“引进外资股份，不完全是为了补充资本金，更重要的是要带来很好的合作效益和合力效益，这个效益就是能够更好地推动中国银行业的改革，更好地提升中国银行业的国际竞争能力。”同时，银监会副主席唐双宁也在2004年6月召开的城市商业银行第五次论坛上表达了类似的观点：“银监会鼓励城市商业银行引进境外战略投资者，在整合现有资源基础上，按市场规则和自愿原则进行联合重组，提高整体发展水平和市场竞争力（伍旭川，2006）。”在2004年的一次新闻发布会上，时任中国银行行长助理的朱民也指出：“银行改制中引进战略投资者非常重要。一是可以改善银行的股权结构，股权的多元化是形成良好的董事会和股东大会运作机制非常重要的基础；二是从战略意义上说，战略投资者对银行的经营和管理大有裨益；三是可以引入国际银行业通行的思维和管理方式[①]。”银监会监管三部主任王兆星则强调认为：凡是有战略性眼光的中国本土银行家，都要把引进境外战略投资者视为未来战略布局的重要一环。中资银行面对日益严峻的竞争环境，为求得生存和发展，他们必须迅速提升市场竞争力。按照我国加入世界贸易组织时的承诺，在2006年底以前，我国要完全取消对外资银行开办人民币业务的地域和客户限制，给外资银行以完全的国民待遇。在这种形势下，中资银行要提高自己的竞争力，就必须重新整合现有的资源和充分利用外部资源，其中一个重要而有效的途径，就是引进境外战略投资者。通过出售部分股权给境外投资者，建立利益共享、风险分担的机制，使境外投资者投入相应的资本、技术、管理及产品，迅速提升中资银行自身的市场竞争力。同时，还可以引进先进的银行经营管理理念和文化，改善中资银行的公司治理结构和风险管理（王兆星，2004）。显然，在国家及银行业监管部门的眼中，引进境外战略投资者是达到中国银行业“引资、引制、引智”多重改革目标的有效方式。

为此，从2003年开始，国家在银行业开始逐步放开并实质性地推动引

① 《三位新闻发言人首次集体亮相，中行诠释股改焦点》，新华网，2004年2月17日，http：//news.xinhuanet.com/fortune/2004－02/17/content_1317132.htm。

入境外战略投资者。

一方面是确定引入境外战略投资者的规范条件标准。2003 年 12 月发布的《境外金融机构投资入股中资金融机构管理办法》，从资产规模、信用评级、连续盈利、资本充足率、内控制度、注册地监管制度等方面对境外金融机构入股中资银行的条件进行了规定。同时，将单个境外金融机构入股比例由 2001 年时规定的 15% 提高到 20%，多个金融机构入股比例从 20% 提高至 25%（刘诗平，2009）。到 2006 年，银监会又正式提出了中资银行金融机构引入境外战略投资者的五项标准：一是境外战略投资者的持股比例原则上不低于 5%；二是从交割之日起，境外战略投资者的股权持有期应当在 3 年以上；三是境外战略投资者原则上应当向银行派出董事，同时鼓励有经验的境外战略投资者派出高级管理人才，直接传授管理经验；四是境外战略投资者应当有丰富的金融业管理背景、成熟的金融业管理经验、技术和良好的合作意愿；五是商业银行性质的境外战略投资者，入股中资同质银行原则上不宜超过两家①。

另一方面，具体推动实施股份制银行、国有商业银行的引资方案。其中，在股份制银行引进战略投资者方面，典型的案例包括：2003 年 12 月，兴业银行成功引入恒生银行、新加坡政府投资公司、国际金融公司（IFC）作为战略投资者，引资金额达到近 27 亿元人民币；2004 年 8 月，交通银行引入汇丰银行战略投资 17.47 亿美元，汇丰获得了交通银行 19.9% 的股份；2004 年 12 月，在经过两年多的艰苦谈判之后，美国新桥投资集团入股深圳发展银行，并获得 17.89% 的股份；2005 年 3 月，北京银行继上海银行、南京市商业银行、西安市商业银行、济南市商业银行之后成功引入荷兰国际集团、德意志银行，对外出售股份 24.9%；2005 年 9 月，华夏银行引入德意志银行 2.2 亿美元的战略投资；2005 年 12 月，正式成立的渤海银行在发起设立阶段就引入渣打银行 1.23 亿美元的投资；2006 年 11 月，广东发展银行与美国花旗投资集团达成协议，由花旗收购 20% 的股份。需要说明的是，早在 1996 年 1 月，中国光大银行就与亚洲发展银行进行了股权投资合作，以 1900 万美元的金额对外出售了 3.29% 的股份，开启了中国银行业引进境外

① 《中国银行业监督管理委员会 2006 年报》。

战略投资者的改革探索。但相对而言，2003年之前的几项引进境外战略投资的规模相对较小，影响力较小（见表3－14）。

表3－14　1996～2006年外资入股中国银行业情况

国内银行	时间	外资机构	引资规模	转让股份比例
中国光大银行	1996.10	亚洲发展银行	1900万美元	3.29%
上海银行	1999.12 2001.12	国际金融公司 汇丰银行、恒生银行	5510万美元、 6300万美元、 2360万美元	7% 8%、9%
上海浦东发展银行	2002.12	花旗银行	6700万美元	15%
兴业银行	2003.12	恒生银行、新加坡政府直接投资公司、国际金融公司	17.25亿元人民币、 5.4亿元人民币、 4.32亿元人民币	15.98%、 5%、4%
交通银行	2004.6	汇丰银行	17.47亿美元	19.9%
西安市商业银行	2004.01	国际金融公司、加拿大丰业银行		2.5%、 12.4%
济南市商业银行	2004.11	澳洲联邦银行		11%
民生银行	2004.11	国际金融公司、新加坡淡马锡公司		1.08%、 4.55%
深圳发展银行	2004.12	新桥投资集团		17.89%
渤海银行	2005.12	渣打银行	1.23亿美元	19.99%
北京银行	2005.3	荷兰国际集团、德意志银行	17.8亿元	19.90%、 5%
杭州市商业银行	2005.4	澳洲联邦银行	1亿澳元	19.90%
哈尔滨市商业银行	2005.4	国际金融公司		
南充市商业银行	2005.7	德国投资与开发公司、德国储蓄银行	300万欧元、 100万欧元	10%、 3.3%
华夏银行	2005.9	德意志银行	2.2亿美元	
广东发展银行	2006.11	花旗集团		20%
中国建设银行	2005.6 2005.7	美洲银行 新加坡淡马锡公司	25亿美元 14亿美元	9.10% 5.10%
中国银行	2005.8	苏格兰皇家银行 瑞银集团和亚洲开发银行	31亿美元	10%、5%
中国工商银行	2005.8	高盛集团等	36亿美元	10%

资料来源：沈坤荣（2005）；巴曙松（2006）。

在国有商业银行方面，2003年12月31日，国家通过中央汇金公司向中国银行和中国建设银行各注资225亿美元，极大地改善了两家银行的资产质量状况。2004年3月，银监会发布了《关于中国银行、中国建设银行公司治理改革与监管指引》，提出：两家试点银行应公平、公正地选择境内外战略投资者。两家试点银行通过引进战略投资者特别是境外战略投资者，不仅要增强资本实力，改善资本结构，还应借鉴国际先进管理经验、技术和方法，促进管理模式和经营管理理念与国际先进银行接轨，优化公司治理（于晓东，2012）。于是，在前期财务重组的基础上，2004年6月，中国建设银行宣布将以分立形式进行股份制改造，并率先在国有商业银行中实施引进海外战略投资者战略。虽然与花旗集团的引资谈判没有成功，但2005年6月，中国建设银行还是和美洲银行在北京签署了战略投资合作协议。由美洲银行以25亿美元购买汇金公司持有的9.1%股份。2005年7月，中国建设银行又和淡马锡公司达成协议，以14.66亿美元出售5.1%股份。在中国建设银行成功引资的经验基础上，2005年8月中国银行、中国工商银行，也分别与苏格兰皇家银行、高盛集团等建立了入股合作关系，引资规模分别为31亿美元和36亿美元（刘诗平，2009）。

到2006年底，中资银行共引进境外战略投资者29家，投资总额达190亿美元①。中资银行尤其是国有商业银行引进境外战略投资者，不仅为（国有）银行体系改革注入了资本金，实现了股权结构多元化，更为国有银行在股票市场上的上市交易奠定了重要基础。从此之后，中国银行业走上了一条快速发展繁荣的道路。

四、产业政治：国家控制下依附性的政银商关系及央地金融控制权博弈

1984～2007年，中国银行业的变迁是国家在特定战略认知下主导并推动的一次增量式改革。从正式制度变迁的层面来看，银行业的这次改革完全是

① 《中国银行业监督管理委员会2006年报》。

国家或中央政府自上而下推动的强制性产业制度变迁，无论是银行监管部门（央行、银监会）、国有银行，还是国有企业、地方政府等变迁的参与主体，都表现出了非常高的服从度和与国家要求的一致性。但是，从银行业改革的局部领域、特定阶段的经验实践观察来看，国家所主导的增量式改革进程中也隐含着比较重要或关键的产业主体间的政治过程。从经济社会学历史制度主义的视野出发，任何制度变迁本质上都是多方利益博弈的结果，制度演进的方向与社会中多个利益主体之间的博弈过程和结果高度相关，任何转轨或变革过程都是原有均衡被打破，逐步构建新均衡的制度过程（郁方，2010）。中国银行业的第一次增量改革或国有银行体制市场化改革在一定程度上也是一个多方利益博弈的过程和结果。本书认为，要理解国有银行体系增量式改革过程中产业政治的逻辑及其意义，需要重点从三个关键方面进行较深入的分析和把握，进而揭示这种产业政治过程对于银行业改革的深刻影响，即变革中的利益主体的分化、依附性的政银商关系、央地之间围绕着金融控制权的博弈。

（一）国有银行业增量式改革中利益主体的分化与形成

改革开放后，我国的经济社会体制开始逐步从传统的计划体制向现代市场体制转型。正是在这一转型过程中，社会结构日益分化、理性化的利益诉求不断增强，由此在社会生活各个领域中，各种各样的利益主体、利益群体逐渐形成，并成为影响经济社会变迁的重要力量（李友梅等，2008）。20 世纪 80 年代中期开始，中国银行业从专业银行分割垄断的格局向多元银行体系的转变，实质上就是一个多元利益主体不断形成和博弈的过程。从历史来看，国有银行业增量式改革进程中逐渐形成或始终伴随着三个主要利益主体，这三个利益主体之间的竞争和博弈构成了银行业变迁的一种重要动力。

第一，始终占据优势地位的国有垄断银行集团。国有银行在中国银行业中的垄断优势是历史的产物。在改革开放前计划经济体制下，我国银行业是以中国人民银行为主的一元大一统体系，中国人民银行既经营货币业务，又承担金融管控的行政职能。改革开放后，随着中国农业银行、中国银行、中国人民建设银行、中国工商银行等专业银行的析出和恢复，又形成了央行为中心，四大专业银行分割垄断的银行业市场格局。1984 年起，随着中国人民银行央行功能的正式确定，银行业开启了市场化改革的步伐，但总体上，国家为保证对金融资源的总体控制，实现银行业服务于宏观经济调控以及国有经济发展的需要，依然保持了国有银行的独特垄断权。即便是经过了财务重组、引资与股改上市之后，国有股份制商业银行依然保持了绝对的垄断优势，四大银行的资产总额等占到了全国总额的一半以上，行政建制式的营业机构、网点遍布全国。国有银行在行政授权、资产规模及经营网络上的优势都使其他性质的银行在传统业务上很难与之抗衡。由于其垄断优势，国有银行能够对金融市场的定价、决策和金融市场的走向施加决定性的影响（张萍，2013）。这也就能理解在股份制改造前，国有商业银行已经技术上破产的境况下，国家仍然要扶持国有银行的发展。

第二，作为地方利益代表的地方银行集团。相较于国有商业银行，以股份制银行和城市商业银行为代表的地方银行集团，是在国有银行增量式改革的进程中产生的。改革开放以来，伴随着经济体制的改革，地方民营经济获得了巨大的发展。数据显示，改革开放以来，我国体制外经济产出的比重一直处于快速上涨状态，到 1995 年，体制外产出占总产出的比重已经由 1978 年的 22.37% 上升到 66.03%（李志辉，2009）。这部分体制外的经济由于难以从传统的国有银行体系获得足够的金融支持，因此，不断成长壮大的体制外经济也开始成为一股重要的力量，试图通过影响国家决策的方式来尽可能地实现自身的金融权益诉求。例如，交通银行、民生银行的恢复或建立，以及国家赋予全国性股份制银行的特殊经营权限，在某种程度上都能隐约发现这一特征。另外，改革开放后，随着中央对地方的部分分权以及税制的改革，我国的地方政府获得了一定的自主权。部分地方政府出于发展地方经济的考虑，也积极主导并推动了区域股份制银行、城市商业银行的发展。在此意义上，由地方政府、地方企业及中小商业银行构成了某种特定的地方银行集团，对银行业的改革发展也起到了一定的影响。典型的现象有，在浙江的温州、台州等民营经济发达的地方，在激烈的银行业竞争中，当地内生性的银行机构甚至取得了对国有银行机构的竞争优势。

第三，具有重要象征性意义的外资银行势力。从 20 世纪 80 年代国有银行业改革开始，我国对外资银行的开放基本上都处于相对封闭和谨慎的状态，只有数量不多的外国银行机构在华设立分支机构、办事处等，即便是有些开办了营业性的业务，在严格的金融管制下，其经营的业务范围都局限于外汇业务，主要对象是外资客户。在经营的区域范围上，外资银行在华经营具有明显的区域集中特点。外资银行在网点分布上主要集中在东南沿海经济发达地区。即便是 2007 年国家履行加入世贸组织承诺放开了外资银行的经营区域和业务限制之后，外资银行业也并没有大规模地向全国扩散。受到营业网点及经营成本的限制，外资银行更多地选择在沿海经济较发达地区经营，服务对象也热衷于一些高端客户。另外，在 90 年代中后期，国家开始推动引入境外战略投资者之后，外资银行大多通过战略投资、投机性的方式入股中国银行，借以获得中国银行业成长的红利。总体上，外资银行在中国银行业市场的份额比较小，难以对传统银行体系形成大的挑战。但是，外资银行作为一个参与竞争的主体，其进入具有更多的象征意义，尤其是在完善银行市场体系、优化国内银行组织内部治理等方面具有更多的示范作用。

（二）国家控制下依附性的政银商关系及其影响

在经济社会学的经典文献中，政商关系是理解东亚经济成功的重要概念维度（约翰逊，2010）。其体现在特定产业发展中，在尊重市场原则基础之上构建起来的政府与企业之间比较稳定的合作与支持关系，能够较好地降低产业发展中企业经营的社会成本，也能够为主要企业提供诸如税收、基础设施、金融信贷、法律等多方面资源支持。特定类型的政商关系模式会在一定程度上影响产业发展的模式、绩效、治理框架等。在 1984 ~ 2007 年中国银行业增量式改革的进程中，在国家、银行（主要指国有银行）、企业（主要指国有企业）之间实质上存在着一种特殊的政银商关系结构，即表现为银行和国有企业对国家的高度依附性的政银商关系。这种关系结构又构成了影响中国银行业改革变迁的重要结构性条件。

相对而言，中国银行业的改革相对滞后于国有经济体制的改革。长期以来，在银行业的政银商关系结构中，国家始终处于绝对控制的优势地位。基于经济发展与稳定的治理要求，在银行业国家始终保持了高度的控制权，如金融资源要素的配置权、金融机构的监管权、金融政策的设定权等。在政银商的三方关系结构中，无论是国有企业，还是国有银行，在面对国家时始终都处于高度的依附状态。受到传统计划体制的路径依赖影响，20 世纪 80 年代以来，我国的国有企业、国有银行在产权关系上都与国家具有紧密的关系，或者说国有企业、国有银行是国家在国有产权上的代理人。国有银行、国有企业本质上是国家战略目标的执行者和服从者。这种自下而上的高度依附性的关系结构对银行业的改革变迁在很长的时间里都施加了非常重要的影响。

首先，从国家与国有银行的关系角度来看，国有银行是执行国家金融政策、方针、原则的机构载体，也是国家所有或控制的金融企业。这种国家所有的银行业产权结构对于贯彻和落实国家的金融调控、服务于经济体制改革和国有企业发展具有关键性的积极作用，但是，从银行业治理的角度上，中国银行业的发展始终受到了这一产权关系的深刻影响。大量的理论分析（李志辉，2008）表明，基于控制金融资源的目的，国家对国有银行业的严格控制形成了较为单一或以国有产权为主的产权结构，这种产权结构在银行业的治理上会存在着难以有效规制的委托—代理问题，进而影响银行组织的内部治理及银行业绩效。基本的理由强调：一是所有者缺位会诱发严重的代理人道德风险①。由于国家代表全民拥有国有银行的产权，而国有银行的管理者作为代理人出于个人理性利益的考虑，并不会在意银行的实际运营绩效。二是政企（银）不分和政府对国有银行的过度干预，容易导致银行的异化行为。国家在实施宏观调控时，往往会要求国有银行承担起一些政策性与社会性的任务目标。这就容易导致大量的政策性贷款，一方面加重了银行的负担；另一方面也容易诱发不良贷款，增加银行经营的风险。在此情况下，国有银行会以承担政策性任务为理由为自身的经营失败寻找理由。三是国有产权结构无法对国有银行的经营管理人员形成有效的持续激励。四是国有垄断产权不利于在银行组织内部建立起现代银行业的治理结构、风险控制机制。五是国有产权也为国有银行的贷款行为提供了最终的国家信用担保，容易导致大量的不良贷款。

对此，国有银行业改革的经验已经表明，这种特定的产权关系以及国有

---

① 比较典型的案件有：2005 年 4 月披露的中国建设银行董事长腐败事件。

商业银行对国家的依附性关系为大量不良资产、不良贷款的形成提供了制度性前提。所以我们能够看到，在没有真正实施国有银行的股份制改造之前，银行不良贷款问题始终是摆在银行监管部门眼前的重大难题（戴相龙，2002）。尽管1998年，财政部发行了2700亿元的特别国债用于补充国有商业银行资本金，1999年国家又成立四大资产管理公司，接受和处置四大国有银行剥离的1.4万亿元不良资产，但国家这一旨在“花钱换机制”的做法并没有达到预期的效果。到2002年底，四大国有商业银行的不良贷款比例又蹿升到了26.12%。以至于温家宝总理也感慨：根本原因在机制、在体制，产权虚置的问题不解决，银行公司治理结构就难以改善，国有银行的经营效率和竞争力就难以提升（朱盈盈等，2008）。因此，在谈及国有商业银行的不良贷款来源时，央行行长周小川在2004北京国际金融论坛上就曾有过一段让人印象深刻的讲话：“通过亚洲金融危机后的清理，大体上弄清了在20世纪90年代及90年代以前，银行业所形成的大量不良资产的主要构成。大体上来看，大约有30%不良资产来自各级政府直接的行政命令和行政干预，大约有30%的不良资产主要是为支持国有企业形成的，大约有10%的不良资产来自地方的行政环境和司法执法的环境，也有10%左右的不良资产来自国家主导的产业结构调整，包括主动关停并转的一些企业，另外大约有20%的不良资产，是由于银行自身经营管理的问题，也包括机制方面的问题所产生的。从这个角度来看，商业银行的改革，在我们改变了外部环境、改变了政企不分的状态以后，有信心能够把这项改革搞好。”①

其次，国有银行业的改革也受到了国有企业对国家的高度依附性关系的影响。与国有银行类似，国有企业在产权意义上就是国家的另一个“孩子”，甚至是“长子”。在计划经济时代，国有企业为国家的财政收入、工人福利等提供了最重要的保障。国有企业作为“单位”长期以来就是体制内的代名词。改革开放后，从计划经济向市场经济的转型，国有企业也逐渐开始了体制改革。从20世纪80年代的放权让利、承包制到90年代的抓大放小、兼并重组、股份制改造等，国有企业的改革始终就是国家经济体制改革的最重要内容。然而，由于国有企业在长期的经营中，要承担巨大的经济任务和社

---

① 《中国金融年鉴2005》。

会责任，受到自身经营管理体制的影响，80 ~ 90 年代以来国有企业发展陷入了巨大困境，企业效率低下，效益下滑，亏损严重。在此情境下，国有企业必须依赖国家的资金扶持。1984 年国家对国有企业的资金支持开始实施“拨改贷”的政策。由此，国有企业就只能通过银行贷款的方式从国有银行获得资金支持。然而，受到国有企业与国家的特殊的依附性与产权关系的影响，在企业经营持续困难的情况下，国有企业会理性地倾向于大量向银行借贷。有数据显示，1978 ~ 1999 年 9 月，我国金融机构的贷款余额从 1895 亿元增加到了 93390 亿元，增长了 49 倍，而到 1998 年，国有企业的贷款就占到了全部金融机构贷款的 58%；另外，1995 ~ 1999 年，几大国有银行共为国有企业核销呆坏账 1500 多亿元①。到 90 年代中后期，国有工业企业账面资产负债率为 65% 左右，实际负债率在 75% 以上②。在特定的委托—代理关系下，由于国家是最终的所有者和问题处理者，国有企业甚至会选择拖延还贷、逃债的方式，从而导致国有银行产生大量的不良贷款。例如，1994 年 1 月中国人民银行行长会议文件就对部分国有企业的逃废债行为进行了严厉的批评：“有的企业借重组新厂之机，将银行债务搁在老厂，逃避偿还贷款责任。有些地方要求豁免贷款本息，或要求长期挂账不还。这种‘大船搁浅、舢板逃生、金蝉脱壳’的方式，是对银行资产的侵蚀，是决不能允许的。银行贷款主要是依靠吸收居民和企业存款发放的，这种变相废债的做法，损失的是居民和企业存款，最终要由国家财政来弥补。”③

（三）央地间金融控制权的博弈

1984 ~ 2007 年中国银行业的变迁是国家自上而下主导的增量式改革，国家对于改革变迁起到了决定性的影响。但是，也必须注意到一个事实，即所谓的国家也并非高度一致、铁板一块。就产业制度变迁参与主体的角度而言，国家其实包括两个有各自主体性，又紧密联系的行动者——中央政府和

---

① 中国人民银行行长戴相龙 1999 年 10 月 19 日在中国人民银行分行行长季度例会上的讲话，参见：《中国金融年鉴 2000》。

② 《中国金融年鉴 2001》。

③ 《中国金融年鉴 1995》。

地方政府。在这一阶段的银行业改革变迁中，事实上存在着中央政府与地方政府围绕着金融控制权而发生的持续博弈与互动（郁方，2010；魏建等，2013），这种央地金融控制权博弈是这一阶段银行业变迁中一种重要的产业政治形式。

大量的研究已经表明，在中国的行政科层体制下，在大量的治理事务中尤其是利益分配格局中，中央政府和地方政府始终存在着目标的冲突、控制权之争等政治过程。中央政府可以基于自身的权威自上而下地推动某项政策的制定和实施，而地方政府并非总是完全地服从于中央政府提出的政策要求，相反总会表现出自己的理解、有自身的利益考虑以及采取策略性的行动，以适应、抵抗甚至消解自上而下的命令要求（周雪光等，2011、2012）。就中国银行业而言，从20世纪80年代市场化导向的银行体制改革开始，中央政府和地方政府围绕着金融发展的权力和利益结构就开始了调整，总体的方向是中央向地方下方部分金融控制权（李志辉，2008：117）。在分权化思想和多元化改革试点思路的影响下，中央政府开始小心地尝试分权，通过利益转让的方式试图调动起地方政府的积极性。国家把银行贷款的经营权按照省、地、市、县的层级进行分权，扩大了各级地方政府的金融控制权及银行分支机构相对独立的自主经营权（魏建等，2013）。例如，从1986年开始，人民银行在全国按照行政区域普遍设立分支机构，各分支机构都被赋予了一定的资金审批权限（王瑞敏，2008）。在此背景下，地方政府对国有银行等金融机构曾一度有着比较强的控制权以及一定的金融自主权。

事实上，地方政府并非完全受制于中央政府控制，在银行业改革发展中也存在着自己的独立性的利益目标。正如有研究所指出的那样，地方政府实际上具有“双重性”的身份与目标。一方面，地方政府是中央政府的代理人，在制订区域经济政策时必须服从国家整体利益和要求，且受制于中央政府的宏观调控；另一方面，地方政府又有自身的利益考虑，地方官员都希望通过地方经济的增长，来获得向上晋升的希望（周黎安，2007）。而要推动地方经济增长，就需要通过银行信贷资源来给予支持（谢宗藩等，2016）。实践表明，在地方政府获得一定的金融控制权和自主权的条件下，地方政府实际上自觉或不自觉地选择两种影响银行业改革变迁的方式：一是从20世纪80年代中后期开始，部分地方政府开始推动以城市信用社、城市商业银行、地方信托投资公司等为典型形式的地方性金融发展。通过发展地方政府控制的地方性银行金融机构，可以比较容易为地方经济的发展提供一定的补充性的金融资源与金融服务，即所谓的“关联性贷款”。因此，有观点认为，地方性商业银行的市场准入在一定程度上得益于地方政府对金融控制权的争夺（李义奇，2004），而20世纪80～90年代中期，正是我国地方政府在金融话语权上最为宽松的阶段，也是地方金融发展最快的阶段（郁方，2010）。二是地方政府会基于自身的行政权力干预和影响国有银行地方分支机构的经营运作，影响其信贷资源的配置。90年代中期之前，我国地方政府对国有专业银行的分支行的信贷业务拥有较大的指挥权，专业银行的地方分支机构也就成为地方官员手中的“第二财政”。由此呈现的状态是，全国性专业银行的信贷资金被分割，信贷业务地方化，地方政府从国有银行分支机构获得了规模巨大的信贷资源，进而掀起了地方投资的热潮（李志辉，2008）。

基于自身掌握的金融控制权，地方政府更多地表现出的是对地方银行机构的过度行政干预。早期国有银行机构实行的管理体制是“条块管理，以块为主”，这就使地方银行机构成为地方政府的附属，地方银行的经营容易受到地方政府的干预和控制（魏建等，2013；谢宗藩等，2016）。这一干预也同样导致了国有银行、地方商业银行大量坏账和不良信贷资产的形成，最终使部分银行机构陷入了破产的境地。有研究指出，为满足自身的偏好和政绩冲动，地方政府会经常向地方性银行机构施加压力，要求它们向地方政府选定的项目或企业提供贷款或担保贷款；要求地方性商业银行兼并经营处在困境的其他金融机构，如陷入财务困境的城市合作信用社，以维护地方金融安全和经济社会稳定；要求银行向已处于困境的企业提供贷款；要求缴纳一定的政治捐献，以补充地方财政。如此，结果往往是地方银行机构出现大量不良资产，给原本经营困难的银行增加了沉重的负担（李华民等，2005）。比较典型的案例有，1998年6月21日，海南发展银行的破产关闭和地方政府的过度干预不无关联。同样，有观点指出，地方政府对地方金融机构的干预，导致了金融机构的效率降低，不良资产大量积累，甚至一度出现中央政府对货币和信贷政策的调整难以实施的现象，商业银行信贷资源配置分割封闭，不通畅。而到20世纪90年代末期时，坏账已经占到了银行全部借款的40%，沉重的负担使银行濒临破产（魏建等，2013）。

面对地方政府对金融控制权的争夺以及之后给中国银行业带来的混乱失序问题，从20世纪90年代中期开始，中央政府再次加强了对金融控制权的调整。在加强对金融秩序清理整顿的同时，1998年开始，中央政府加强了金融管理体制的改革调整，重新收回了地方政府的金融控制权，恢复了对全国金融资源的控制权，收紧了银行业的市场准入。通过强化四大国有银行总行的权力，中央政府有效地提高了对国有银行的控制力度。1998年，中央政府还组建了中共中央金融工作委员会，加强了对银行系统的垂直化管理体制，实现了金融控制权以地方政府主导向再次以中央政府主导的重要转变。在这次中央政府收权改革中，中央政府通过垂直管理体制，取消了人民银行地方分支机构的放款权，设立大区行，上收国有商业银行地方分支机构的信贷审批权、强化信贷人员的责任终身制等再集权措施，强化了中央政府对金融资源的监管与控制力度。由此，中央政府迫使各省区市地方重新回到了以中央政府为主导的互动博弈格局（魏建等，2013）。也正是从这一时期开始，中央政府真正加快了国有银行体系的大规模改组和股份制改革的历史进程。

| 第四章 |

第二次增量改革：民间金融的再度兴起与制度化努力（2008～2012 年）

银行业的改革变迁始终与中国经济社会发展的进程紧密联系。如果说国有股份制商业银行成功“股改”上市可以被看作中国银行业第一阶段增量式改革的基本完成，那么，2008 年前后以来，中国银行业则开始进入第二次增量改革的巨大变迁阶段。相比上一阶段的改革而言，这一阶段增量逻辑主要体现为，相对国有商业银行、股份制银行等正规金融体系而言，国家通过允许地方金融探索与创新的方式，大力推动小额贷款公司、村镇银行、资金互助社等民间性的金融组织形态，以及在温州等地实施的民间性金融改革试验为制度化形态，为金融危机时代的中国银行业改革发展提供一种可行的方案。2008 年前后，中国的经济社会发展进入了一个全新的阶段。伴随着全球性金融危机的暴发，中国改革开放 30 年以来以低成本、低技术的劳动密集型产业、出口导向型经济、大规模投资拉动等为特征的经济增长模式开始遭遇巨大挑战（Lardy，2012）。GDP 的增长速度开始放缓，传统产业结构亟待实现快速的转型升级，实体经济尤其是中小民营经济的发展遭遇困境。在此背景下，作为国家宏观调控重要杠杆的银行业或金融业再次成为经济转型与改革所关注的焦点。

然而，与上一轮国有银行业的增量改革不同，这一次引起更广泛关注和讨论的却是在中国“久已成疾”的民间金融。2008 年以后，受到宏观经济及国家金融紧缩政策、金融垄断结构的影响，在沿海等经济尤其是民营经济较发达的地区，民间金融正是呼应了国家经济转型对金融资源的巨大需求而再次汹涌而起。为此，国家开始期望通过合理引导和推动民间金融的正规化、制度化发展，来弥补正规金融体系与广大中小企业融资诉求不匹配的缺陷，并有效地控制金融风险。同样，以民间金融为主要形态的银行业金融的制度化发展，从根本上也是国家推动的一次产业制度变迁，遵循以引入新生力量推动制度变迁的增量式逻辑（邵传林，2011）。其具体内涵包括：首先，在决策者的观念认知层面，国家或政府一方面非常强调银行业金融服务于“三农”、中小微实体经济的重要性和紧迫性（胡金焱等，2013）；另一方面，国家基于对中国银行业或金融业改革与发展趋势的判断，开始重视民间金融的价值，以及对民间金融开始强调“宜疏不宜堵”的认知理念（刘小红，2013；孟凡胜，2008）。其次，在增量式战略与政策构建层面，国家实质性地推动了以小额贷款公司、村镇银行、资金互助社等金融组织形式的培育和发展，试图通过引入这些金融组织形式来承载面向“三农”和中小微实体经济体的金融资源服务；再次，国家最终决定在温州、珠三角等地开展民间金融纳入合法轨道和框架的综合试点改革，以此为中国银行业金融制度变迁，进行探索并提供示范效样本（刘仁伍，2012）。最后，在政银商关系与产业政治层面，尤其是在国家与民间金融主体之间，也存在着复杂的利益博弈和规制均衡（徐军辉，2013）。正是这些重要的变量使这一阶段以民间金融为主要形态的银行业变迁呈现出从问题迸发到逐步纳入制度化轨道的路径特征。

一、银行业金融形态：民间金融的再次兴起与制度化发展

（一）早期的民间金融

我们一般所理解的民间金融主要是指没有纳入金融监管机构常规管理的金融借贷活动。其中又分为三类（徐龙志等，2006）：第一类是合理合法的非正规金融，它在政府规定的范围内从事金融活动；第二类是合理不合法的“灰色金融”，包括农村社区性融资组织、民间集资、金融合会和私人钱庄等，其不被现有的法律框架所接受，但在一定程度上适应经济社会发展的需

要；第三类则是不合理也不合法的“黑色金融”，涉及高利贷、金融投机诈骗等违法犯罪的金融活动，这类金融活动是国家严厉打击的类型。历史地看，民间金融作为一种类似于银行借贷的金融形态并非新近才出现的现象。实际上，民间金融是一种始终都会伴随经济社会生活而存在的金融形态，只不过这种金融形态在较长的一段时间里并没有获得国家及法律的合法性认可，而是以民间性传统的形式而存在。

早在 20 世纪 80 年代以来，随着改革开放带动的民营、个体私营经济、乡镇企业的兴起①，在我国的部分农村地区，尤其是个体私营经济较为发达的长三角、珠三角等地，民间金融就曾经一度非常流行。尤其是以温州地区为代表，20 世纪 80～90 年代，温州的个体私营经济迅速发展，几乎每家每户都会从事特定类型的加工制造业，并在此基础上逐渐形成了以眼镜、打火机、皮革、小五金等为主的有影响力的产业集群（刘明远，2011）。个体私营经济的发展为民间金融的兴起提供了重要的基础。20 世纪 80～90 年代，在温州等地逐渐兴起了诸如私人借贷、企业间借贷、集资、钱庄、合会、合作基金会等非正规的民间金融组织形式（尹超，2012；王曙光，2008）。受到改革初期国家对民间金融认识不足及相对宽松政策②的影响，温州等地民间金融的规模也迅速增长，达到了一定的规模。根据中国人民银行的统计数据，1980 年前后温州的民间融资规模为 4.5 亿元左右，而当年温州全市银行贷款余额仅为 7 亿元，民间融资约占银行贷款的 65%，1991 年左右，温州民间融资与银行贷款的比例又增加到了 80%（曾凯等，2009；蒲祖河，2007），到 1995 年之前，温州的民间借贷规模都大于银行贷款的规模。也有调查数据显示，1993 年，在温州民营企业的资金构成中，银行、城市信用社贷款占比 20%，企业经营自筹资金占 40%，剩下的 40% 资金基本上都来自民间金融。而在民营企业的流动资金构成中，除 20% 左右为自有资金

---

① 有研究指出：1980 年全国民营工业企业创造的产值仅占工业总产值的 0.49%，而到 1998 年这一指标已达到 33.35%，首次超过国有企业的 28.4%。另外，从创造产值年增长的情况来看，国有企业的增长率远远低于民营企业，民营企业的增长率都保持在 15% 以上，而国有企业在 1997 年、集体企业在 1999 年出现负增长。1998 年，国有企业的就业增长率为 -32.65%，而民营企业为 45.22%。但与此同时，个体私营经济能够获得的正规金融信贷比例却非常低。1998 年底，我国金融机构各项贷款余额 86524.1 亿元中私营及个体经济为 471.6 亿元，仅占 0.86%（刁怀宏，2004）。

② 1985 年中央一号文件提出要“适当发展民间信用”。

外，其余80%中的九成基本上都是来自民间借贷（杨福明等，2009），如表4－1所示。

表4－1　主要年份温州民间借贷与银行贷款情况比较

年份	民间借贷规模（亿元）	银行贷款余额（亿元）	民间借贷平均利率（%）	一年期银行贷款基准利率（%）
1985	50	13.83	36	12.00
1988	85	32.03	45	17.28
1990	110	42.25	34.80	17.28
1995	180	167.54	30	14.93
1998	240	369.36	26.40	7.56
2001	300	708.11	18	5.85
2003	380	1312.94	10.60	5.31
2004	420	1534.24	13.04	5.58
2005	450	1711.09	12.16	5.58
2006	480	2205.64	10.92	5.85

数据来源：诸葛隽（2009）。

20世纪90年代及之前民间金融的发展在一定程度上与我国的市场经济体制改革的要求相契合，同时也能够满足部分个体民营经济的融资需求，特别是在以国有银行金融为主导的时代，民间金融起到了一定意义上的补充作用。然而，在20世纪80～90年代，由于国家对民间金融的监管规制缺乏有效手段，以及民间金融自身运作的不规范，随着民间金融的规模日益扩大，形态日益多样化，民间金融本身的弊端也日渐暴露出来。民间金融领域各种风险事件频发，极大地影响了国家金融秩序与社会安全稳定。例如，20世纪80年代，以温州为代表的一些沿海经济较发达的地区，出现了大量的合会、轮会、标会、排会、当铺、私人钱庄、银背、挂户企业（非金融机构借贷）等民间金融形式。由于运作风险的失控，最终蜕变成多起以“抬会”为主要形式的纯粹金融投机，导致非法集资性质的“抬会”灾乱（王敏等，2013）。曾产生较大影响的有：1984年，浙江乐清黄华镇倒会案，涉及367户，会金110万元；1985～1986年，乐清再次发生的抬会风潮，波及16个县、市、区，涉及资金规模高达2亿元，累计会款发生额约10亿元；1986

年，浙江平阳、苍南也发生“排会”案，高峰时期波及人数20万人，会款发生额2亿元（孙福兵等，2013）。另外，90年代，我国农村地区又大量出现了一些戴着集体帽子的股份制金融机构——农村合作基金会、农村金融服务社、城市信用社，使我国民间金融的发展到达一个高峰（王敏等，2013）。数据显示，90年代初，江苏、浙江等经济较发达的省份80%的乡镇都建立有农村合作基金会等民间金融组织（官兵，2005）。到1992年，全国已建立的以农村合作基金会为主要形式的农村合作金融组织，乡镇一级1.74万个，村一级11.25万个，分别占乡镇总数的36.7%和村总数的15.4%，年末筹集资金164.9亿元①。由于农村合作基金会等民间金融组织产权不清晰，内部治理和经营混乱，也暴露出了一些较明显的金融风险隐患，对国家的金融秩序造成了一定负面影响（张元红等，2002；广州民间金融研究院课题组，2013）。

为此，1998年开始，出于金融监管和维护金融安全的需要，国家对各种类型的民间金融正式实施了严格的打击、清理和整顿。1998年和1999年，国务院相继发布了《非法金融机构和非法金融业务活动取缔办法》《国务院办公厅转发中国人民银行整顿乱集资乱批设金融机构和乱办金融业务实施方案的通知》《国务院办公厅转发整顿农村合作基金会工作小组清理整顿农村合作基金会工作方案的通知》三个重要政策文件，要求各地严厉清理和整顿包括钱庄、合会、农村合作基金会等各种游离余正规体制之外的民间金融机构。据统计，1997～2001年，中国人民银行采取撤销、解散、关闭、破产等办法，先后对427家严重违法违规经营、资不抵债、不能支付到期债务的中小金融机构以及28588家农村合作基金会实施了市场退出（程蕾，2004）。从此之后，我国的民间金融进入了一段时间的沉寂期，部分民间金融被迫转入地下运作（刘光溪，2013）。

从产业制度变迁的角度来看，由于很快就遭遇到了来自国家的彻底清理整顿和取缔，20世纪80～90年代中国民间金融的发展对于中国银行业金融而言，还不构成真正意义上的重要制度变迁，这一时期的民间金融发展没有

---

①《农村合作基金会兴衰》，财经网，2001年9月5日，http://www.caijing.com.cn/2001-09-05/10002856.html。

对银行业的改革发展产生实质性有意义的影响，因而也谈不上是中国银行业金融变迁的增量式发展。

（二）民间金融再度兴起与制度化发展

只是到2008年前后，尤其是全球性的金融危机爆发并对中国银行业金融产生了重要影响之后，民间金融的再度兴起才具有增量式产业制度变迁的意义。无论是从国家对于民间金融的态度，还是民间金融实际的发展进程来看，此时的民间金融具有与早期完全不同的发展形态和功能意义。最为关键的一点在于这一阶段民间金融的兴起与发展从根本上看是国家允许并推动的一种金融创新实践，民间金融发展得到国家的合法性认可，并逐步纳入了阳光化、正式化、制度化的发展轨道。

临近2008年全球性金融危机爆发之前，以国有银行业体制改革为主要内容的（城市）银行业改革基本结束。这时国家逐步地把银行业改革的注意力转移和聚焦到我国广大的农村地区。党的十六届五中全会之后，全国掀起了新农村建设的热潮。在这一背景下，国家开始重视农村金融体系改革完善，尤其是民间金融在服务于“三农”中的重要作用。为此，2006年，国务院发布了《关于推进社会主义新农村建设的若干意见》，明确提出要“大力培育由自然人、企业法人或社团法人发起的小额贷款组织，引导农户发展资金互助组织，规范民间借贷”（刘小红，2013）；2006年12月，银监会出台了《关于调整放宽农村地区银行业金融机构准入政策更好支持社会主义新农村建设的若干意见》（以下简称《意见》）。《意见》提出：为解决农村地区银行业金融机构网点覆盖率低、金融供给不足、竞争不充分等问题，银监会按照商业可持续原则，适度调整和放宽农村地区银行业金融机构的准入政策，降低准入门槛，强化监管约束，加大政策支持，促进农村地区形成投资多元、种类多样、覆盖全面、治理灵活、服务高效的银行业金融服务体系，以更好地改进和加强农村金融服务，支持社会主义新农村建设。2007年召开的全国金融工作会议又再次强调，要建立健全适应“三农”特点的多层次、广覆盖、可持续的农村金融体系。因此，在这些政策的作用下，沉寂数年的民间金融在农村地区逐渐获得了合法准入的机会与空间。一大批农村民间金融机构如农村资金互助社、村镇银行、贷款公司等组织形式大量涌现，农村金融体系呈现出前所未有的多元化发展格局（杨明秋等，2008）。有数据显示，截至2008年底，全国获准开业的新型农村金融机构达到105家，其中包括村镇银行89家、贷款公司6家，农村资金互助社10家（王煜宇，2009）。

2008年全球金融危机的爆发对中国经济乃至银行业金融也产生了重大影响。大量中小企业经营亏损、破产倒闭，企业普遍面临着融资困难的问题（徐军辉，2013）。而同时，受到2010年、2011年国家金融调控政策——收紧货币银根（提高基准利率和银行存款准备金率），缩小银行信贷规模等的影响，我国民间金融获得了进一步爆发式成长的刺激。由此，我们能够发现，金融危机之后，2009~2011年，我国的民间金融不仅仅局限于农村金融领域，也大规模扩散到城乡中小规模经济等更广泛的领域，民间金融的活跃程度明显提升，呈井喷式发展。有研究数据指出，到2010年，我国民间金融的规模在1万亿元左右（见表4-2），相对于国家正规金融的比例达到了7.3%（陈硕，2014）。与之类似，有研究用大量的经验数据描述了金融危机以来我国民间金融再度兴起和发展的主要特点，从中也能够反映出这一时期我国民间金融的繁荣程度：一是民间金融的规模快速增长。该研究援引中金公司的报告认为，2011年，我国民间金融的借贷余额同比增长38%，达到3.8万亿元，这与银监会当年的测算数值3万亿~5万亿元的区间相接近。二是民间金融的组织形式多样化。除了无组织的民间借贷外，有组织的民间金融如小额借贷企业、融资租赁企业、信用担保机构、典当行等也逐渐成为民间金融的重要组织载体。央行的数据显示，我国的民间金融机构数量及从业人员规模等也获得了较大的提升。其中，民间金融机构数量已经从2009年底的1334家增长到2013年上半年的7086家；从业人员数量从1976人增长到8.22万人；民间金融机构实收资本也从784亿元增长到6232亿元；贷款余额从879亿元增长到7043亿元。三是民间金融的资金来源与流向更加多元化。其中，民间金融资金来源中除了个人、家庭的闲散资金以及部分民营企业的资本外，一些银行机构、基金信托、投资公司的资金投入也逐渐成为民间金融的重要资金来源。数据显示，2011年底，就有近70家上市公司涉足了总计200多亿元的通过民间金融组织的委托贷款业务。在资金流向上，大量的民间资本流入房地产、能源、矿产等行业或投机性行业。温州

1100亿元的民间资本，有20%的资金就被用于投资房地产和相关炒作，进入实体经济的资本仅占总规模的35%左右（刘恒怡，2014）。

表4－2　　主要年份我国民间金融的资金规模　　单位：亿元

年份	社会融资规模	民间融资规模（测算）	民间融资/社会融资（%）
2005	30008	1564	5.2
2006	42696	2027	4.7
2007	59663	1888	3.2
2008	69802	3156	4.5
2009	139104	14878	10.7
2010	140191	10195	7.3
2011	128286	8623	6.7

资料来源：陈硕（2014）。

2011年是金融危机后我国民间金融发展的高峰。然而，民间金融的（非理性）繁荣也从侧面隐含着民间金融风险及其负面效应的集中暴发。由于国家宏观调控的收紧，民间金融呈现出空前的繁荣景象，以“高利贷”炒钱炒房炒矿的民间金融甚至达到疯狂的境地。其最终的结局是一大批中小企业破产，资金链断裂，企业负责人纷纷“跑路”、跳楼，以逃避债务，最终引爆了又一次的民间金融信贷危机（王敏等，2013；冯登艳，2012）。同样以温州为例，2011年7月，人民银行温州中心支行发布了《温州民间借贷市场报告》。其指出，温州大约89%的家庭或个人、59.6%的企业都参与了民间借贷，涉及金融约1100亿元。温州民间借贷的利率一般高达18%左右，是同期银行一年期基准利率6%的三倍。处于监管体系之外的大规模民间借贷引发了数量众多的民间借贷纠纷。数据显示，2011年3～5月，温州全市法院系统受理的民间借贷纠纷就有2628件，案件标的金融高达9.31亿元。三个月之内，温州平均每天就会有近30起民间借贷纠纷发生，日均涉案标的金额平均为1000万元（姚耀军，2012）。其中，以信泰集团董事长胡福林为典型的“跑路”事件将温州民间金融危机推向了舆论关注的焦点。有数据显示，截至2012年，因民间借贷危机，温州出走的企业达234家，涉及银行授信的出走企业152家（王敏等，2013），其结果是温州全市银行业金融机构的不良贷款率急剧上升。根据温州市银监局统计，2011年6月末，温州银行业不良贷款率仅为0.37%，但从11月开始呈快速上升趋势，2012年2月末上升到1.74%，2013年3月底，不良贷款率达到4.01%，到12月末为4.41%（杨福明，2014）。民间金融危机在内地一些城市也产生了较重大的影响。例如，2011年，地处中部地区的湖南省衡阳市，一些小微企业也因为参与民间借贷，出现资金链断裂并引发危机。数据显示，2011年前三个季度，衡阳全市民间借贷金额就约占到了银行贷款规模的20%，人均额度接近1000元。而且参与的主体非常复杂，城乡居民、机关干部、个体工商户、中小企业等都是民间借贷的重要参与者。尤其是企业对于民间金融的融资参与度高达50%以上，依赖度在5%～10%。而且，这些民间借贷资金大多外流到了广州、上海、北京等发达地区（邓辉，2011）。此外，2012年，内蒙古鄂尔多斯市更是经历了一次为全国所熟知的民间金融危机。人民银行鄂尔多斯中心支行的数据统计，2010年，该市参与民间金融的民间投资公司、担保公司、委托寄卖商行、典当企业等非银行民间金融机构就有1008家，注册资金722.4亿元。它们吸纳的资金额估计为540亿～800亿元之间。2011年10月以后，鄂尔多斯开始出现大量的民间借贷案件，涉及的案件金额保守估计在1000亿元以上，影响范围波及内蒙古、陕西、山西、宁夏、北京、天津等区域（杨洪远，2013）。

为此，2012年，国家及相关监管部门、地方政府先后出台了多项政策文件及改革试点方案，在防范民间金融风险与危机的同时，开始探索逐步将民间金融纳入正规化、制度化的发展轨道，实现民间金融的阳光化、合规化运作。2012年5月，中国银监会发布了《中国银监会关于鼓励和引导民间资本进入银行业的实施意见》（银监发〔2012〕27号），从四个方面提出鼓励和引导民间资本进入银行业，支持和规范民间投资行为。一是支持民间资本与其他资本按同等条件进入银行业；二是为民间资本进入银行业创造良好环境；三是促进民间资本投资的银行业金融机构稳健经营；四是加大对民间投资的融资支持力度①。与此同时，国家还批准和授权温州、广东、福建等地积极开展区域金融综合改革创新试点，重点内容就是民间金融的正规化与制

① 参见：中国银行业监督管理委员会官网，http：//www.cbrc.gov.cn/chinese/home/docDOC_ReadView/35AF2AE678A0439BA5E296C3137A5652.html。

度化发展。2012 年 3 月，国务院批准了《浙江省温州市金融综合改革试验区总体方案》，确定了“规范发展民间融资”“加快发展新型金融组织”等十二项重要改革任务①。不久之后的 2012 年 6 月，中国人民银行等八部委联合印发了《广东省建设珠三角金融改革创新综合试验区总体方案》；2012 年 12 月，国务院批准了《福建省泉州市金融服务实体经济综合改革试验区总体方案》（李绍环，2013）。这些试点改革方案的提出和获批，为规范、引导和支持民间金融的良性发展提供了重要的政策框架和实践路径。

二、决策者认知：服务“三农”、实体经济与民间金融规制“宜疏不宜堵”

2008 ~ 2012 年，在中国的银行业金融体系中，民间金融作为一种正规体制外的金融形态的兴起和制度化发展，表面上看来是一种市场自然演化条件下的内生型金融制度变迁。然而，从中国特定的金融制度环境出发，我们会发现，这一阶段民间金融的兴起与制度化发展本质上仍然延续了改革开放以来前 30 年国有银行业体系增量式改革的逻辑（易宪容，2012）。而作为国家推动的一种增量式改革，这一时期民间金融的兴起与发展同样也受到了国家关于中国银行业、民间金融改革发展的双重认知的决定性影响。换言之，在以民间金融为代表的银行业增量式改革议题上，作为制度变迁最终决策者的国家对此具有的观念认知包含两个层面：其一是以民间金融为增量的改革始终嵌入国家对 2008 年前后以来经济治理中重大问题的判断，即在金融危机及经济体系转型升级的大背景下，包括民间金融在内的银行业金融体系应该重点服务于转变经济增长方式的要求，尤其是要积极服务于“三农”和实体经济的发展；其二是在以国有银行为主导的正规金融体系不能较好满足“三农”、中小微实体经济金融需求的情况下，民间金融是国家的一种可以接受的方案选择，对于民间金融的发展应采取“宜疏不宜堵”的策略和原则。正是这

① 参见：温州市人民政府金融工作办公室官网，http：//www. wzjrb. gov. cn/art/2012/3/12/art_8719_110121. html。

双重的观念认知极大地决定了国家关于民间金融的战略制度选择，也在较大程度上决定了国家所采取的民间金融规制路径、组织形式、具体策略等。

（一）从服务“三农”到服务实体经济：国家对银行业金融要回应的问题及应有角色的认识

在中国银行业金融的改革发展中，国家始终将其视为实施经济治理、服务于经济转型发展的重要杠杆或手段。2008 ~2012 年的民间金融再度兴起尤其是制度化发展本质上也是与国家的这一观念认知紧密联系的。历史来看，这一阶段，国家对于银行业金融高度强调其在服务于“三农”与实体经济上的应有功能。换言之，国家急切地希望能够利用银行业金融的信贷融资功能去较充分地满足“三农”建设，尤其是金融危机背景下中小民营实体经济的融资需求。

相对而言，民间金融再度兴起之初，国家主要面临的是如何更好地服务于“三农”问题。客观上，上一轮我国银行业的增量式改革主要是针对国有银行体系，国有商业银行的股份制改造与上市，实现了国家最主要的银行体系的市场化发展。然而，上一轮银行业改革的结果却忽略了农村经济社会发展的金融需求。尤其是 1998 年以来，基于市场化经营和追求成本效益的考虑，国有银行尤其是中国农业银行等大量将其分支机构、营业网点从县域范围内撤出。仅 1998 ~2002 年，四大国有商业银行撤并的县级机构网点就高达 3. 1 万个。与此同时，四大国有商业银行还在农村地区实行了宽进严出的“存贷差别待遇”政策。这些都使农村原本不足的金融资金被源源不断地输出到城市，流出的资金规模保守估计在 3000 亿元以上。而原本应服务于农村金融需求的农村信用社、邮政储蓄机构等在改制①后，也逐渐偏离了服务“三农”的方向，最终也转变成了农村存款资金的“抽水机”，导致每年也有 4000 亿元左右的储蓄流向城市②。中国人民银行的统计数据也显示，

---

① 关于农村信用社，2003 年 6 月，国务院下发了《深化农村信用社改革试点方案》，再次启动了农村信用社的体制改革。2004 年改革试点范围由之前的 8 个省扩展到 21 个省区市。关于邮政储蓄，2007 年 3 月，国家在改革邮政储蓄管理体制的基础上建立了商业银行性质的中国邮政储蓄银行。

② 《2007 中国农村金融改革大刀阔斧加速前行》，中国经济网，2007 年 3 月 28 日，http：//www.ce. cn/cysc/agriculture/gdxw/200703/28/t20070328_10847870_1. shtml。

2007 年全国县域信贷资金的净流出量就达到了 1.2 万亿元。即便是到 2008 年底，全国仍然有 2495 个乡镇没有金融机构，708 个乡镇没有金融服务，其中绝大部分位于西部地区①。2009 年，银监会加大了提高乡镇金融覆盖率的工作，但到 2009 年底，全国金融空白的乡镇数依旧有 2792 个。正如时任中国农业银行董事长项俊波所描述的那样：农村金融发展面临脱农倾向明显、地区发展不平衡、对中低收入农户扶植不足、基础设施落后等四大问题。显然，到民间金融再度兴起之初，我国农村金融服务的稀缺现状已经非常严重②。

在此背景下，国家逐渐意识到银行业金融服务于“三农”问题解决的重要性和紧迫性。在一系列的政策语言中，国家关于银行业金融服务“三农”的意识认知不断得到了强化，也成为银行业金融变革的重要任务。例如，2007 年 1 月召开的全国金融工作会议上，温家宝总理在讲话中把加快农村金融改革发展，完善农村金融体系作为金融改革发展的重要工作，并强调：要加强对农村的金融服务，为建设社会主义新农村提供有力的金融支持。加快建立健全适应“三农”特点的多层次、广覆盖、可持续的农村金融体系。而健全农村金融组织体系，要充分发挥商业性金融、政策性金融、合作性金融和其他金融组织的作用。要推进农村金融组织创新，适度调整和放款农村地区金融机构准入政策，降低准入门槛，鼓励和发展适合农村需求特点的多种所有制金融组织③。2007 年 2 月，在全国合作金融监管工作会议上，中国银监会副主席唐双宁也表示，要通过多种途径实现金融、财政、民间资本、境外资本的优势互补、功能互补的农村金融服务新格局，实现“九渠引水”，促进农村金融发展④。2010 年 5 月，中国银监会副主席蒋定之在评价刚出台的“新非公 36 条”⑤ 时认为：要以更加开放的视野和态

---

① 《中国银监会副主席周慕冰：鼓励民间资本参与村镇银行设立》，中国经济网，2011 年 10 月 20 日，http：//www.ce.cn/macro/more/201110/20/t20111020_22775255.shtml。

② 《农村金融面临四大问题》，人民网，2010 年 6 月 6 日，http：//finance.people.com.cn/GB/11793627.html。

③ 温家宝：《金融改革须进入新阶段》，凤凰财经，2007 年 1 月 21 日，http：//finance.ifeng.com/news/domestic/200701/0121_193_66148.shtml。

④ 《“九渠引水”促农村金融发展》，搜狐新闻，2007 年 2 月 7 日，http：//news.sohu.com/20070207/n248086010.shtml。

⑤ 即《国务院关于鼓励和引导民间投资健康发展的若干意见》（国发〔2010〕13 号）。

度，把县域金融放在农村经济的大格局下，放在“三农”的战略定位上，加大力度推进县域金融的改革开放，加快培育本土化的金融机构，构建适度竞争、多元化的金融市场。在 2012 年 2 月召开的第四次全国金融工作会议上，温家宝总理再次强调了加强农村金融服务的重要性。在温家宝总理的此次讲话中，深化农村金融改革仍然被作为国家全面推进金融改革的主要任务之一，并具体提出：要以服务“三农”为根本方向，充分发挥政策性金融、商业性金融和合作性金融的作用，构建多层次、多样化、适度竞争的农村金融服务体系。农业银行等商业银行和其他各类金融机构，都要积极探索为“三农”服务的模式，加大对“三农”的支持力度①。从上述政策语言表述，我们能够看出，在国家的意识认知中，银行业金融服务于“三农”在一定程度上是一项事关农村经济社会长期发展稳定的重要使命。而关于这一点，正如时任中国农业银行董事长蒋超良的观点所言：“党和政府将‘三农’问题视为全部工作的重中之重。到 2012 年，中央一号文件已经连续 9 年聚焦‘三农’，充分显示了党中央、国务院做好‘三农’工作的决心。我国已进入全面建设小康社会的关键时期和深化改革、加快转变经济发展方式的攻坚阶段，这对‘三农’工作提出了更高的要求。在新的历史时期，需要我们进一步从战略和全局高度，提高对‘三农’金融服务重要性的认识，继续坚定不移地做好‘三农’金融服务工作。做好‘三农’金融服务是巩固党的执政地位的需要，是金融服从国家发展大局的需要。没有‘三农’问题的有效解决，我们党长期执政兴国的基础就会削弱。全面实现建设小康社会的奋斗目标，推动经济发展的瓶颈在农业，进一步扩大内需的重点在农村，改善民生的难点在农民。解决这些问题，真正实现农业的发展、农村的稳定和农民的增收，离不开金融部门的配合和支持（蒋超良，2012）。”

2008 年全球性金融危机爆发后，我国实体经济的发展遇到了较大的困境，尤其是民营中小企业发展艰难。在国家收紧信贷规模的情况下，中小民营企业则普遍遭遇了异常严峻的“融资难”情况。而部分区域暴露出来的民间借贷危机，更是在认知层面改变了国家对银行业金融功能角色的态度和观

---

① 《温家宝在全国金融工作会议上讲话节选》，中国经济网，2012 年 1 月 30 日，http：//www.ce.cn/xwzx/gnsz/szyw/201201/30/t20120130_23025889_3.shtml。

点。从这一时点起，国家开始明显地意识到既有的银行业体系与我国中小民营实体经济的发展存在巨大的不匹配，而这是国家在转变经济增长方式，改革银行业金融体系方面需要重点解决的难题。而部分区域民间借贷危机的出现，更是将这一问题呈现得淋漓尽致。数据显示，到2008年底，我国有中小企业4200多万家，占全国企业总数的99.8%，中小企业创造的最终产品和服务价值占到GDP的60%，上缴的税收占国家税收收入的53%，并为社会提供了70%以上的就业机会①。全国工商联2011年度《中国民营经济发展形势分析报告》则表明，到2011年9月，全国登记注册的私营企业超过900万家，注册资金总额25万亿元，民营经济占全国GDP比重超过70%，在部分沿海经济发达地区更是达到80%。自2000年以来，民营经济上缴的税收连续多年保持40%以上的增长率，民营企业纳税额占全国税收收入的比重约60%；民营经济还创造了全国90%以上的新增就业岗位，容纳了上亿农民工和大学生群体的就业。改革开放30多年间，民营经济用不到三分之一的社会资源，创造了全国三分之二GDP的增长（刘汉元，2012）。虽然中小民营经济为国家的经济社会发展做出了巨大的贡献，但是，较长时间以来，中小民营经济却始终面临着融资困难的问题，中小民营经济获得的银行金融信贷资源供给、服务与其对国民经济的贡献高度不相匹配（蔡欣怡，2013）。对此，有研究数据显示，到2006年底，我国个体私营经济获得的金融机构贷款量只占到国有商业银行贷款的8.81%，占政策性银行的0.27%，占股份制商业银行的7.96%，占中小金融机构的25.38%（张爱群，2008）。而到2009年底，全国中小企业贷款余额为14.43万亿元，仅占当年全部金融机构贷款余额的36.10%（段炳德，2012）。还有数据显示，2005年以来，我国中小企业的银行贷款比例甚至连续下降。2005年，中小企业在全国短期贷款中的比例约为11%，2006年这一指标下降到9%，2007年、2008年继续下降。到2010年末，我国银行业金融机构的小企业贷款也只是7.27万亿元，占到全部企业贷款余额的24%（曹蓓，2011），如表4－3所示。

① 《我国中小企业金融支持环境不断改善》，腾讯财经，2008年12月9日，http：//finance.qq.com/a/20081209/002609.htm。

表 4 –3　　　　主要年份我国个体、私营企业规模情况

年份	私营企业户数（含分支机构数）（万户）	个体工商户数（万户）	私营企业注册资金规模（万亿元）	个体工商户注册资金规模（亿元）
2002	263.80	2377.50	2.48	3782.40
2004	402.41	2350.50	4.79	5057.90
2006	544.14	2595.60	7.60	6468.80
2008	657.42	2917.30	11.74	9006.00
2010	845.16	3452.89	19.21	13387.60

资料来源：吴玲蓉（2012）。

由于我国金融体制及中小民营经济自身特点等方面原因，我国绝大多数的中小微企业都存在着“贷款难”的问题①。即便是在市场经济发达的广东省，金融危机以来其中小民营企业也存在着比较严重的“融资难”问题。一份针对广东中小企业融资问题的调查报告显示，2009 年，即使受到金融危机的巨大影响，广东省的中小企业仍然完成了增加值 16708 亿元，对全省经济贡献率达 54%，实现税收 2306 亿元，吸纳就业 2149 万人。但是，广东的中小企业还是面临着六个方面的“融资难”情况：一是中小企业资金缺口大，资金严重不足和“融资难”是影响其经营发展的突出问题；二是中小企业融资渠道非常单一，过度依赖间接融资；三是融资成本高；四是由于缺乏必要的资产抵押物，其申请银行信贷融资的门槛高；五是长期融资更加困难；六是小企业的融资难度更大，小企业成功获得银行贷款的比例仅为 36.4%（王廷科，2010）。同样的情况在民营经济发达的温州也比较明显。温州相关部门 2008 年调查数据显示，有 72% 的小企业存在资金缺口，85% 的小企业认为融资环境一般或不好，27% 的小企业认为获得银行贷款很难，87% 的小企业认为获得银行贷款有一定难度（姚耀军，2012），如表 4 –4 所示。

① 《让民间资本兴办小型金融机构，小企业贷款覆盖率仅 20%》，中金在线，2012 年 4 月 6 日，http：//news. cnfol. com/120406/101，1277，12119113，00. shtml。

表4-4　　主要年份中小企业银行贷款情况（以温州为例）

年份	银行业金融机构新增贷款余额（亿元）	中小企业新增贷款（亿元）	中小企业新增贷款占比（%）
2004	178.76	87.63	49.00
2005	333.05	55.62	16.70
2006	550.68	223.23	40.50
2007	557.35	264.34	47.40
2008	745.62	310.82	41.70
2009	1069.46	421.84	39.40
2010	1031.50	380.12	36.90
2011	1048.53	524.06	50.00
2012	726.60	212.08	29.10

资料来源：杨福明（2014）。

为此，金融危机前后以来，在国家决策者的观念认知中，尤其是在银行业的改革发展中，开始把银行业金融服务于中小民营经济的发展作为金融工作的一项主要任务。同样，国家相关部门及主要官员先后多次表达了银行业金融应重点扶持中小民营经济发展的观点及政策要求。这一认知观念和服务于“三农”的认知观念共同构成了2008~2012年以民间金融为增量的银行业改革变迁的主要认知线索。2008年10月底，时任国家副主席的习近平在浙江调研中小企业时也强调，促进中小企业发展对活跃经济、解决就业、改善民生至关重要；要采取多种措施帮助中小企业解决生产经营困难①。2008年11月，国务院在出台的扩大内需十项措施中，强调要加大金融对经济增长的支持力度，尤其是要把信贷投放的重点放在中小企业。同月，温家宝总理在主持召开的国务院常务会议上，专门研究部署解决企业困难、促进经济发展的政策措施，会议强调指出，要大力支持中小企业发展，抓紧完善中小企业担保体系，加大银行信贷支持力度。12月3日召开的国务院常务会议，也再次强调了要加强和改进对中小企业的信贷服务②。而2010年2月，银监会召开的一次新闻发布会上则进一步强调，2010年各银行业金融机构的小企

① 《习近平浙江调研强调要扎实推进改革发展各项工作》，中央政府门户网站，2008年10月31日，http://www.gov.cn/ldhd/2008-10/31/content_1137149.htm。

② 《我国中小企业金融支持环境不断改善》，腾讯财经，2008年12月9日，http://finance.qq.com/a/20081209/002609.htm。

业信贷投放要确保“两个不低于”——小企业的信贷投放增速不低于全部贷款增速、信贷投放增量不低于上年。同时，银监会相关负责人还表示，2010年银监会将以改善小企业金融服务为目标，以构建小企业金融服务机构体系为抓手，以深化小企业金融服务“六项机制”为核心，以提高小企业信贷增量与增速为重点，在守住风险底线的前提下，全面改进小企业金融服务，实现小企业贷款满足率、覆盖率和服务满意率明显提升（闫立良等，2010）。2011年7月，国务院副总理王岐山在中小企业金融服务座谈会上强调认为：就业是民生之本，小企业的生存与发展直接关乎就业增长、经济转型和社会稳定。要从战略和全局高度，加快转变金融业发展方式，推进结构调整和改革创新，全面提高对小企业的金融服务水平①。同月，时任中国银监会主席助理阎庆民在江苏调研时则从中小商业银行转型的角度强调了类似的观点。他认为：小企业是就业主渠道，事关民生和社会稳定，做好小企业金融服务不仅要算经济账，也要算社会账。中小商业银行要从战略高度，加快转型，完善机制，创新产品，扩展渠道，控制风险，全面提高小企业金融服务水平②。2011年10月12日，温家宝总理在主持召开的国务院常务会议上再次强调指出：小型和微型企业在促进经济增长、增加就业、科技创新与社会和谐稳定等方面具有不可替代的作用。当前一些小型微型企业经营困难，融资难和税费负担偏重等问题突出，必须引起高度重视。要加强金融服务和财税扶持，主要加大对符合国家产业和环保政策，能够吸纳就业的科技、服务和加工业等实体经济的支持力度，引导和帮助小型微型企业稳健经营、增强盈利能力和发展后劲③。2011年10月19日，中国银监会主席刘明康在CEO组织峰会上也表示：银监会始终鼓励银行业金融机构坚持商业可持续和积极履行社会责任并重，大力支持小型、微型企业和民营经济发展④。2011年12月，

① 《民间金融的救赎之道》，新华网，2011年7月6日，http：//news. xinhuanet. com/finance/2011－07/06/c_121628976. htm。

② 《银监会阎庆民：中小商业银行要加快战略转型》，中国新闻网，2011年7月19日，http：//www. chinanews. com/fortune/2011/07－19/3194345. shtml。

③ 《国务院：禁止金融从业人员参与民间借贷》，中国新闻网，2011年10月12日，http：//www. chinanews. com/fortune/2011/10－12/3384475. shtml。

④ 刘明康：《严防影子银行和民间融资风险》，网易财经，2011年10月19日，http：//money. 163. com/11/1019/18/7GOFIPFS0025335L. html。

温家宝总理在江苏调研时指出：贯彻中央经济工作会议精神，支持实体经济，银行要拿出更加具体的措施。银行要树立防范风险的意识、发扬主动服务的精神。总的来看，商业银行还远远不能满足小微企业发展需要。商业银行的改革应该把主动为小微企业服务作为重点①。2012 年 3 月，中国银监会监管二部主任、中国银监会完善小企业金融服务领导小组办公室主任肖远企在接受人民网的采访时表示：要把小微企业的重要性的认识再提高一些，应该把它作为国家战略层次来认识，同时通过法律的层次来确立对小微企业不同的政策支持②。

2011 年以来，国内部分区域民间借贷危机爆发揭露出大量资本通过拆借、集资、理财等方式脱实向虚，隐含了巨大的金融风险。于是，国家认识层面又开始明确提出并强调，银行业金融要把服务于实体经济作为重要任务。2011 年末和 2012 年初相继召开的中央经济工作会议、全国金融工作会议提出，做好新时期的金融工作，要坚持金融服务实体经济的本质要求，牢牢把握发展实体经济这一坚实基础。银行业金融机构作为我国金融业的主体，应当高度重视和深刻认识金融服务实体经济的本质要求，充分发挥自身在支持和服务实体经济发展中的主力军作用，促使银行业与实体经济形成相互依存、相互促进、互动双赢的更加良好局面。全国金融工作会议上，温家宝总理讲话认为，我国银行业金融对实体经济的支持还不够及时有力，金融业的服务能力和水平与经济社会发展需要相比还有不小差距。国际金融危机没有结束，必须增强忧患意识、责任意识，居安思危，努力把金融工作提高到一个新水平。为此，他还就新时期的金融工作提出了五项原则，其中第一条就是要坚持金融服务实体经济的本质要求。金融是现代经济的核心，金融发展的根基是实体经济。要从多方面采取措施，确保资金投向实体经济，有效解决实体经济“融资难”“融资贵”问题，坚决抑制社会资本脱实向虚、以钱炒钱，防止虚拟经济过度自我循环和膨胀，防止出现产业“空心化”现象。金融机构必须牢固树立服务实体经济的指导思想，全面提高服务实体经

---

① 温家宝：《银行要拿出更具体措施支持实体经济》，中国日报网，2011 年 12 月 21 日，http：//www. chinadaily. com. cn/hqcj/lc/2011 - 12 - 21/content_4744245. html。

② 银监会：《要把支持小微企业作为国家战略认识》，网易财经，2012 年 3 月 1 日，http：//money. 163. com/12/0301/14/7RH568HO0025335L. html。

济的质量和水平，实现金融与实体经济的共生共荣[①]。对此，2012 年 2 月，中国银监会主席尚福林专门撰文回应指出：百业兴则金融兴，百业稳则金融稳，银行业首先要认识到实体经济的基础性作用。如果国民经济不能健康发展，银行经营就必然不稳健，银行利润就成为无源之水；如果银行脱离实体经济而自我循环和发展，必然是本末倒置，不可持续。要充分认识金融在现代市场经济中的核心作用，在生产要素配置中的引领作用。银行业要加深与实体经济互利共赢辩证关系的认识，不断强化为实体经济服务的经营理念，在支持实体经济发展中开拓新的业务领域（卓尚进，2012）。

（二）从严格打击到疏堵结合：国家重新理解和看待民间金融

2008 ~2012 年，关于以民间金融为增量的银行业金融形态变迁，国家决策的另一个重要观念认知即是对民间金融逐步形成相对理性的态度和认识，并开始实现从传统的拒斥打压向“宜疏不宜堵”“疏堵结合”“发展与规范并举”等的重要转变。这一认知转变决定了这一阶段民间金融得以以特定的制度化、规范化形态而存在和发展。

如前所述，20 世纪 80 ~90 年代，一度火热的民间金融不具备有产业制度变迁的意义，主要在于早期的民间金融作为垄断银行体制下的自然衍生的非正规金融形态，并没有获得国家及监管部门的稳定和持续的合法性认可，而总体上被当作不合法、危害度高的违法违规金融。由此，早期的民间金融很快就被强制性地禁止、取缔（刘光溪，2013）。但是到 2008 年前后以来，随着国内经济形势和环境的变化，结合国内银行业金融体系的现实状况[②]，

---

① 《温家宝在全国金融工作会议上讲话节选》，中国经济网，2012 年 1 月 30 日，http：//www.ce.cn/xwzx/gnsz/szyw/201201/30/t20120130_23025889_3.shtml。

② 2008 年前后，就服务于经济发展的功能角度而言，当时国内银行业金融体系最主要的问题就是国有银行、股份制银行、城市商业银行、农村信用合作社等构成的正规金融体系仍然不能很好地满足农村经济社会发展、民营经济、中小企业、实体经济等的金融资源需求，无论是大银行，还是小银行都以追求优质客户资源为目标，忽略或难以为广大中小企业、民营经济服务，甚至部分正规银行金融机构还会将部分资金投入到虚拟的投机领域，造成实体经济缺血（可参考：刘江日，《民间金融发展路径和趋势的制度分析》，《金融论坛》2013 年第 9 期；李波，《中小企业银行融资的制度障碍及对策》，《经营管理者》2012 年第 17 期）。与此同时，大量积累的民间资本却遭遇到难以逾越的准入门槛，即所谓的三重门：由垄断形成的“铁门”、由行政审批高门槛形成的“玻璃门”、由非市场因素形成的“弹簧门”（姚耀军，2012），民间资本缺乏进入银行业金融市场的机会空间。

国家开始逐步转变了对民间资本、民间金融的态度认知，开始相对理性地认识和看待民间金融的性质以及它在优化金融资源配置，完善银行业金融体系中应有的地位和价值（刘小红，2013）。总体上，对民间资本、民间金融的这一理性认知贯穿于民间金融再度兴起与制度化发展的全过程之中。

同样，我们依然试图从国家决策者及相关监管部门的重要政策文件、系列讲话精神之中，来寻找并呈现国家对民间金融逐步理性化的认知转变。稍早于金融危机之前的2005年，中国人民银行在其发布的《2004年中国区域金融运行报告》中曾指出，民间金融具有一定的优化资源配置功能，减轻了中小民营企业对银行的信贷压力，转移和分散了银行的信贷风险。这一观点据称是1998年清理和整顿民间金融之后，国家层面首次对民间金融给予正面和积极的性质定位，也被外界普遍认为是国家给民间金融“正名”的第一次信号（孟凡胜，2008）。2005年2月，国务院下发了《关于鼓励支持和引导个体私营等非公有制经济发展的若干意见》（所谓的非公36条），这是我国首部国家层面出台的以促进非公有制经济发展为主题的文件。文件强调：允许非公有资本进入金融服务业。在加强立法、规范准入、严格监管、有效防范金融风险的前提下，允许非公有资本进入区域性股份制银行和合作性金融机构。符合条件的非公有制企业可以发起设立金融中介服务机构。这一文件的出台在一定程度上表明国家为放开民间资本进入银行业金融领域以及民间金融的发展提供了法规依据。

2006年3月22日，中国人民银行副行长吴晓灵在亚太地区小额信贷论坛上委托行长助理易纲发言谈道：将合理引导民间金融，为我国小额信贷发展提供良好的环境。出于对公民财产权运用和契约自主权的尊重，民间金融应该是一种法律范围内的正常现象。同年10月，吴晓灵再次讲话表示支持民间借贷发展，并认为国家应在强化信息披露、严厉打击信息造假的同时放松直接融资的管制，应发展多层次资本市场，开放多种形式的直接融资，支持发展民间借贷市场。与此类似，2006年4月，国家发改委体制改革综合司副司长徐善长在第二届中国财富论坛上也提出：民间融资已成为社会资金融通的重要部分，面对民间融资蓬勃发展的势头，政府部门不应该忽视民间融资的存在，要进行客观的研究和分析，并及时做出政策调整。通过法律手段使民间融资走上契约化和规范化轨道，这是政策及立法层面必须实现的一个飞跃。有观点认为，吴晓灵和徐善长两人的讲话可以看成国家对民间金融的正式正名和政策松绑（商灏，2007）。

2008 年 6 月，曾担任过中国人民银行研究局副局长的焦瑾璞在第四届中国创投融资发展高层论坛上表示：我国迫切需要出台一部放贷人条例的法规，将民间金融和个人放贷纳入规范化程序，即将民间金融阳光化。中国对民间金融的约束相对较多，大量游离于正规金融之外的融资活动需要政策、法规和制度的规范①。这可以在一定程度上说明，央行开始认为，民间金融应该通过政策构建来实现阳光化发展。2008 年 8 月 15 日，央行发布的第二季度货币政策执行报告则直接正面肯定了民间借贷的重要作用。该报告认为，民间借贷作为正规金融有益和必要的补充，在一定程度上缓解了中小企业和“三农”的资金困难，增强了经济运行的自我调整和适应能力，并在一定程度上填补了正规金融不愿涉足或供给不足所形成的资金缺口。如果让民间借贷游离于正规金融之外，容易存在交易隐蔽、监管缺位、法律地位不确定、风险不易监控，以及容易滋生非法融资、洗钱犯罪等问题，需要制定相应的法规予以引导和规范②。这些表述表明，国家相关部门对民间金融的意义、性质和风险防范等已经有了较充分的认识，总体上持积极疏导的态度。

对于民间金融而言，2010 年出台的《国务院关于鼓励和引导民间投资健康发展的若干意见》则是在 2005 年“非公 36 条”的基础上，进一步在国家层面为民间资本、民间金融的市场准入提供合法性基础并指明了具体的方向。其明确提出：鼓励和引导民间资本进入金融服务领域。允许民间资本兴办金融机构。在加强有效监管、促进规范经营、防范金融风险的前提下，放宽对金融机构的股比限制。支持民间资本以入股方式参与商业银行的增资扩股，参与农村信用社、城市信用社的改制工作。鼓励民间资本发起或参与设立村镇银行、贷款公司、农村资金互助社等金融机构，放宽村镇银行或社区银行中法人银行最低出资比例的限制③。

---

① 焦瑾璞：《民间金融亟须阳光化》，证券之星网，2008 年 6 月 26 日，http：//finance. stockstar. com/GA2008062600061850. shtml。

② 《民间借贷有利有弊》，新浪财经，2008 年 8 月 18 日，http：//finance. sina. com. cn/money/lczx/20080818/09342379800. shtml。

③ 参见：《国务院关于鼓励和引导民间投资健康发展的若干意见》（国发〔2010〕13 号）。

2011 年 10 月，温州等地民间借贷危机发生后，银监会主席刘明康指出，对于民间借贷，要坚持“隔离风险”“疏堵结合”的原则实施综合治理；要积极探索按照市场规律疏导规范民间借贷，引导其阳光化、规范化发展①。这表明，面对民间借贷的风险问题，国家监管层对民间金融依然坚持了接纳和合理规范的态度及原则。同年 11 月，中国人民银行有关负责人在接受媒体采访时再次表示：民间借贷是正规金融有益和必要的补充，具有制度层面的合法性，民法通则、合同法等法律法规构筑了民间借贷合法存在与发展的法律基础和制度环境。在遵守相关法律法规前提下，自然人、法人及其他组织之间有自由借贷的权利。只要不违反法律的强制性规定，民间借贷关系都受法律保护。民间金融有利于形成多层次信贷市场，是满足各类市场主体融资需求的一个补充渠道。对于民间借贷需要通过修订与完善相应的法律法规予以引导和规范，重点是实行区别对待、分类管理，对合理、合法的民间借贷要予以保护②。

2012 年 2 月，全国人大常委、民建中央副主席辜胜阻在亚布力论坛上表示，我国实体经济面临的风险有五大表现：一是大量民间资本游离实体经济，变成炒资产的“游资”和“热钱”；二是大量做实体经济的企业从实业平台取得的融资流向非实体经济领域；三是大量中小企业面临生存困境，相当一部分变成“僵尸”企业；四是随着企业精英大量移民或外迁，大量实体经济的发展要素流失；五是企业家坚守实业的精神衰退，浮躁或急躁于“赚快钱”。为此，要努力促进民间金融阳光化、规范化、合法化。对民间金融不是打击取缔而是规范“招安”，让其成为多层次融资体系的组成部分③。与这一观点类似，2012 年 3 月全国两会期间，国务院总理温家宝讲话认为，应该引导和允许民间资本进入金融领域，使其规范化、公开化，既鼓励发展，又加强监管。国务院副总理王岐山也认为，应该给予民间借贷合理性、合法性，这就像人们互相借钱一样平常，但要防止借此非法集资，防止旧社会的“驴打滚”④。

---

① 刘明康：《严防影子银行和民间融资风险》，网易财经，2011 年 10 月 19 日，http：//money. 163. com/11/1019/18/7GOFIPFS00253351. html。

② 《央行发展多层次信贷市场，鼓励民间借贷规范化运作》，新华网，2011 年 11 月 11 日，http：//news. xinhuanet. com/fortune/2011 – 11/11/c_122264264. htm。

③ 辜胜阻：《应力促民间金融“阳光化”》，《新京报》2012 年 2 月 20 日。

④ 《改革已被倒逼，立法进程须快》，搜狐财经，2012 年 3 月 17 日，http：//business. sohu. com/20120317/n338039822. shtml。

从上述表述中，可以看到，国家对于民间资本和民间金融的理性化认知逐步变得清晰、充分和稳定。到 2012 年 5 月，国家对于民间金融实现阳光化、合法化、规范化的认知要求在中国银监会发布的《关于鼓励和引导民间资本进入银行业的实施意见》中得到了最完整、最具体的体现。《意见》的出台标志着民间资本、民间金融涉足银行业金融市场的必要性和可能性得到了国家正式的确认和支持，甚至成为支持和鼓励民间金融良性发展的指导性框架。

三、增量式战略的构建：发展村镇银行等新型金融组织和区域金融改革

制度主体的认知会决定制度变迁方案的构建和选择，进而影响制度变迁的路径。很显然，2008 年金融危机前后以来，在认知层面，一方面国家明显把解决“三农”问题，中小企业、民营经济、实体经济的发展以及这些领域“融资难”的问题，作为经济治理或经济体制转型升级的最迫切问题；另一方面国家逐渐改变了对民间金融的传统刻板认识，强调民间金融在服务于“三农”、中小企业、民营经济、实体经济发展中的重要作用。受到上述两重观念认知或治理理念的影响，大致从这一时点开始，国家开始稳步推进了我国银行业金融改革以来的第二次增量式改革战略，其主要内涵或战略方案就是重点发展小额贷款公司、村镇银行等新型金融组织，以及授权推动以温州为代表，围绕民间金融规范化、制度化发展为核心的区域综合金融改革。通过发展小额贷款公司、村镇银行等正规化的民间金融组织形式，国家的主要意图在于通过引入民间性的金融力量来强化银行业金融体系的竞争，将民间性金融机构作为一种可替代性或补充性的力量，进一步优化和完善多层次的银行业金融服务体系，以解决既有正规银行业金融体系难以实现的金融服务局限问题（王擎，2014；柴瑞娟，2012）。而以民间金融为中心，实施区域性综合金融改革，国家的战略意图则主要在于可以为全国性的民间金融的阳光化、规范化发展提供试点经验和示范性模板，在规避民间金融风险的同时，更好地发挥民间金融的积极作用（陈硕，2014）。

（一）民间金融准入政策变迁与村镇银行[①]等民间金融组织的发展

从历史制度变迁的角度来看，作为增量改革战略的重要内容，发展小额贷款公司和村镇银行等新型民间金融组织形式，本质上是在国家关于民间金融准入政策逐步松动与放开的制度结构条件下循序渐进而展开的。

2006 年 12 月 20 日，中国银监会正式下发了《关于调整放宽农村地区银行业金融机构准入政策 更好支持社会主义新农村建设的若干意见》（银监发〔2006〕90 号）（以下简称《意见》），标志着在农村区域发展小额贷款公司、村镇银行等正规民间金融组织的制度阀门开始轻轻开启。《意见》首先确定了四川、青海、甘肃、内蒙古、吉林、湖北 6 省区作为先行试点的行政区域。在此基础上，《意见》明确提出，鼓励各类资本到农村地区新设主要为当地农户提供金融服务的村镇银行；农村地区的农民和农村小企业也可以按照自愿原则，发起设立为入股社员服务、实行社员民主管理的社区性信用合作组织；鼓励境内商业银行和农村合作银行在农村地区设立专营贷款业务的全资子公司。《意见》还明确规定了与设立村镇银行等相关的相关规范条件。在注册资本方面，在县（市）设立的村镇银行，其注册资本不得低于人民币 300 万元；在乡（镇）设立的村镇银行，其注册资本不得低于人民币 100 万元。在乡（镇）新设立的信用合作组织，其注册资本不得低于人民币 30 万元；在行政村新设立的信用合作组织，其注册资本不得低于人民币 10 万元；商业银行和农村合作银行设立的专营贷款业务的全资子公司，其注册资本不得低于人民币 50 万元。在投资人资格方面，村镇银行应采取发起方式设立，且应有 1 家以上（含 1 家）境内银行业金融机构作为发起人。单一境内银行业金融机构持股比例不得低于 20%，单一自然人持股比例、单一其他非银行企业法人及其关联方合计持股比例不得超过 10%。任何单位或个人持有村镇银行、农村合作金融机构股份总额 5% 以上的，应当事先经监管机构批准。

为推动和规范小额贷款公司、村镇银行等新型民间金融组织的建设与发展，2007 年 1 月 29 日，银监会同时发布了《村镇银行管理暂行规定》《贷

① 本书中主要聚焦小额贷款公司和村镇银行的发展情况。

款公司管理暂行规定》《农村资金互助社管理暂行规定》，以及《村镇银行组建审批工作指引》《贷款公司组建审批工作指引》《农村资金互助社组建审批指引》等文件，为发展小额贷款公司、村镇银行等提供了比较系统的制度框架。这些文件对村镇银行的性质、机构的设立、股权设置和股东资格、公司治理、经营管理、监督检查、机构变更与终止等事项进行了具体的规定。其中，《村镇银行管理规定》指出：村镇银行指经中国银行业监督管理委员会依据有关法律、法规批准，由境内外金融机构、境内非金融机构企业法人、境内自然人出资，在农村地区设立的主要为当地农民、农业和农村经济发展提供金融服务的银行业金融机构。《贷款公司管理暂行规定》则指出：贷款公司是指经中国银行业监督管理委员会依据有关法律、法规批准，由境内商业银行或农村合作银行在农村地区设立的专门为县域农民、农业和农村经济发展提供贷款服务的非银行业金融机构。《农村资金互助社管理暂行规定》规定：农村资金互助社是指经银行业监督管理机构批准，由乡（镇）、行政村农民和农村小企业自愿入股组成，为社员提供存款、贷款、结算等业务的社区互助性银行业金融机构。无论是小额贷款公司、村镇银行，还是农业资金互助社，都拥有独立的企业法人性质。

2008 年之后，国家关于发展小额贷款公司、村镇银行等正规民间金融组织的政策进一步得到了补充完善、强化和适时的调整。2008 年 5 月 4 日，中国银监会和中国人民银行联合发布了《关于小额贷款公司试点的指导意见》(以下简称《意见》)。《意见》将小额贷款公司的试点参与权限下放到地方，推广至全国范围（徐晶，2013)，鼓励各地设立小额贷款公司（李永平等，2011)。《意见》对小额贷款公司的性质等进行了统一的界定或规定：小额贷款公司是由自然人、企业法人与其他社会组织投资设立，不吸收公众存款，经营小额贷款业务的有限责任公司或股份有限公司。小额贷款公司的资金来源主要包括股东缴纳的资本金、捐赠资金，以及来自不超过两个银行业金融机构的融入资金。小额贷款公司从银行业金融机构获得融入资金的余额，不得超过资本净额的 50%。融入资金的利率、期限由小额贷款公司与相应银行业金融机构自主协商确定，利率以同期“上海银行间同业拆放利率”为基准加点确定。在资金运用方面，小额贷款公司在坚持为农民、农业和农村经济发展服务的原则下自主选择贷款对象。小额贷款公司发放贷款，应坚持“小额、分散”的原则，鼓励小额贷款公司面向农户和微型企业提供信贷服务，着力扩大客户数量和服务覆盖面。同一借款人的贷款余额不得超过小额贷款公司资本净额的5%。显然，《意见》进一步确认了小额贷款公司的合法地位，但《意见》确定的小额贷款公司“只贷不存”等经营原则，又对之后小额贷款公司的发展产生了重要影响。

2009年6月12日，中国银监会发布了《小额贷款公司改制设立村镇银行暂行规定》，允许符合规定要求的（如公司治理机制完善、内部控制健全、经营状况良好、信誉较高，且坚持支农服务方向）小额贷款公司可改制成为村镇银行。客观上，这一文件的出台为小额贷款公司的未来发展指出了方向，并为民间资本转变为合法的金融资本提供了可能的途径和政策支持（广州民间金融研究院课题组，2013）。而为加速小额贷款公司、村镇银行等民间金融机构的发展，尤其是为提升农村地区金融机构网点覆盖率，实现农村金融服务全覆盖的目标，2009年7月23日，中国银监会下发了《关于做好新型农村金融机构2009~2011年总体工作安排有关事项的通知》。该文件从国家层面，按照不同区域，设定了2009~2011年内小额贷款公司、村镇银行、农村资金互助社等建设数量规划目标。即全国35个省区市（西藏除外）、计划单列市计划设立新型农村金融机构合计1294家，其中村镇银行1027家、小额贷款公司106家、农村资金互助社161家①。此外，为支持小额贷款公司、村镇银行等民间金融组织的持续发展，促进农村金融服务体系的建设，2009年4月，财政部还出台颁发了《中央财政新型农村金融机构定向费用补贴资金管理办法》，确定对符合条件的小额贷款公司、村镇银行、农村资金合作社给予定向费用财政专项补贴，即2009~2011年，财政部对上年贷款平均余额同比增长，且达到银监会监管指标要求的贷款公司和农村资金互助社，上年贷款平均余额同比增长、上年末存贷比高于50%且达到银监会监管指标要求的村镇银行，按其上年贷款平均余额的2%给予补贴。补贴资金作为这些机构当年收入进行核算②。

---

① 可参考：《中国银监会关于做好新型农村金融机构2009~2011年总体工作安排有关事项的通知》（银监发〔2009〕72号）。

② 可参考：《财政部关于印发中央财政新型农村金融机构定向费用补贴资金管理暂行办法的通知》（财金〔2009〕31号）。

为鼓励民间资本能更积极地投资进入银行业金融，2012 年 5 月 26 日，银监会颁发了《关于鼓励和引导民间资本进入银行业的实施意见》（以下简称《意见》），《意见》提出：支持民营企业参与村镇银行发起设立或增资扩股。村镇银行主发起行的最低持股比例由 20% 降低为 15%。村镇银行进入可持续发展阶段后，主发起行可以与其他股东按照有利于拓展特色金融服务、有利于防范金融风险、有利于完善公司治理的原则调整各自的持股比例。此外，《意见》还支持农民、农村小企业作为农村资金互助社社员，发起设立或参与农村资金互助社增资扩股①。

在上述政策的推动下，2008 年以来，我国的小额贷款公司、村镇银行、农村资金互助社等民间金融组织实现了较快的发展，在服务于“三农”、中小企业发展的融资服务方面起到了一定的作用。首先，从小额贷款公司的发展来看，2005 年，国家选择山西、陕西、四川、贵州、内蒙古等中西部地区民间金融较活跃的省区先行进行了小额信贷的试点。山西平遥的日升隆和晋源泰作为我国小额贷款公司首批试点开始挂牌经营。最初，全国仅设立 7 家小额贷款公司。通过设立小额贷款公司这种正规的渠道，可以吸收一部分民间资本，压缩民间借贷的生存空间（唐真龙，2008），将民间金融纳入规范化的轨道。但是，这时的小额贷款公司的数量还太少，经营的资金规模也较小，在仍然处于国有银行改革的发展阶段，其影响力较小。小额贷款公司真正较快发展是在 2008 年《关于小额贷款公司试点的指导意见》颁布之后，当年，国家全面铺开了开办小额贷款公司的民间金融改革。尤其是 2009 ~ 2012 年，在各地方政府的主导下，全国小额贷款公司更是进入了快速发展的四年，小额贷款公司的机构数量、资本规模、业务规模等都得到了快速的发展（李晓磊等，2014），其中，2011 年，小额贷款公司更是出现了井喷式的增长（徐军辉，2013）。

统计数据显示（见表 4 - 5），截至 2012 年底，我国共有小额贷款公司机构数量达 6080 家（同比增长 42%，全年新增小额贷款公司 1798 家，同比多增加 130 家），从业人员超过 7 万余人，实收资本达 5146.97 亿元，贷款余

---

① 可参考：《中国银监会关于鼓励和引导民间资本进入银行业的实施意见》（银监发〔2012〕27 号）。

额为5921亿元，同比增长51.3%，高出当年人民币各项贷款增速36.3个百分点。从区域分布上，约有一半的小额贷款公司集中分布在江苏（485家，占比8.0%）、安徽（454家，占比7.5%）、内蒙古（452家，占比7.4%）、辽宁（434家，占比7.1%）、河北（325家，占比5.4%）、云南（276家，占比4.5%）、吉林（265家，占比4.4%）和山东（257家，占比4.2%）等省区①。

表4-5　　2009~2012年我国小额贷款公司的发展情况

年份	机构数（家）	从业人员数（人）	实收资本（亿元）	贷款余额（亿元）
2009	1334	1976	781	879
2010	2614	27884	1780.93	1975.05
2011	4282	47088	3318.66	3914.74
2012	6080	70343	5146.97	5921.38

数据来源：广州民间金融研究院课题组（2013）；刘怡恒（2014）。

小额贷款公司作为一种增量式的金融组织形式，由于其借贷门槛较低、经营机制较灵活、贷款程序简便、放贷速度快、熟悉地方社会等正规银行业金融机构所不具备的特点，在吸纳民间资本，服务中小微企业、城镇个体工商户、农户，甚至发挥“鲶鱼效应”促进竞争性的银行业金融市场形成等方面都起到了一定的积极作用。对此，有研究指出，通过小额贷款公司流动的民间资本主要都是投放给了“三农”产业和中小企业。在南京、温州、云南、山东、四川等地小额贷款公司提供的融资贷款中，80%以上流向了“三农”产业和中小企业。到2012年底，中小企业融资性担保贷款余额就占到了小额贷款公司融资性担保贷款余额的78.4%（陈硕，2014）。类似地，有调研报告数据也表明，小额贷款公司在服务“三农”、中小企业上确实发挥了较重要的作用。以2012年为例，全国百强小额信贷公司中，个体工商户和小微企业贷款余额超过80%以上的有22家，超过40%以上的有62家，百强小额信贷公司中50%以上的资金都投向了小微企业金融服务；而江苏、辽宁、上海、四川、河北等省市的小额贷款公司50%以上的贷款投向了小微企业、个体工商会和农民，表现最为抢眼；其中四川省2012年小额贷款公司

① 《中国金融年鉴2013》。

投向农户、个体工商户、城镇居民和小微企业的贷款就占到了全部贷款余额的99.07%（史建平，2013）。

就村镇银行的发展情况而言，它是国家在推动民间金融发展中始终优先培育发展的一种民间金融组织形式①。同样是2006年国家调整农村地区银行业金融机构的市场准入政策之后，村镇银行开始作为一种正规民间金融组织不断成长发展。2007年3月1日，四川仪陇惠民村镇银行成立，标志着我国第一批村镇银行诞生。2008年后，村镇银行实现了快速的发展。数据显示，2007年末，我国开业的村镇银行仅有19家，到2012年末，村镇银行的数量快速增加到了876家，是2007年的46倍（见图4－1）。

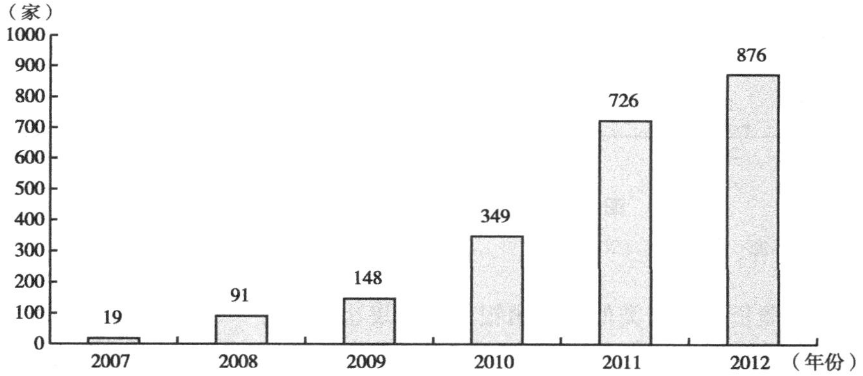

图4－1　全国村镇银行数量增长情况

数据来源：根据相关年份《中国金融年鉴》数据整理。

在其他指标方面，村镇银行同样也显示出较高的成长性。其中，在银行总资产方面，村镇银行实现了连续的快速增长。2008年，村镇银行的资产总额为161亿元，到2012年末，村镇银行的资产总额就增长到了4347亿元（见图4－2），增长了27倍（周海燕等，2016）；在存贷款余额方面，2012年末，全国村镇银行本外币各项存款余额为3025亿元，同比增长78.2%，

---

① 在2011年6月举办的第四届中国村镇银行发展论坛上，中国银监会副主席周慕冰就表示，村镇银行是新型农村金融机构中的主打力量，要优先培育发展村镇银行。村镇银行是三类新型农村金融机构中生命力最强的机构，村镇银行的主发起人是商业银行，能够在短期内有效提供专业人才、资金清算，有效渗透银行的风险管理理念和管理方法。因此，在三类机构中，银监会将重点支持村镇银行的发展（参见：《银监会称将重点支持村镇银行发展》，《上海证券报》2011年6月13日）。

高于全部金融机构存款余额增速 64.1 个百分点。村镇银行存款余额占同期农村金融机构存款余额的 2.4%。2012 年末，全国村镇银行各项贷款余额 2324 亿元，同比增长 78.2%，高于全部金融机构贷款增速 62.6 个百分点。年末，全国村镇银行存贷比为 76.8%①。

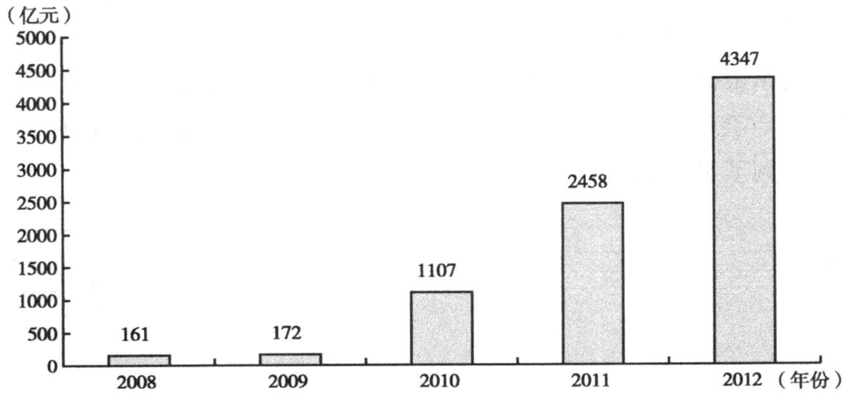

图 4－2　全国村镇银行资产增长情况

资料来源：周海燕等（2016）。

与小额贷款公司类似，村镇银行的发展也为服务“三农”起到了较重要的作用。统计数据显示，2012 年，全国村镇银行有近七成的贷款投向农村，增长速度远高于全部金融机构和主要农村金融机构。年末，全国村镇银行农村贷款余额 1610 亿元，占其各项贷款余额的 69.3%，同比增长 81.4%，比同期全部金融机构和主要农村金融机构农村贷款增速分别高出 61.7 个和 66.5 个百分点。年末，全国村镇银行农户贷款余额为 805 亿元，占其各项贷款余额的 39.6%，同比增长 100.6%，比同期全部金融机构农户贷款增速高出 84.8 个百分点。年末，全国村镇银行农业贷款余额 558 亿元，占其各项贷款余额的 24%，同比增长 105.2%，较同期全部金融机构农业贷款余额增速高出 93.6 个百分点②。

总之，尽管小额贷款公司、村镇银行等新型的民间金融机构在实际的发展过程中遇到了一系列的现实困难与问题（李高森，2014；谢金楼等，2010；刘

①② 参见：《中国金融年鉴 2013》。

冲等，2010），在整体银行业金融体系中的规模比例较小，但作为国家试图推动增量式改革的手段或载体，其诞生和发展仍然为推动我国银行业金融体系的完善与优化，尤其是为“三农”、中小企业、民营经济等的融资服务起到了独特和不可替代的作用。

（二）以民间金融为重点的区域金融改革：温州、广东、泉州等地的试点

鼓励和发展小额贷款公司、村镇银行是国家多次强调并始终致力于推动的增量式改革的内容之一，是一种理性设计的银行业金融组织与制度变迁。2012 年，以温州、广州等地为代表的区域金融改革则是国家在分权和顶层设计的思路下，所做出的另一项增量式改革的努力。如前所述，在 2011 年前后，温州等地民间借贷危机的暴发，不仅对金融安全，而且对社会稳定产生了重大的影响。面对愈演愈烈的企业家“跑路”事件和民营企业“倒闭潮”的发生，国家最终果断地做出了实施以民间金融正规化、阳光化发展为重点的区域综合金融改革试点的决策。

温州等地民间借贷“跑路潮”暴发时，国家就开始高度关注民间金融改革的问题，国家急切希望寻找到可以实现“一石多鸟”的综合性金融改革方案，既能够解决当时愈演愈烈的民间借贷危机（短期目标），又可以实现将民间金融制度化，解决银行业金融服务于中小企业和实体经济融资问题（中长期目标）。对此，2011 年 10 月，国务院总理温家宝曾亲赴浙江绍兴、温州等地深入考察民间借贷危机问题时，就曾要求当地政府尽一切可能，稳定经济和金融形势，同时为治理温州高利贷危机开出药方（刘明笑，2012）。经过反复的讨论和论证，以及经国家发改委、财政部、银监会等多部门联合审批，《浙江省温州市金融综合改革试验区总体方案》（以下简称《总体方案》）于 2012 年 3 月 2 日经中国人民银行上报给国务院。2012 年 3 月 28 日，国务院总理温家宝主持召开国务院常务会议，最终批准实施《温州金融综合改革试验区总体方案》，要求温州通过体制机制创新，构建起与经济社会发展相匹配的多元化金融体系，使金融服务明显改进，防范和化解金融风险能力明显增强，金融环境明显优化，为全国金融改革提供经验。由此，温州金融综合改革试验区正式启动。

通过批准该《总体方案》，国家确定了温州综合金融改革十二项主要任务：（1）规范发展民间融资。制订规范民间融资的管理办法，建立民间融资备案管理制度，建立健全民间融资监测体系。（2）加快发展新型金融组织。鼓励和支持民间资金参与地方金融机构改革，依法发起设立或参股村镇银行、贷款公司、农村资金互助社等新型金融组织。符合条件的小额贷款公司可改制为村镇银行。（3）发展专业资产管理机构。引导民间资金依法设立创业投资企业、股权投资企业及相关投资管理机构。（4）研究开展境外直接投资试点，探索建立规范便捷的直接投资渠道。（5）深化地方金融机构改革。鼓励国有银行和股份制银行在符合条件的前提下设立小企业信贷专营机构。支持金融租赁公司等非银行金融机构开展业务。推进农村合作金融机构股份制改造。（6）创新发展面向小微企业和“三农”的金融产品与服务，探索建立多层次金融服务体系。鼓励温州辖区内各银行机构加大对小微企业的信贷支持。支持发展面向小微企业和“三农”的融资租赁企业。建立小微企业融资综合服务中心。（7）培育发展地方资本市场。依法合规开展非上市公司股份转让及技术、文化等产权交易。（8）积极发展各类债券产品。推动更多企业尤其是小微企业通过债券市场融资。建立健全小微企业再担保体系。（9）拓宽保险服务领域，创新发展服务于专业市场和产业集群的保险产品，鼓励和支持商业保险参与社会保障体系建设。（10）加强社会信用体系建设。推进政务诚信、商务诚信、社会诚信和司法公信建设，推动小微企业和农村信用体系建设。加强信用市场监管。（11）完善地方金融管理体制，防止出现监管“真空”，防范系统性风险和区域性风险。建立金融业综合统计制度，加强监测预警。（12）建立金融综合改革风险防范机制。清晰界定地方金融管理的职责边界，强化和落实地方政府处置金融风险和维护地方金融稳定的责任①。从《总体方案》内容，我们可以看出，温州金融改革的重点主要就是围绕着民间资本、民间金融（尤其是民间金融的阳光化和规范化发展②）

---

① 参见：《浙江省温州市金融综合改革试验区总体方案》，温州市人民政府金融工作办公室官网，http：//www. wzjrb. gov. cn/art/2012/3/12/art_8719_110121. html。

② 浙江省金融办金融发展处处长许奇认为，温州民间金融的实践和探索主要围绕“两化”（阳光化和规范化）展开，其中，阳光化是指通过各种途径推动民间金融活动从地下转到地上；规范化是指构建民间金融体系，通过建立健全制度来规范和引导民间金融的有序运行（王明林，2013）。

以及地方多层次的银行业金融体系建设等。《总体方案》内容总体上与 2008 年以来国家试图推动以民间金融为增量的银行业金融改革战略高度契合，或者说是国家这一改革战略的集中呈现。

为贯彻国家确定的温州金融综合改革的要求，2012 年 11 月 23 日，浙江省政府又专门印发了《浙江省温州市金融综合改革试验区实施方案》（以下简称《实施方案》），对应性地提出了 12 项具体的实施办法。其中，在规范发展民间融资方面，《实施方案》提出将探索建立民间融资备案管理制度，引导融资主体特别是法人实体进行民间融资备案登记。开展民间借贷服务中心试点，引进一批中介机构入驻，提供民间借贷登记、合约公证、资产评估登记等服务，引导民间融资阳光化、规范化。在加快发展新型金融组织方面，提出支持民间资金参与地方金融机构改革，鼓励民间资金根据有关规定发起设立或参股村镇银行、贷款公司、农村资金互助社等新型金融组织。制订村镇银行发展三年行动计划，加快村镇银行及其分支机构设立，引导村镇银行向乡镇延伸网点，覆盖各主要乡镇。在银行业金融机构优先批量主发起设立村镇银行。推进贷款公司和农村资金互助社试点。争取进一步确认小额贷款公司等各类融资性机构的性质。深化小额贷款公司试点，分批公开招投标设立小额贷款公司，实现中心镇和功能区全覆盖。试点部分符合条件的小额贷款公司按规定改制为村镇银行。探索小额贷款公司发行中小企业私募债。在建立金融综合改革风险防范机制方面，强化和落实地方政府处置地方金融风险和维护地方金融稳定的责任。建立民间金融大案要案督办制度，加强民间借贷风险提示，严厉打击金融传销、非法集资、地下钱庄、洗钱等非法金融活动，防止民间借贷转变为高利贷、非法集资等违法行为①。很显然，其中确定的开展民间融资备案登记、开办民间借贷服务中心、支持民间资金发起设立村镇银行②等对于民间金融改革而言都具有重大的创新意义。

从温州金融综合改革的情况来看，改革很快就取得了一定的进展。根据中国人民银行杭州中心支行的报告显示，2012 年末，温州已开业运营了 4 家民间借贷服务中心，借贷总成交额 4.2 亿元，成交登记平均月利率在 13.5%

---

① 参见：《浙江省温州市金融综合改革试验区实施方案》，新浪财经，2012 年 11 月 23 日，http://finance.sina.com.cn/stock/t/20121123/114213778378.shtml。

② 实施方案在全国第一次提出允许民间资本作为村镇银行的发起人。

左右。开业 6 家民间资本管理公司，累计向 155 个项目投放资金 5.6 亿元。设立小额贷款公司 31 家，资本金净额 98.7 亿元，贷款余额 124.8 亿元，全年累计发放贷款 448.9 亿元。开业村镇银行 6 家，分支机构 11 家，实现了县域范围内机构布局全覆盖。此外，还加快了金融基础设施的建设，例如，初步完成金融业综合信息平台和温州金融监测报数平台建设，首批 40 家融资性担保公司、46 家保险公司、12 家证券公司及 14 家试点典当行等进入试报阶段；成功将征信查询服务延伸到民间借贷登记中心，推动 7 家小额贷款公司顺利接入征信系统，2 家村镇银行完成对接数据测试；加快了农户和中小企业信用信息采集和电子化进程，全市共建立农户信用档案 140.1 万户，1.2 万户无贷款的中小企业也纳入信息库①。

继温州的金融综合改革试验获批之后不久，2012 年 6 月 27 日，经国务院批准，中国人民银行、国家发改委、财政部等八部委联合下发了《关于印发广东省建设珠江三角洲金融改革创新综合试验区总体方案的通知》，同意在珠三角地区实施综合金融改革。2012 年 12 月 21 日，国务院正式批准通过了《福建省泉州市金融服务实体经济综合改革试验区总体方案》，并由中国人民银行等 12 部委联合发布。这标志着国家以民间金融为重点的区域金融改革战略在全国范围内的进一步扩展。尽管广东、福建的金融综合改革内容侧重点与温州有所不同②，但这些改革都是在各地民间资本发展和民间金融兴起的背景下提出并实施的，都共同涉及了实现民间金融规范化发展、加强对中小企业金融服务等重要内容。例如，在广东的金融改革方案中，就提出：加快完善金融组织体系，支持为中小企业服务的村镇银行、贷款公司等地方中小金融机构建设。鼓励和引导民间资本进入金融服务领域③。而在福建泉州的金融改革方案中也提出：建立服务实体经济的多元化金融组织体系，逐步形成门类齐全、协调发展的金融组织体系；加大对小微型企业及民生的金融支持力度；提升农村金融服务能力；规范发展民间融资（其中又具

---

① 中国人民银行杭州中心支行金融研究处，《温州金融综合改革试验区工作情况回顾》，载于《中国金融年鉴 2013》。

② 有观点认为，温州金融改革侧重民间融资阳光化，珠三角侧重于加快人民币国际化，泉州侧重于探索金融服务于实体经济发展（广州民间金融研究院课题组，2013）。

③ 参见：中国人民银行等《关于印发广东省建设珠江三角洲金融改革创新综合试验区总体方案的通知》（银发〔2012〕158 号）

体包括：支持民间资金参与地方金融机构改革，稳妥发展小额贷款公司，发挥再担保公司的增信和共担风险作用，按照“疏堵结合、疏导为主”的原则，促进民间资金有序进入不同的投资领域，或以股权投资等方式进入实体经济和成长型骨干企业等）（广州民间金融研究院课题组，2013）。另外，值得一提的是，就在国家正式批准广东省珠江三角金融改革创新综合试验区总体方案的第二天，2012年6月28日，从酝酿到筹备半年之久的国内首条民间金融街——广州民间金融街在广州越秀区长堤大马路正式成立开业。广州民间金融街的成立是我国民间金融改革发展中具有标志性意义的重要事件（黎浩元等，2014）。广州民间金融街的建设以“政府引导、市场运作”为原则（广州民间金融研究院课题组，2013），通过建设民间金融集聚区，引导一批经营规范、服务优质的小额贷款公司、融资担保公司、典当行等民间金融机构及金融机构个人业务专营部门进驻，将分散无序的民间金融机构实现集中有序发展；同时，广州民间金融街试图建成全国首条集资金借贷、财富管理、支付结算、信息发布为一体的民间金融街，为中小企业和居民提供全方位、多样化的金融服务，探索形成民间金融的“广州价格”。通过建设民间融资价格信息发布平台，建立民间融资信息发布系统，采集、汇总、整理和分析民间融资价格信息，定期发布小额贷款利率、融资担保费率，促进民间融资定价的公开化和阳光化（欧阳卫民，2012）。据统计，广州民间金融街开业之日，就入驻各类金融机构35家，其中小额贷款公司11家（廖检文，2013），初步形成了一定的金融集聚效应。

四、产业政治：市场化政银商关系及民间金融组织的准入门槛“游戏”

经济社会学的历史制度学派在理解一国或地区特定产业治理机制变迁时，倾向于把产业治理机制的变迁理解为在特定的技术、合法性条件下，市场新进入者对传统占优势主导地位厂商的挑战与互动，双方在互动博弈的过程中最终构建起能够实现多方均衡的制度或治理机制（坎贝尔等，2009）。同样，在中国特定的制度语境下，银行业金融的改革变迁本质上就是一个不断突破既有产业体制、产业结构约束而实现市场准入和重构市场结构的过程。从这一视角出发，我们同样能够发现，2008～2012 年以民间金融为代表的银行业金融增量式改革过程中，尽管国家主导了总体的改革变迁过程，但这中间仍然隐含着一系列复杂的产业政治过程。特定的产业政治及互动博弈，会使民间金融的改革呈现出一些特有的形态。为此，要理解民间金融增量式改革的政治过程，我们大致需要分析和把握两方面的重要内容：一方面，在国家、银行及中小企业间，尤其是银企之间建立在市场框架基础之上的市场化关系及其对中小企业“融资难”问题的影响；另一方面，在国家与民间金融主体之间，围绕着村镇银行准入标准而产生的持续互动博弈。在一定程度上，这两方面的内容构成了民间金融增量式改革的“真实”政治形态。

（一）市场化的非对称银企关系与中小企业融资困境

经过上一轮的国有银行体制改革之后，我国的银行业金融体系进入了一个多元市场化竞争的发展阶段。对于四大国有商业银行、股份制银行、城市商业银行，甚至农村信用合作社等金融机构而言，它们都是拥有独立法人身份的公司组织，按照自主经营、自担风险、自负盈亏等原则开展经营。相对而言，国家与银行业的关系也逐渐从直接高度干预转向了产权基础上的联系以及宏观政策引导。在此情境下，包括国有银行在内的各类银行金融机构都以追求利润最大化作为经营的主要目标，其可控的信贷资金的配置建立在银行自身的成本、风险和收益的权衡基础之上。因而，正规的银行机构都倾向于支持规模大、效益好、风险较低的大型企业、大项目，呈现出明显的“趋大”特征。与这一特征相对应，在市场竞争的银行业金融格局下，以国有银行为主体的正规银行业体系逐渐显现出明显的“厌小”特征。即正规银行机构不太热衷于将信贷资金借贷给广大的中小企业，尤其是民营的中小企业。

正如有研究观点所言，在商业银行市场化改革及利率市场化的条件下所形成的信贷配置机制实质上造成了银行和中小企业之间的隐形借贷博弈。出于规避自身风险和成本效益的计算和权衡，在信息不对称和企业可能的机会主义道德风险情况下，银行只能实行选择性的信贷配给。当面对的借贷对象是中小企业时，银行机构会要求中小企业具有能够证明有足够还贷能力的资质，如是否具有足够的抵押物；同时，银行也会对中小企业要求较高的贷款利率（王书贞，2007），并执行严格的耗时较长的审贷程序。而这些要求，在现实中中小企业往往难以达到。相对而言，我国的中小企业确实存在着经营稳定性较差、缺乏足够的作为信贷风险抵押的资产、内部财务制度不规范以及诚信缺失等问题（吴昊，2015）。这一结构性的前提条件，使中小银行“融资难”的问题就成为我国经济转型升级过程中面临的突出难题。一方面是中小企业对银行贷款有较高程度的依赖；另一方面是正规银行业机构中小企业贷款比重持续偏低。对此，有研究就指出，在民营企业发达的浙江，民营企业所缴纳的税款在全省的财政收入中占较大的比重，但银行对民营企业的贷款却只占到银行总贷款的 1%。中国有八成左右的中小企业都把融资列为企业发展的最大难题（彭兴庭，2008）。同样，也有数据显示，即便中小企业能够从银行获得贷款，其贷款成本也往往较大型国有企业的贷款利率高。中国企业家调查系统的调查数据显示，62.3% 的中小型企业银行贷款利率高于基准利率，而大型企业的这一比例仅为 27.2%；13.6% 的大型企业银行贷款利率低于基准利率，而小型企业的这一比例仅 2.5%（刘汉元，2012）。

关于中小企业“融资难”的问题，国家也曾试图在国有银行的体制内来解决问题。例如，2008 年金融危机暴发后，为帮助中小企业摆脱困境，明确提出了银行业金融机构小企业信贷“两个不低于”的监管目标，即小企业贷款增速不低于全部贷款平均增速，增量不低于上年同期增量，要求银行机构把新增贷款更多地投向中小企业，加大对中小企业的信贷支持力度。与此同时，银监会还制订政策，推进大中型银行加强小企业专营机构建设，提出了单列信贷规模、单独配置资源、单独信贷评审、单独进行独立会计核算“四单”原则①。2010 年，银监会又提出了五项政策措施促进银行业金融机构改进中小企业融资服务。例如，（1）健全机构体系，提高机构网点覆盖面。推动大中型银行在已建立小企业金融服务专营机构的基础上，进一步向下延伸服务网点；进一步引导城市商业银行加大对小企业的金融服务力度；积极研究探索创设专职服务于小企业的社区银行服务体系，形成机构种类全、网点

① 参见：《银监会多项措施支持小微企业，实现“两个不低于”》，《浙江日报》2011 年 11 月 8 日。

覆盖率高、资金供给充裕、市场竞争充分、专业化水平高的小企业金融服务体系。(2) 完善业务经营考核体系，提高专业化经营水平。要求各类小企业金融服务机构在“三单”原则基础上进一步落实小企业金融服务“四单”原则。(3) 针对小企业金融服务的尽职免责、风险容忍等问题，制订《小企业金融服务差异化监管指引》，逐步构建小企业金融服务的差异化监管体系。(4) 配合有关部门、组织银行业金融机构制订并完善新的企业划分标准，统一各行小企业业务统计口径，完善小企业贷款业务信息披露，逐步形成全面、完善的小企业统计体系。(5) 完善政策支持体系，为小企业金融服务创造宽松环境。与政府有关部门进行沟通协调，以税收优惠与风险补偿为重点，促进完善小企业金融服务的外部支持与激励体系等①。2011 年 5 月、10 月，银监会又分别印发了《中国银监会关于支持商业银行进一步改进小企业金融服务的通知》(银监发〔2011〕59 号)、《中国银监会关于支持商业银行进一步改进小型微型企业金融服务的补充通知》(银监发〔2011〕94 号) 两份文件。在前一份文件中，银监会提出了十项改进银行业金融机构中小企业融资服务的措施。例如，对连续两年实现小企业贷款投放增速不低于全部贷款平均增速且风险管控良好的商业银行，在满足审慎监管要求的条件下，积极支持其增设分支机构。鼓励商业银行新设或改造部分分支行为专门从事小企业金融服务的专业分支行或特色分支行。在计算存贷比时，对于商业银行发行金融债所对应的单户 500 万元（含）以下的小企业贷款，可不纳入存贷比考核范围②。而在后一份文件中，银监会则从工作目标、机构准入、发行小型微型企业贷款金融债、贷款风险权重计算、不良贷款容忍率等方面对改善中小企业银行业金融服务提出了具体要求。例如，各级监管机构应对商业银行小型微型企业贷款不良率执行差异化的考核标准，根据各行实际平均不良率适当放宽对小型微型企业贷款不良率的容忍度。各级监管机构应在日常监管中对获准发行小型微型企业贷款专项金融债的商业银行法人进行动态监

① 参见：《银监会强调 2010 年小企业贷款要确保“两个不低于”》，中央政府门户网站，2010 年 2 月 23 日，http：//www. gov. cn/gzdt/2010 - 02/23/content_1539742. htm。

② 参见：《中国银监会关于支持商业银行进一步改进小企业金融服务的通知》，中国银行业监督管理委员会，http：//www. cbrc. gov. cn/chinese/home/docDOC_ReadView/201106078F3ED228933E346EFFD1CDEBDED56F00. html。

测和抽样调查，严格监管发债募集资金的流向，确保资金全部用于发放小型微型企业贷款[①]。

在上述政策的刺激下，以国有银行为主的银行业金融机构也做出了一定的回应。从四大国有银行到城市商业银行，都确实采取一些相应的改进措施。例如，中国银行推出了“中银信贷工厂”的新模式，对信贷业务申请实行标准化、表格化的操作以提高审批效率。民生银行将发展小微企业信贷作为其重大战略，在推出“商贷通”等创新产品的同时，积极布局全国小微专业支行。部分城市商业银行则通过引进先进技术或开发适合小微企业的信贷产品等方式，来改进小微企业金融服务。例如，包商银行引入了国际成熟的微贷技术，在服务微型客户方面，探索形成专业化的小贷道路[②]。

国家试图在正规银行业金融体系内进行部分调适和改革的措施，尽管取得了一些成效，但是，在不改变银行业体制以及市场化的非对称银企关系的条件下，中小企业的融资始终是一道难题。中小企业与正规银行机构之间的相互抱怨和不理解也就成为一种必然持续的现象。对此，我们可以从 2012 年的一则新闻调查报道中深刻地感受到政府部门、中小企业与银行业机构之间，尤其是银企之间存在着的张力与分歧。其中，中小企业主的观点认为银行应该雪中送炭，银行给出的贷款条件过于苛刻。“从国有银行贷款太难，条件实在是太苛刻了。至少得几百万元，少了银行不给贷，而且必须得有抵押物。有的银行就说根本没有信用贷款的项目，有的银行则表示只要做好几家大企业的业务就够了，没必要做小企业的业务……银行贷款考察的主要标准是有没有抵押物、财务制度是否健全等，可这些都是小微企业相对比较欠缺的。相反，银行对小微企业的诚信考察有缺失。”而面对中小企业的抱怨，银行机构也有自己回应的理由。“银行不是福利机构，也要讲效益，贷款的安全性、流动性和营利性是其追求的目标。”“并不是银行不作为，在目前的制度环境下向小微企业贷款，银行本身也面临着较大风险。银行也是要盈利的，不能做一笔亏一笔，商业银行若收不回贷款就会出事，影响银行的运

---

① 参见：《中国银监会关于支持商业银行进一步改进小型微型企业金融服务的补充通知》，中央政府门户网站，2011 年 10 月 25 日，http：//www. gov. cn/gzdt/2011 －10/25/content_1978106. htm。

② 参见：《银行业支持实体经济发展，成功应对金融危机冲击》，网易财经，2012 年 9 月 26 日，http：//money. 163. com/12/0926/06/8CAEQDTR00252H36. html。

作。”“小微企业叫苦连天，舆论也一边倒，银行谁敢喊？谁喊谁就会被当成跟政策作对……对于技术含量高、市场前景好的小微企业，我们当然愿意扶持。但高危行业没法介入，银行资金介入企业是为了帮助企业发展，而不是为了挽救企业。银行不能为了舆论的呼声，将风险转嫁到自己身上，这也不现实！”对此，某省专门负责中小企业政策调研的官员的观点认为：“指望银行支持小微企业不现实，金融体制不改革，融资难问题就解决不了。”①

因此，受到正规银行体制下银企间非对称关系的影响，以国有银行为主导的正规银行业金融体系不能很好地解决中小企业的“融资难”问题。而这种特定的体制与关系结构在一定意义上，也就构成了国家及监管部门最终选择实施以民间金融为代表的增量式改革的一个重要前提。

（二）“开大门”与“设门槛”：“村镇银行”的准入游戏

在民间金融增量式改革中，国家倡导以设立村镇银行、小额贷款公司等新型民间金融组织的形式来实现银行业金融多元化发展，以及服务于“三农”、中小企业、实体经济等融资需求的战略目标。总体上，在国家政策的号召及财税等相关配套政策的推动下，2008～2012 年，村镇银行等逐步建立，并成为农村金融体系中的一股重要力量。然而，从产业制度变迁的过程来看，村镇银行的战略实施或村镇银行的发展并非如人们所预期的那样一帆风顺，而是经历了较为曲折复杂的过程。而导致这一复杂过程的深层次因素则是在国家与民间金融主体之间围绕着村镇银行的发展而现实存在着的互动博弈。即在村镇银行的发展上，始终存在着国家围绕准入资质和标准的产业政治策略，本书称其为村镇银行的准入游戏。换言之，当我们从产业制度变迁主体互动关系的视角来理解以村镇银行等为重点的民间金融增量式改革历程时，我们一方面看到的是国家通过试点、全面推广等政策行为，为民间金融的市场准入打开了一扇大门，村镇银行等作为一种新的民间金融组织形式逐渐成为银行业金融体系的新生力量；但另一方面，我们又能发现，国家又通

---

① 《解决融资难需要从制度改革收入手》，证券之星财经，2012 年 7 月 10 日，http：//finance.stockstar. com/SS2012071000002873. shtml。

过一系列的政策文件，为村镇银行等新型民间金融组织的市场准入设置了较高的准入门槛，进而在一定程度上约束了村镇银行等民间金融组织的发展。因此，通过分析，我们也可以比较清晰地发现，从 2007 年首批村镇银行建立以来，2008 ~2009 年，村镇银行的发展并不明显，数量增长较慢。而只是到 2011 年，村镇银行才有了较显著的规模提升，到 2012 年后，村镇银行的发展又开始回归低潮。同样，我们也能发现，从村镇银行的发起人性质来看，有数据显示，截至 2012 年 8 月，政策性银行及国家开发银行、大型商业银行、股份制商业银行、城市商业银行、农信系统和外资银行等六大类银行业金融系统中，共有 254 家银行发起设立村镇银行（见图 4 -3）。其中，国家政策性银行和国家开发银行 1 家、大型商业银行 5 家、股份制商业银行 7 家，城市商业银行 110 家，农信系统 120 家、外资银行 5 家。在所有设立的村镇银行中，由规模较小的城市商业银行发起设立的就占到了接近一半的比例（48%），而由大型国有商业银行发起设立的村镇银行比例则较小（7%）[①]。可见，国有大型商业银行对于发起成立村镇银行并无太高的兴趣。

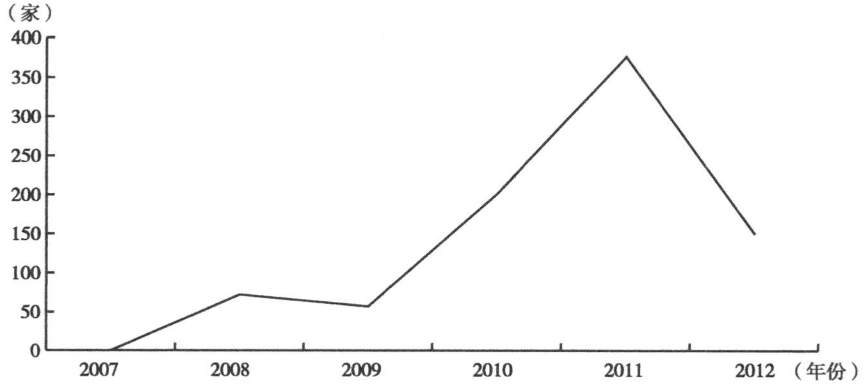

图 4 -3　我国村镇银行增长速度

资料来源：根据相关年份《中国金融年鉴》数据整理。

从村镇银行发展的实际过程来看，国家在引入和放开村镇银行的市场准入的同时，并没有真正忘记预防和规制新的民间金融组织可能带来的金融风

① 《中国村镇银行发展现状分析》，中商情报网，2013 年 10 月 12 日，http：//big5. askci. com/news/201310/12/12178234043. shtml。

险。显然，国家决策者对20世纪80～90年代农村合作基金会等自由放任所带来的安全风险似乎仍然记忆犹新。即便是在新的历史阶段要发展村镇银行等民间金融组织，也会对此可能产生的非预期后果留下预防的空间。在这种情境下，国家或金融监管部门理性地选择提高准入门槛的行动策略。例如，在2006年中国银监会颁发的《关于调整放宽农村地区银行业金融机构准入政策 更好支持社会主义新农村建设的若干意见》中就规定，村镇银行发起设立时须有1家及以上数量的境内银行业金融机构作为主发起人，而且单一境内银行业金融机构持股比例不得低于20%，而单一自然人持股比例、单一其他非银行企业法人及其关联方合计持股比例不得超过10%。2007年出台的《村镇银行管理暂行规定》又进一步明确了类似准入资质要求，而且对作为发起人的金融机构的资本充足率、财务状况、内部治理等方面也提出了较具体的要求。这些条款形式上对民间资本放开了银行业金融市场的准入，但实际上，并不是所有的银行都能有资格成为发起行。因而诸如商业银行未并表和并表后的资本充足率均不低于8%，连续2个会计年度必须盈利等指标都是很多正规银行，尤其是部分中小银行难以达到的标准（陈希琳，2013）。这就使部分民间资本实际上很难找到合适的主发起人来共同设立村镇银行。此外，村镇银行的设立还存在着区域分布、规模控制等方面的政策约束。政策要求村镇银行的发起设立必须在县域或者乡镇，不得发放异地贷款。监管部门还利用“准入挂钩”的制度，确保村镇银行发展在东中西部区域间的平衡。这些政策要求实质上大大降低了民间资本参与设立村镇银行的热情（王修华等，2010）。

国家对村镇银行的门槛限制遭到了一些民间金融资本的批评和抱怨。正如有研究所揭示的那样，部分民间资本认为，国家立法对它们存在着歧视性的待遇，并未一视同仁地对待各种资本，村镇银行虽然对民间资本放开，但民间资本依然是“带着镣铐起舞”，只是给主发起银行充当“抬轿人”的配角，登台唱主角的依然是主发起银行，很多企业认为如此“为他人作嫁衣”，投资的意义其实并不大（柴瑞娟，2012）。由此导致部分有意向投资设立村镇银行的民间资本望而却步或梦想破灭。

类似地，2009年6月，银监会下发的《小额贷款公司改制设立村镇银行暂行规定》似乎为小额贷款公司转制成为村镇银行提供了政策空间，然而，在这一文件中，国家对小额贷款公司的转制提出了比较严格的要求。例如，小额贷款公司改制设立村镇银行，除满足《村镇银行管理暂行规定》的相关准入要求外，还须额外满足其他一些条件，如公司治理机制完善、内部控制健全、经营状况良好、信誉较高等。按《指导意见》新设后持续营业 3 年及以上；清产核资后，无亏损挂账，且最近 2 个会计年度连续盈利；资产风险分类准确，且不良贷款率低于 2%；已足额计提呆账准备，其中贷款损失准备充足率 130% 以上；净资产大于实收资本；最近四个季度末贷款余额占总资产余额的比例原则上均不低于 75%，且贷款全部投放所在县域；最近四个季度末涉农贷款余额占全部贷款余额的比例均不低于 60%；单一客户贷款余额不得超过资本净额的 5%，单一集团客户贷款余额不得超过资本净额的 10%。抵债资产余额不得超过总资产的 10%①。这些严格的准入条件对于大多数“只贷不存”的小额贷款公司而言，是一个难以达到的指标。对此，国务院发展研究中心金融研究所副所长张承惠就认为：“小贷公司如果要改制为村镇银行，就必须将控股权转让给体制内的金融机构，对很多民营资本来说这是很困难的。”② 更有观点认为，尽管国家出台政策鼓励小额贷款公司转制成为村镇银行，但实际的政策条款却使转制成为村镇银行的条件比直接成立村镇银行还苛刻，这就相当于依然关闭了民间资本进入银行金融领域的制度之门③。因此，其结果就是，严格的甚至某些不合理的准入标准极大地限制了小额贷款公司转为村镇银行的积极性。数据显示，自 2009 年银监会允许小额贷款公司改制成为村镇银行之后的 3 年时间中，竟然没有一起成功改制的案例。部分小额贷款公司的经营者表示：要转制成村镇银行，就意味着公司的控制权要交给银行，辛苦干起来了控制权拱手相让，想想也不能接受④。

2011 年 7 月 25 日，银监会下发了《关于调整村镇银行组建核准有关事项的通知》（银监发〔2011〕81 号）（以下简称《通知》）。《通知》再次收

---

① 参见：《中国银监会关于印发小额贷款公司改制设立村镇银行暂行规定的通知》（银监发〔2009〕48 号）。

② 《大企业借贷成本仅 7% 至 8% 中小企业高达 30% 至 50%》，网易财经，2011 年 7 月 28 日，http：//money. 163. com/11/0728/07/7A1KQ58U00252G50. html。

③ 《金融改革的定数与变数》，中宏数据库，2012 年 6 月 11 日。

④ 《聚焦温州金融改革》，《经济管理文摘》2012 年第 9 期。

回了原本下放给地方银监局的村镇银行发起行等事项的核准权，由银监会确定村镇银行的主发起行及设立数量和地点。《通知》还要求完善村镇银行挂钩政策。在地点上，由全国范围内的点与点挂钩调整为省与省挂钩；在次序上，按照先西部地区，后东部地区，先欠发达县域，后发达县域的原则组建。同时，《通知》还规定，村镇银行主发起行要按照集约化发展、地域适当集中的原则，规模化、批量化发起设立村镇银行。村镇银行主发起行除监管评级达二级以上、满足持续审慎监管要求外，还应有明确的农村金融市场发展战略规划等多项标准要求①。由此可以发现，村镇银行的准入门槛实际上变得更高了，甚至有观点认为，这一政策是对2006年底“低门槛、严监管”的农村金融机构准入原则的逆转（周立，2012）。

尽管到2012年5月，银监会下发《关于鼓励和引导民间资本进入银行业的实施意见》中，相对调低了村镇银行主发起行的最低持股比例（由之前规定的20%下降到15%），但总体上，制约村镇银行发展的关键准入条件限制并没有得到实质性的改变。

因此，总体上来看，国家在引入村镇银行、对民间资本开放银行业金融市场准入的同时，国家及监管部门仍然采取了审慎的原则，既为民间资本进入银行业释放制度空间，但又设定较严格的标准，使民间资本进入银行业的风险能够处于国家可控的范围之内。对国家而言，准入门槛越高，进入的民间资本的质量也就越高，风险控制就越有保证。对此，作为监管部门的银监会也坦承，对于成立村镇银行，尤其是小额贷款公司转制成为村镇银行，政策设置较高的门槛，主要还是基于坚持积极审慎、有效防范风险的原则②。客观而言，国家关于村镇银行准入的双重策略——“开大门”与“设门槛”，较好地实现了民间金融发展与风险规制的合理均衡，也恰恰符合了国家关于民间金融治理的实质目标要求。

① 参见：《关于调整村镇银行组建核准有关事项的通知》（银监发〔2011〕81号）。

② 参见：《准入门槛太高 控制权转让 小额贷款公司冷对转制》，中国经济网，2009年6月29日，http://finance.ce.cn/bank/scroll/200906/29/t20090629_14720249.shtml。

| 第五章 |

第三次增量改革：互联网金融的异军突起与合法性支持（2013～2015年）

中国银行业的发展始终处于一个持续的制度变迁进程之中。当上一轮以民间金融为重点的银行业增量改革尚未来得及总结和宣告最终的成就之时，伴随着党的十八大以来中国经济发展进入新常态，尤其是以互联网、大数据、云计算等为代表的现代信息技术日新月异式的发展，我国银行业金融再一次面临着深刻的产业制度变迁，开始快速进入以互联网金融为主要形态的增量式改革发展阶段。相比较而言，无论是国有银行体系，还是民间金融，从技术与组织形态上看都还只是传统意义上的银行业金融形态；而互联网金融的异军突起则可以被理解为一种相对于传统银行业金融的新金融形态（韩亚欣等，2016）。建立在现代信息技术基础之上的互联网金融能够克服传统金融在时空、信息、权力等方面的不对称性，在交易程序、风险识别与控制、价格形成等多个方面都具有与传统银行业金融不同的特征（吴晓求，2015；叶旺春，2014）。尽管互联网金融在中国的快速兴起与繁荣发展离不开互联网信息技术（王军，2014）、日益多样化和差异化的金融消费需求（刘义梅等，2014），但从中国银行业30多年来的长时段制度变迁的角度来看，互联网金融的发展仍然是我国银行业金融制度改革变迁的一部分或重要内容，是由国家引导和支持的一种增量式改革形式①（李海燕等，2014；马

① 有观点认为，互联网金融的发展是一种内生性的自然发生的金融形态。但是，从金融制度变迁的意义上，以及互联网金融被实际纳入国家监管的过程来看，互联网金融的发展本质上仍然是国家所引导的一种变革过程，只不过从引导或规制的形式上与之前的银行业金融变革有一定的差别。

京津等，2014）。与前两次增量式改革所呈现的制度变迁逻辑类似，2013 年以来，以互联网金融为代表的银行业金融增量式改革逻辑也包含着三个维度的重要内容：一是互联网金融增量式改革首先受到了这一阶段国家及监管部门特定观念认知的影响，主要表现为国家对于传统银行业金融服务模式弊端的深刻认识，以及国家关于互联网金融作为一种金融创新形式的观念认知。二是在变革战略及相关政策构建方面，国家引导、鼓励和规范了以第三方支付等为代表的互联网金融组织（业态）形式的发展，以此倒逼传统银行业的自我革新。三是在互联网金融变革的产业政治方面，始终存在着传统银行业与互联网金融主体之间的竞争、合作博弈，并由此使互联网金融增量式改革呈现出其特有的发展路径。

一、银行业金融形态：互联网金融的异军突起及其对传统金融的超越

（一）互联网金融从“默默无闻”到“异军突起”

互联网金融作为一种区别于传统银行业的新的银行业金融形态并没有一个完全统一或一致的定义（李鑫等，2014）。这一概念的出现，最早是 2012 年由中国投资公司的谢平提出的。谢平认为，以互联网为代表的现代信息科技，特别是移动支付、社交网络、搜索引擎和云计算等，将对人类金融模式产生颠覆性影响。可能出现既不同于商业银行间接融资，也不同于资本市场直接融资的第三种金融融资模式，可称为“互联网直接融资市场”或“互联网金融模式”（谢平等，2012）。后来，中国人民大学的吴晓求教授又把互联网金融定义为“第三金融业态”，他认为，所谓互联网金融，指的是具有互联网精神、以互联网为平台、以云数据整合为基础而构建的具有相应金融功能链的新金融业态（吴晓求，2015）。而根据中国人民银行 2015 年年报的观点，互联网金融是传统金融机构与互联网企业利用互联网技术和信息通讯技术实现资金融通、支付、投资和信息中介等服务的新型金融业务模式，主要包括互联网支付、网络借贷、股权众筹融资、互联网基金销售、互联网保

险、互联网信托和互联网消费金融等业态[①]。尽管上述定义对互联网金融内涵的表述有一定差别，但都有一个共识性的理解，即互联网金融的诞生和发展是建立在互联网等技术条件基础上的新型金融形态。

从中国银行业形态演变的历史来看，互联网金融的异军突起似乎就是在一夜之间，成为家喻户晓的新生事物。其标志性的事件就是余额宝的出现。2013 年 6 月 13 日，阿里巴巴旗下的支付宝公司与天弘基金联合推出了一款基金理财产品“余额宝”。而出乎业界意料的是，余额宝一经发布，就引起了广大个人投资者的追捧。上线不到 6 天，其用户数就突破了 100 万，一个月时，用户数达到 250 多万，累计交易金额 66 亿元（白杰，2014）；到 2014 年 2 月底，余额宝用户数甚至突破了 8100 万（王国刚，2014）；到 2014 年 3 月底，余额宝的用户数又上升到了 8200 万人，交易金额规模高达 5400 亿元（周宗安，2014）。余额宝的快速走红也使天弘基金迅速成长为国内公募基金中市场规模排名第一的基金（石海峰，2014）。事实上，作为一种创新的基金理财产品，余额宝是支付宝公司与天弘基金合作，专门针对支付宝账户备付金而推出的一项增值服务。支付宝个人用户经过实名认证之后，可以把支付宝备付金转入余额宝，就相当于购买了天弘基金的增利宝货币型理财产品，从而获得高于同期银行存款利率的投资收益。另外，由于余额宝与天弘基金增利宝之间存在着“T + 0”的转换机制，用户的资金可以在余额宝与支付宝之间实现随时的转换，不用缴纳任何手续费用；用户也可以利用余额宝随时进行购物消费，同时还能获取相应的投资收益（王国刚，2014；许创强，2014）。客观上，余额宝的爆发式成长极大地吸引了全社会对互联网金融的关注，也掀起了互联网金融的发展高潮（见图 5 - 1）。为此，2013 年就被业界称为“中国互联网金融元年”（王达，2014；刘瑾，2014）。

从严格意义上讲，互联网金融并非 2013 年才突然出现的。在这之前互联网金融就开始有了一些零星的雏形式的发展。由于互联网金融是互联网时代的产物，因此，从 20 世纪 90 年代中后期互联网开始进入中国老百姓的日常生活以来，诞生于西方国家的部分互联网金融模式也开始被引入中国国内。例如，1999 年，我国第一家第三方支付企业首信易支付成立（赵显超，

---

① 参见：《中国人民银行 2015 年报》。

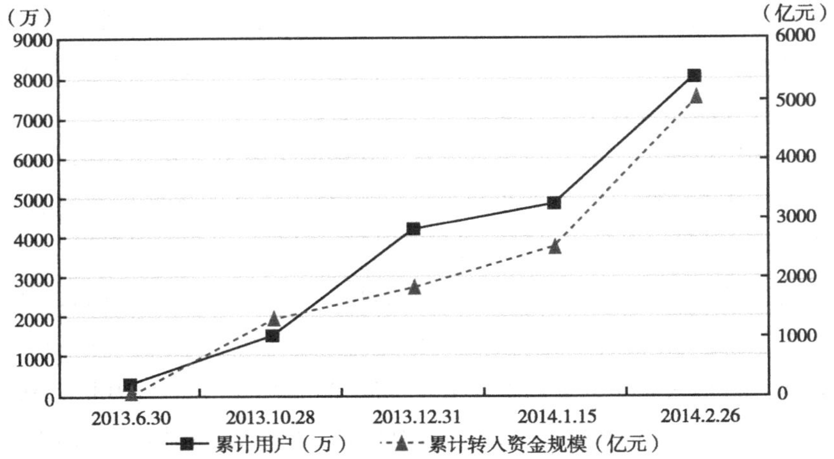

图 5－1　余额宝推出后早期成长情况

资料来源：白杰（2014）。

2014)，意味着作为互联网金融重要形式的第三方支付在国内开始起步。2004 年，阿里巴巴投资成立支付宝公司，更是推动了国内第三方支付的发展；2006 年，我国国内首家 P2P 信贷平台“宜信”诞生；2007 年，“拍拍贷”在上海正式创立，成为我国首家小额无担保的 P2P 网络贷款平台（冯果等，2013)；2010 年，阿里巴巴小额贷款有限公司成立，标志着互联网金融正式涉入（小微企业）信贷领域（朱樑，2014)；2011 年，国内最早上线且发展最成熟的互联网金融众筹平台“点名时间”正式运营；2012 年国内最大的微电影众筹平台，国内首家垂直型众筹平台“淘梦网”创立（喻平等，2014)。除此之外，作为互联网金融的早期形式，部分银行业金融机构在互联网国内流行开来时，也加强了其金融业务与网络的关联，代表性的产品就是网上银行。例如，1996 年，中国银行就开始在互联网上建立了银行主页，在国内银行业率先通过互联网发布银行信息。1999 年，招商银行在北京、广州、深圳、上海等大中城市全面启动网络银行服务“一网通”，开始建立起由网上企业银行、个人网银、网上证券、网上商城、网上支付等在内的网络银行服务体系（陈博，2005)。2000 年，招商银行又在国内首家推出“移动银行”服务，通过手机短信平台向“全球通”手机用户提供个人银行理财服务（党文，2007)。

从历史来看，我国互联网金融的早期发展实际上经历了两个主要阶段。第一个阶段是20 世纪90 年代到2005 年前后，这一阶段主要是国内银行业金融机构推出网上银行产品。在美国等主要发达国家互联网技术热潮并向国内交通、通信、商业和金融等领域扩散的背景下，国内银行业开始在资金清算、风险管理等方面应用互联网技术。但是，客观而言，这一阶段的互联网金融还处于比较初级阶段，只是体现为银行机构把互联网作为一个技术手段，把传统的银行业务搬到网络上，并没有出现真正的互联网金融创新，也没有达到要改造传统银行业金融的程度（曹凤岐，2014；王达，2014）。第二阶段则是2005 ~2012 年，这一阶段中，互联网金融的形式在一定程度上更加多样化，尤其是以网络支付或第三方支付的出现为代表，标志着互联网与金融的结合开始从简单的技术手段领域上升到金融业务领域（曹胜，2014）；而且2010 年《非金融机构支付服务管理办法》的颁布、2011 年中国人民银行开始对第三方支付机构实施牌照管理等则意味着国家开始思考互联网金融规范化发展的问题。与此同时，这一时期部分网络借贷平台开始出现，也使互联网金融进入探索成长期。但是，总体上，这一阶段我国互联网金融的发展还并没有形成普遍性的影响，在机构数量及资金规模等方面都还比较小（见图5 -2），互联网金融还并没有被当作具有里程碑意义的变革（周宇，2013）。

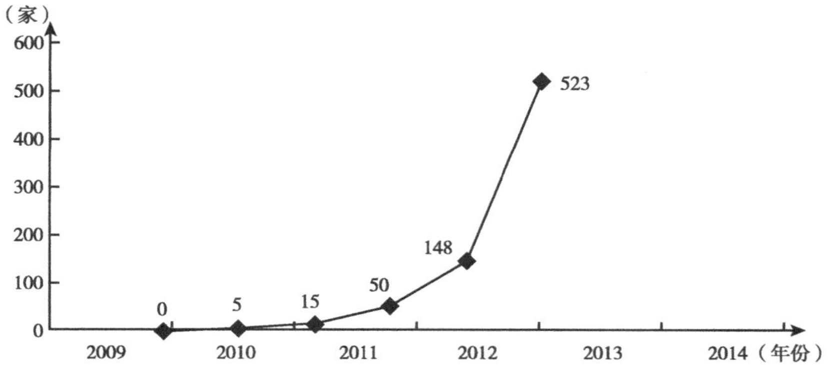

图5 -2　主要年份我国 P2P 企业数量情况

资料来源：赵显超（2014）。

2013 年后，互联网金融的发展呈现爆发式的增长和扩散趋势（见图5 -3）。在余额宝成功热潮的推动下，包括第三方支付、移动支付、网络借贷、互联网基金销售、众筹等多种形式在内的互联网金融开始以眼花缭乱的态势出现在了人们的视野之中。根据艾媒咨询（iiMedia Research）的调查数据显示，随着互联网尤其是移动互联网技术的发展，社会对于包括第三方支付、P2P网贷、金融电商、比特币、理财APP、众筹融资等互联网金融类型都有了较高程度的认知。其中，第三方支付以94.4%的比例成为社会认知度最高的互联网金融产品，网上银行、P2P、金融电商等的排序紧接其后，认知度比例分别为90%、22.2%、21.1%①。另外，艾媒咨询的研究数据还表明，2013年，互联网金融已经普遍进入人们的日常生活，社会对于互联网金融技术或产品的使用也表现出了较高的频率。有41.2%的受访者表示经常使用互联网金融产品或接受相关服务，只有不到13%的受访者表示偶尔或极少使用互联网金融产品或接受其相关服务（见图5－4）。另外，调查数据还显示，有82.6%以上的受访者表示对互联网金融的发展感到乐观，仅仅3.8%的受访者表示悲观②。

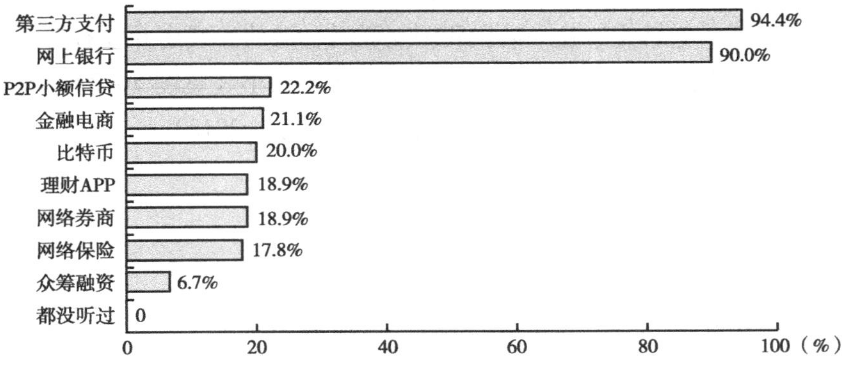

图5－3　2013年社会对互联网金融的认知度情况

资料来源：艾媒咨询，《2013中国互联网金融研究报告》。

注：同一用户可能对多个互联网金融模式具有认知。

客观上来看，2013年以来互联网金融快速发展更主要表现为在从业机构、整体发展数量及交易金额规模等多方面的巨大进展。首先，在从业机构及新产品创新方面，在2013年6月余额宝推出之后，又有更多的公司或机构进军互

①② 参见：艾媒咨询：《2013中国互联网金融研究报告》。

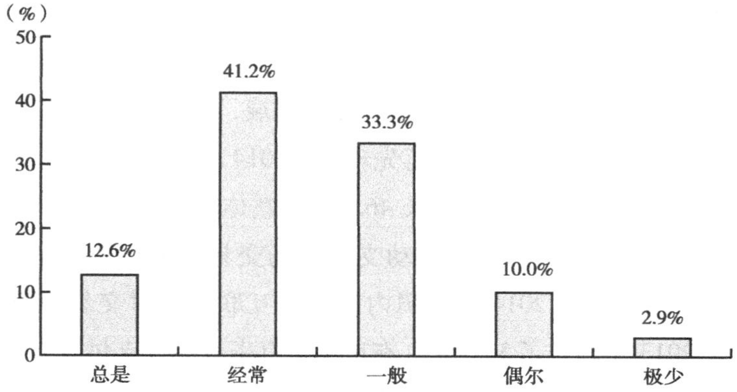

图 5 –4　2013 年中国互联网金融产品/服务使用频率

资料来源：艾媒咨询：《2013 中国互联网金融研究报告》。

联网金融市场，持续推动了互联网金融的发展。2013 年 7 月 18 日，新浪发布“微银行”，涉足互联网理财市场；2013 年 8 月，微信 5. 0 上线，增加了微信支付的功能；2013 年 10 月，百度金融宣布理财计划“百发”上线；2013 年 11 月，淘宝开卖基金，多家基金公司的淘宝店铺上线运营；同月，由阿里巴巴马云、平安保险马明哲、腾讯马化腾联手打造的国内首家互联网保险公司众安在线财产保险股份有限公司宣布开业；2013 年 12 月，京东推出“京保贝”快速融资业务正式上线[①]。2014 年、2015 年，互联网金融继续延续了扩张的趋势。从网络理财、P2P、众筹、移动支付等领域，各类机构都争相进入。典型的案例有，2014 年 1 月，中国工商银行融 e 购商城正式开业运营；2014 年 3 月，中国电信“添益宝”连接民生直销银行的“如意宝”上线开通；2014 年 5 月，中信银行“薪金煲”实现余额理财功能（魏鹏，2014）；2014 年 7 月，京东众筹上线运营，至此，京东还在供应链金融、消费金融、财富管理及支付领域均开展业务；2014 年 10 月，阿里巴巴旗下的阿里小微金融服务集团更名为“蚂蚁金融服务集团”，意味着阿里巴巴拥有了支付宝、支付宝钱包、余额宝、招财宝、蚂蚁小贷等涵盖互联网金融全部领域的金融产品[②]。2015 年

---

① 参考：《互联网金融 2013 年大事记》，新华网，2013 年 12 月 24 日，http：//news. xinhuanet. com/fortune/2013 –12/24/c_125906414. htm。

② 《2014 年中国互联网金融大事盘点》，中证网，2014 年 12 月 31 日，http：//www. cs. com. cn/xwzx/hg/201412/t20141231_4606409. html。

4 月小米手机公司推出小米金融 APP；2015 年 9 月，百度众筹平台上线[①]。

在整体发展规模方面，2013 年以来，互联网金融表现出了快速的成长性。相关统计数据显示，在互联网金融支付领域，我国各类第三方支付业务总体交易规模达到 17.9 万亿元（蒋先玲等，2014），其中第三方互联网支付交易规模为 5.37 万亿元，同比增长 46.8%，整体市场持续高速增长（见图 5－5）。同时，2013 年，第三方移动支付市场交易规模也达到了 1.22 万亿元，同比增长 707%[②]。2014 年，国内第三方互联网支付交易规模增长到 8 万亿元，比 2013 年增长了 50.3%。在市场占有率方面，支付宝占比 49.6%，财付通占比 19.5%，银联商务占比 11.4%，快钱占比 6.8%，汇付天下占比 5.2%，易宝支付占比 3.2%，环迅支付占比 2.7%[③]。到 2015 年，第三方互联网支付交易规模又突破 10 万亿元，高达 11.87 万亿元，在 2014 年的基础上增长 46.9%。同样，占据这一市场领域主要份额的仍然是支付宝（47.5%）、财付通（20%）、银联商务（10.9%）等机构[④]。在网络借贷方面，2014～2015 年，国内 P2P 运营平台数量实现了 5% 的月均复合增长，增长速度堪称“野蛮生长”。到 2015 年底，全国 P2P 运营平台注册数量达到 3858 家，正常运营的有 2595 家（见图 5－6）；同时，累计成交量从 2013 年末的 1057.74 亿元骤增到 2015 年末的 1.365 万亿元（刘芬华等，2016）；2015 年末网贷贷款余额 4395 亿元，较 2014 年增长 324%（陈宪宇，2016）。此外，在股权众筹融资方面，2013 年全国共有正常运营的众筹平台[⑤] 29 家，

---

① 《2015 互联网金融大事记》，汇金网，2016 年 1 月 7 日，http：//help.3g.163.com/16/0107/16/BCO87CCU00964KDJ.html。

② 艾瑞咨询（IResearch）：《2013 年度中国第三方支付市场核心数据发布》，http：//www.iresearch.com.cn/coredata/2013q4_2.shtml

③ 艾瑞咨询：《2014 年中国第三方互联网支付交易规模突破 8 万亿》，http：//www.iresearch.com.cn/view/247141.html。

④ 艾瑞咨询：《2015 年第三方互联网支付交易规模达 11.8 万亿》，http：//report.iresearch.cn/content/2016/03/259313.shtml。

⑤ 众筹（Crowdfunding）的兴起源自于美国网站 Kickstarter，通过在搭建网络平台面向公众筹资，让有创造力的人可以获得他们所需要的资金，以便实现其创作梦想。中国国内的众筹发展相对较晚，2011 年 7 月成立的“点名时间”是国内最大的综合性众筹网站。另外，较为著名的众筹平台还包括：追梦网、淘梦网、亿觅网、乐童音乐、好梦网、觉 JUE.SO 等。国内众筹项目多集中于文化创意类，如电影、音乐、动漫、游戏、设计、出版等领域，基本占到所有众筹项目的一半以上（许创强，2014）。

2014 年底则增加到 142 家，2015 年由在上一年的基础上实现了接近翻倍的增长，平台数达到 283 家。相应地，众筹平台的筹资金额也从 2013 年及之前的 3.35 亿元，快速增长为 2014 年的 21.58 亿元和 2015 年的 114.24 亿元；到 2015 年底，全国众筹行业历史累计成功筹资金额约 140 亿元①。在互联网基金销售市场，截至 2015 年 4 月，仅余额宝和理财通对接的 5 只货币市场基金规模合计就超过了 7600 亿元，有效客户数突破 9000 万（张涛，2016）。

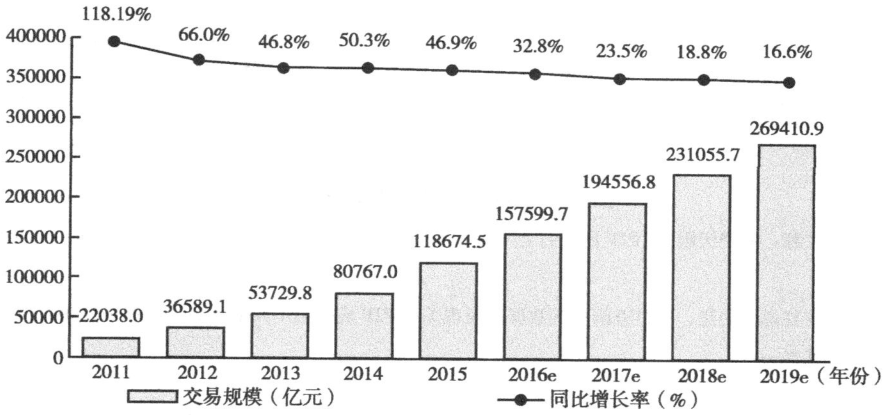

图 5 –5　2011 ~2019 年中国第三方互联网支付交易规模

资料来源：艾瑞咨询（2016）。

总体上，2013 ~2015 年很短的时间内，在互联网信息技术突破性发展，以及互联网融入人们日常生活程度加深的情境下，我国互联网金融实现了从早期的默默无闻到 2013 年之后异军突起式的发展。互联网金融的异军突起极大地影响和改变了中国银行业金融市场的运行格局、状态和机制，在一定程度上实现了对传统银行业金融的创新式超越。

（二）互联网金融对传统金融的超越

2013 ~2015 年，中国互联网金融的异军突起是现代互联网信息技术与银

① 网贷之家：《2015 年全国众筹行业年报》，2016 年 1 月 12 日，http：//www.wdzj.com/news/baogao/25767.html。

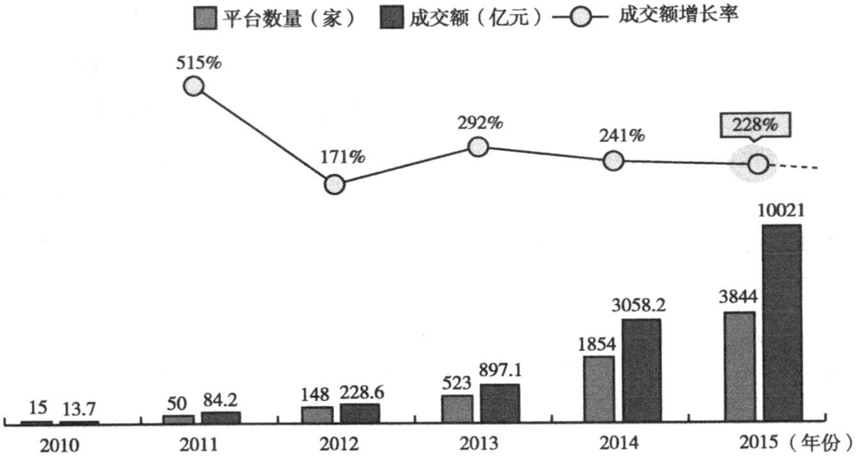

图5－6　我国网络P2P增长情况

资料来源：网贷天眼：《P2P网贷行业年度报告2015》，http：//www. p2peye. com/topic－nk2015. html.

注：需要说明的是，通过查阅相关数据，发现关于P2P成交额不同来源的数据略有差别，但总体增长趋势基本一致。

行业金融的一次“完美”碰撞和结合，互联网金融之所以引起全社会的关注一个重要的理由在于其在多个方面对传统金融实现了重大的超越。换言之，互联网金融作为一种新型的金融形态具有传统金融所没有的特质与优势。我们认为，互联网金融对传统金融的超越至少可以表现为以下多个方面。

其一，互联网金融扩展了银行业金融的功能，提升了金融效率。相比较而言，传统的银行业金融运行都依赖于实体的结构与物理介质的操作（王国刚，2014），传统银行的运作更强调实体的金融组织机构，无论是在结算、借贷、货币流通等方面，传统金融服务更多地受制于人工和组织技术条件的制约。而互联网金融的出现，则使金融功能的实现越来越不依赖特定的金融组织和金融机构，也使金融服务的效率在成本降低的同时得到极大的提升，金融服务的对象也大大扩展。相比较而言，互联网金融能够提供更加灵活、快捷、安全的支付结算服务，更加精准实现金融资源的配置（吴晓求，2015）。以余额宝等宝宝类基金理财产品为例，由于具有T＋0的即时交易转换功能，用户可以按照自己的需求随时在银行存款与基金账户之间实现资金流转，而不需要到实体的银行网点在工作时间办理。这样极大地节省了金融交易的时间，也降低了金融交易的成本。同样，从第三方支付来看，现代计算和通讯技术的运用使交易的信息流和资金流更为畅通便捷，并且显著地降低了金融交易成本，实现了第三方支付机构的利润增长和规模经济（张承慧，2014）。

其二，互联网金融实现了银行金融服务的普惠性和开放性。中国银行业发展变迁的历史表明，在传统银行业尤其是国有大型银行占据垄断地位的银行体系下，并不是所有的企业、个体都能够获得关键的金融信贷资源支持。相反，在传统的银行业体系下，银行金融服务在一定程度上与客户具有的市场地位、产权（身份）性质等紧密关联。因此，长期以来，广大中小微企业"融资难"的问题始终是传统银行业金融体系下不能很好解决的问题。而互联网金融，尤其是移动互联网金融的出现，打破了传统金融等级、权力结构限制所带来的金融市场的封闭性与分割性，使数以万计的每一个个体都能享受到传统金融体系金融抑制条件下无法得到的金融福利，依托先进的互联网金融技术，边远贫困地区、小微企业和社会低收入阶层等都能获得价格合理、方便快捷的金融服务（周应恒等，2016）。因此，也就能够理解为什么缘起于西方发达国家的互联网金融会在中国获得更高程度的发展。也正如北京银行董事长闫冰竹所言，"互联网金融有利于增强金融的普惠性，能让更多的人随时随地享受金融服务；能够降低融资门槛，在一定程度解决中小企业融资难问题（刘永刚，2014）。"

其三，互联网金融某种意义上创造了新的金融模式，体现了互联网精神。有观点指出，互联网金融不是传统金融技术的简单升级，而是一种新的金融参与形式，是基于互联网思维的金融。它不同于商业银行的间接融资，也不同于资本市场的直接融资，是借助互联网技术、移动通信技术等实现资金融通、支付和信息中介等金融业务的新兴产业和全新商业模式（贾甫，2014）。如平安银行零售网络金融事业部总经理鲍海洁所言，要认识互联网金融的特性，它催生了多种可能性，用户数和交易量都呈几何级增长。互联网金融并非简单地把互联网技术引入金融行业，而是要让金融的发展具备互联网的特质，借助互联网的优势实现业务和客户的快速增长（彭晓，2014）。互联网金融所体现的互联网精神主要包括开放、平等、共享等，这是传统银行业金融相对缺乏的特征。这一点也恰如互联网金融概念提出者谢平在评价 P2P 时所言，"人类现在认识到，金融是每一个人都应该获得的最低程度的服务，金融不能是贵族化，不能成为高大上，而在这个问题上，P2P 比银行和证券公司要好，因为大家知道，银行和证券公司是嫌贫爱富的，向来是这样，因为它没办法，它是找最有钱的人，所谓的高端客户”（谢平，2014；Xie and Zou，2013）。这也从侧面表达了传统银行业金融所面临的尴尬。

其四，互联网金融较好地解决了银行业金融市场的信息不对称，能够有效地规避传统银行业金融的业务风险。互联网金融依托大数据等现代信息技术，能够记录、分析相关经济主体的经营行为、交易记录、履约行为等多方面重要信息，因而能更好地识别相关主体的金融需求、风险水平等，降低了传统银行业金融市场下的信息不对称。以阿里巴巴 B2B 小额信贷为例，阿里小贷的信贷风险控制模式完全不同于传统商业银行。它能够利用阿里巴巴 B2B、淘宝、支付宝等电子商务平台上客户积累的信用数据及行为数据，引入网络数据模型和在线视频资信调查模式，通过交叉检验技术和第三方验证，确认客户信息的真实性，将客户在电子商务平台上的行为数据转换为企业和个人的信用评价证明，在风险可识别和可控的基础上向广大中小客户或个人提供短期小额贷款。因此，阿里小贷的不良贷款率仅为 1.02% 左右，远低于同期中国整个银行业的小微企业贷款不良率（5.5% ~6%）（许创强，2014）。

总之，上述特质使互联网金融成为一种不同于传统金融的新金融形态，也是近年来互联网金融持续保持活力的重要因素。

二、决策者认知：传统银行业的弊端与作为一种金融创新的互联网金融

2013 年以来，我国互联网金融作为一种新的金融形态的异军突起表面上看来是互联网技术、通信技术、社交网络技术、大数据等现代信息技术快速发展的产物，技术的进步推动了互联网金融形态的飞跃式发展。但同样如前所述，在中国特有的经济社会发展背景及语境下，互联网金融的发展显然不能被简单地理解为一种技术性的产物，相反，互联网金融的异军突起本质上是近三十年来国家所主导的银行业金融改革变迁进程的阶段性延续。互联网金融的发展更深刻地体现为一种产业制度变迁或金融制度创新，是相对于

传统金融而言的我国银行业金融体系的第三次增量式改革变迁。从产业制度变迁的角度来看，要理解我国互联网金融的爆发式成长，仍然需要我们准确而深刻地把握国家及相关监管部门关于这一改革变迁所持有的特定观念认知。换言之，互联网金融的发展首先就体现为一种来自国家决策者的认知表达。客观来看，就互联网金融的发展而言，国家决策者最关键、最主要的观念认知同样包括两个方面：一方面，国家对于2013年前后以来我国传统银行业金融体系弊端，如对中小企业、实体经济有效金融服务不足，传统银行业经营创新不足等的清醒认识；另一方面，国家对于互联网金融性质及意义的积极认识，互联网金融可以作为弥补传统银行业金融创新不足等局限的金融创新选择。

（一）传统银行业金融体系弊端重重亟须创新

历史地看，从20世纪80年代以来，我国的银行业金融体系始终处于改革发展的进程之中。国家对于银行业金融体系改革的总体目标始终没有脱离形成多元化、多层次、有竞争、有效服务于经济发展的银行金融服务体系。然而，经过1984～2007年国有银行体系改革、2008～2012年民间金融的规范发展等两次增量式的变革之后，我国银行业金融体系在不断扩大和扩张的同时，仍然没有完全达到制度变革的最初目标。其主要表现则是，一方面，以四大国有股份制商业银行为代表的传统银行业利用我国金融抑制（如，利率的管制、市场准入的控制等）的现实条件，不断实现其资产与利润规模的巨大增长；另一方面，传统银行业机构在服务于中小企业融资、实体经济发展方面仍然显得进展有限，传统银行机构躺在高额利差收入的基础上缺乏不断创新的动力与能力。尽管国家也试图通过发展股份制银行、城市商业银行，引导和规范民间金融制度化发展等增量改革方式，倒逼以国有银行为代表的银行业金融体系的竞争与改革，但最终的现实是，这些增量要素的引入相对于传统的银行业金融格局而言，其倒逼改革的效应相对有限（马京津，2014）。

统计数据显示，截至2012年底，我国银行业资产总额高达133万亿元，规模是10年前的5倍多；实现净利润总额1.5万亿元，接近10年前利润的50倍①。

---

① 《中国银行业十年间净利润增长近50倍》，凤凰财经，2013年4月28日，http：//news.ifeng.com/mainland/detail_2013_04/28/24787412_0.shtml。

其中，中国工商银行、中国农业银行、中国银行、中国建设银行等经过股份制改造及上市之后，也已经成为全球排名前列的大型银行①。同样，也有数据显示，2013 年我国股票市场净利润最高的前十大上市公司之中，就有 7 家是银行，中国工商银行以近 2700 亿元的净利润稳居榜首（见图 5 –7）。因此，银行业被称为中国最赚钱的行业②。

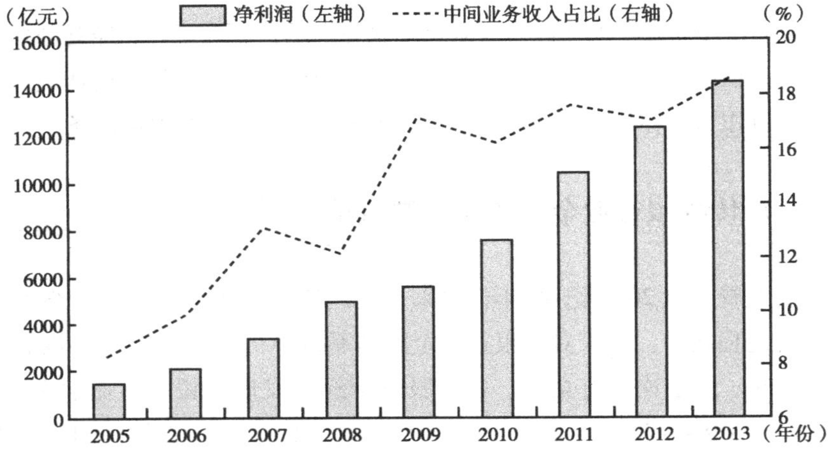

图 5 –7　2005 ~2013 年我国银行业经营收入与利润增长情况

资料来源：《中国金融稳定报告 2014》。

在银行业大规模盈利的同时，我国银行业对中小企业、实体经济有效金融服务不足的情况依旧延续。正如有研究所指出，尽管在国家政策要求下，部分商业银行在中小企业贷款方面做了不少努力，但仍难以满足大量中小微企业的资金需求。例如，2013 年 6 月末，中国工商银行单户融资限额 3000 万元以下的小微企业贷款，由 2005 年末的 1436 亿元增长到 2013 年 6 月末的 1. 14 万亿元；而号称专门服务于中小企业银行的民生银行 2008 年到 2013 年 6 月，累计发放小微企业贷款 9500 亿元，服务小微企业 140 万户，平均每家小微企业贷款年均近 17 万元。但是，总体上银行贷款的门槛较高，仍然有

① 参考：《中国共有 96 家银行跻身全球 1000 家银行排名》，凤凰财经，2013 年 7 月 2 日，http：//finance. ifeng. com/a/20130702/10049398_0. shtml。

② 《2013 中国最赚钱行业银行业仍稳居榜首》，人民网，2014 年 5 月 29 日，http：//finance. people. com. cn/n/2014/0509/c1004 –24994527. html。

不少企业被排除在银行之外[①]。另有 2014 年全国两会提案也显示，我国有近九成的民营企业在发展中最大的“瓶颈”是资金紧张，尤其是占比 99% 的中小微企业融资更为困难，它们面临着融资成本高、资金链风险大等问题（王海军等，2014）。数量众多的中小企业在全部银行信贷资产中的使用占比不到 30%，银行对中小企业贷款的满足率也只有 30% ~40%[②]。尤其是在经济增长速度下行较多的背景下，中小企业的“融资难”问题更加凸显。

然而，此时的传统银行业在其经营上却表现出了较明显的服务效率低下、经营创新不足等多方面问题。如有研究描述所言，长期以来，我国的金融业基本上由银行主导并垄断，金融机构的创新能力以及服务意识提升都比较慢，银行主要服务于国有大中型企业和政府融资平台，对中小微企业和普通个人客户的金融服务，由于受到成本收益机制的影响而相对不够关注，相应的金融服务能力较弱；而在金融发展与金融创新被抑制的情况下，客户的潜在金融需求就不能被挖掘和得到及时的满足（王军，2014）。从传统银行业金融模式效率较低、创新不足直接来看，是因为传统银行业金融体系缺乏真正有效的竞争压力。按照吴晓求的观点，中国金融业特别是商业银行由于缺乏外部的系统性竞争者，竞争压力不够，缺乏创新动力。因此，需要来自体系外的系统性压力和竞争。金融作为传统的产业，在中国亟须寻求新的活力。这个新的活力应来源于“基因式”的变革，来源于体系外的系统性压力（史克剑，2014）。但是从深层的制度因素来看，此时传统银行业的创新动力不足却和长期以来的银行业金融监管体制有密切关系。国务院发展研究中心金融研究所所长张承慧就认为，我国现有的银行业金融体系是改革开放后建立起来的，但在很大程度上依然延续了行政性管理的思维，金融管制长期存在。表现为监管部门严格控制市场准入（特别是跨区域的大中金融机构的市场准入），同时对获准从事金融活动的机构又采取保护性措施，如存贷利差、避免市场退出等（张承慧，2014）。因此，这种体制因素产生后果便会表现为，以四大国有银行为代表，运行效率低下就成为传统国有银行的标签。尽管国家也一直督促银行业进行改革，提升效率和效益，但收效并不明显（马京津，2014）。

---

① 《互联网金融与企业融资》，《中国总会计师》2014 年第 2 期。

② 《经济下行期的互联网金融机遇》，点融网，2015 年 10 月 29 日，http：//www. dianrong. com/caifu/279129. html。

在经济增长率持续下行以及整体国民经济增长和转型升级乏力的情境下，传统银行业金融领域的弊端显然地受到了国家认知层面的高度关注（甚至是一些隐含的“担忧”），继续推进银行业金融改革创新也就成为国家的必然选择。因此，可以发现，这一时期，国家先后通过一系列的重要文件及会议、讲话表达和传递了这方面的判断和认识。例如，在2012年11月底召开的某财经年会上，中国银监会副主席蔡鄂生就曾直接表达对传统银行业经营唯利是图倾向的不满。他指出：作为银行，一个很重要的问题就是怎么做好金融服务，通过创新做好服务，而不是简单地通过创新多赚钱。“你赚钱从哪儿赚？总不是银行自己在那儿赚，银行收的利息都是企业给的。所以，我们能够怎么通过创新服务来增加我们的盈利，改善我们的服务，使大家对银行的诚信有一个更高的信任。[①]”这似乎表明，在银行业金融监管部门的视野中，传统的银行业金融体系并没有真正扮演好应有的角色，需要进行持续的金融改革创新。

2013年7月，国家出台了《国务院办公厅关于金融支持经济结构调整和转型升级的指导意见》（以下简称《指导意见》），其中则审慎地分析了当时国内经济发展及金融运行的总体形势。《指导意见》认为，我国经济运行总体平稳，但结构性矛盾突出。金融运行总体稳健，但资金部分不合理问题仍然存在，与经济结构调整和转型升级的要求不相适应。因此，《指导意见》强调指出，要积极贯彻党的十八大、中央经济工作会议等会议精神，更好地发挥金融对经济结构调整和转型升级的支持作用，更好地发挥市场配置资源的基础性作用，优化社会融资结构，持续加强对重点领域和薄弱环节的金融支持。其中，对中小微企业的融资问题，《指导意见》专门强调要整合多种金融资源支持小微企业发展，尤其是要优化银行业对小微企业的金融服务。要根据小微企业不同发展阶段的金融需求特点，支持金融机构向小微企业提供融资、结算、理财、咨询等综合性金融服务；适当提高对小微企业贷款的不良贷款容忍度；鼓励金融机构帮助小微企业增信融资，降低小微企业融资成本，提高小微企业贷款覆盖面等[②]。这一文件表明，国家认知层面已

---

① 《银监会副主席：银行要创新做好服务而非多赚钱》，新浪财经，2012年11月29日，http：//finance. sina. com. cn/china/20121129/163713843232. shtml。

② 参考：《国务院办公厅关于金融支持经济结构调整和转型升级的指导意见》（国办发〔2013〕67号）。

经对传统银行业金融的现实运行状态有了比较清醒的判断，同时也强调了继续做好银行业金融服务中小企业发展的决心和态度。

2013年8月，国务院又专门下发了《国务院办公厅关于金融支持小微企业发展的实施意见》（以下简称《实施意见》）。在这份文件中，国家再次强调了银行业金融服务小微企业的战略性意义。《实施意见》强调：小微企业是国民经济发展的生力军，在稳定增长、扩大就业、促进创新、繁荣市场等方面，发挥着极为重要的作用。加强小微企业金融服务，是金融支持实体经济和稳定就业、鼓励创业的重要内容，事关经济社会发展的全局。为此，《实施意见》一方面继续提出坚持确保实现小微企业贷款增速和增量“两个不低于”的目标，另一方面还提出要加快丰富和创新小微企业金融服务方式。《实施意见》认为，增强服务功能、转变服务方式、创新服务产品，是丰富和创新小微企业金融服务方式的重点内容。要进一步引导金融机构增强支小助微的服务理念，动员更多营业网点参与小微企业金融服务，扩大业务范围，加大创新力度，增强服务功能；牢固树立以客户为中心的经营理念，针对不同类型、不同发展阶段小微企业的特点，不断开发特色产品，为小微企业提供量身定做的金融产品和服务。积极鼓励金融机构为小微企业全面提供开户、结算、理财、咨询等基础性、综合性金融服务等①。从中可以看出，国家已经将创新金融服务、加强小微企业融资作为国家战略性议题。

2013年11月召开的党的十八届三中全会通过了《中共中央关于全面深化改革若干重大问题的决定》（以下简称《决定》），则在更高层面上表达了国家对银行业金融改革创新的观念认知与战略态度。《决定》首次提出，要紧紧围绕使市场在资源配置中起决定性作用深化经济体制改革，坚持和完善基本经济制度，加快完善现代市场体系、宏观调控体系、开放型经济体系，加快转变经济发展方式，加快建设创新型国家，推动经济更有效率、更加公平、更可持续发展。要积极稳妥地从广度和深度上推进市场化改革，大幅减少政府对资源的直接配置，推动资源配置依据市场规则、市场价格、市场竞争实现效益最大化和效率最优化。显然，上述话语就为我国银行业金融体系的进一步改革提供了宏观的制度要求，并且指出了改革创新的方向。同时，

① 《国务院办公厅关于金融支持小微企业发展的实施意见》（国办发〔2013〕87号）。

《决定》还就完善金融市场体系进行了专门的论述，其中一项重要的内容就包括：发展普惠金融，鼓励金融创新，丰富金融市场层次和产品。[①] 这是“普惠金融”的概念第一次被写入党的正式决议之中，并作为金融体制改革创新的重要内容之一（徐渊，2014）。对此，中国银监会副主席阎庆民认为，十八届三中全会的《决定》提出了全面深化改革的总体方案，勾勒出了改革的时间表和路线图，是一次高屋建瓴的顶层设计。这也就为做好金融业改革的顶层设计提出了要求。在阎庆民看来，《决定》提出的发展普惠金融，鼓励金融创新的要求，本质上就表明了传统银行业金融体系改革发展的重点与方向。为此，他表示，银监会将会按照《决定》的精神要求，继续推进银行业机构布局下沉，金融服务重心下移，以“三农”、小微企业和城乡中低收入居民为重点，积极创新金融服务产品和方式，不断提高金融服务的广度和深度。而且，银行业在创新中必须坚持服务实体经济的创新导向，紧紧依托实体经济的有效需求；坚持依法合规的创新原则，在审慎监管的框架内展开创新，防范不当创新带来的风险；坚持可持续发展的转型目标，尊重市场规律，结合自身特点，将创新作为推动发展转型的重要动力（阎庆民，2014）。从中我们可以发现，国家认知层面对传统银行业金融体系改革创新的要求与思路日渐清晰明确。

此后，国家关于传统银行业金融体系改革创新的要求继续得到了权威的表达和确认。例如，2014 年 3 月，国务院总理李克强在沈阳考察时也曾表示，金融创新应为老百姓的创业、就业提供动力支持，老百姓的感受是衡量金融业服务的最重要标准，要以此倒逼金融改革和创新[②]。2014 年 5 月，李克强在《求是》杂志发表了题为“关于深化体制改革的若干问题”的重要文章。在该文中，李克强再次阐明，“改革是最大的动力，也是最大的红利”；虽然近年来我国金融业改革和发展取得了明显成效，服务经济发展能力不断增强，但也存在金融机构经营方式总体粗放、金融对实体经济和民生改善支持不够等问题，亟须加大改革力度。李克强认为，金融业虽有其特殊之处，但本质上仍然是竞争性行业，同样需要通过竞争促进服务改善，通过

① 参考：《中共中央关于全面深化改革若干重大问题的决定》。

② 李克强：《金融创新目的是支持百姓就业创业》，新华网，2014 年 3 月 26 日，http://news.xinhuanet.com/politics/2014-03/26/c_119955644_2.htm。

市场优化资源配置。要使金融业回归竞争性行业的本来面目，形成一个各种市场主体共同参与竞争的金融生态，为促进实体经济发展提供有力支撑（李克强，2014）。这也表明，在国家决策者的认知中，传统银行业金融的弊端已经比较明确，银行业金融改革创新的重要目标在于通过竞争进一步增强服务于经济发展和民生的能力。

（二）互联网金融可以作为一种金融创新形式

经济社会学制度学派的基本理论假设认为，组织或制度变迁的路径、模式及其结果在很大程度上受到制度变迁参与者尤其是其主导作用行动者观念认知的形塑。某种特定的基础性的观念认知因素会不断地强化制度变迁主导者对制度变迁内涵、目标方向、战略路径的理解和想象，并对行动者的行动给予明确的主观意识激励；同时，也有利于制度变迁主导者在面对复杂环境时，有效降低不确定性因素的影响。2013 年以来，以互联网金融为主要形态的银行业增量式改革进程中，始终贯穿着作为决策者的国家及相关监管部门另一重认知因素，即在决策者认知中，在互联网与大数据技术时代，互联网金融可以作为一种金融创新形式，有效发挥金融创新作用，既弥补传统银行业金融体系的不足，又能倒逼传统银行业的金融服务改革与创新，最终提升整个银行业金融体系的竞争力与服务效能。从 2013 年以来我国互联网金融异军突起并持续扩张发展的历程来看，总体上，国家始终对其采取了最大程度的包容、鼓励和支持的正面理解（评价）和积极态度，把互联网金融的发展放置于改革创新促经济进转型升级发展的战略高度。因此，经验上，我们可以看到，当互联网金融作为一种新的金融形态突然爆发并不断扩展以来，国家及监管部门（高度密集）的政策话语一贯并反复强调了上述观念认知。

2013 年 3 月 13 日全国人大新闻中心举行的记者会上，中国人民银行行长周小川曾对以阿里金融为代表的互联网金融表达了自己的看法。他认为："对这种新型金融模式的探索，央行的态度应该是给予支持的。对于新的方式出现后会对传统（银行）业务模式带来挑战，这种挑战是好的。通过竞争会改进传统行业的发展，使其适应新的情况并有一种强刺激，从而有助于他们跟得上时代和科技的步伐。通过这个竞争，最终的结果就是竞争会带来更好的产品和更好的服务。也就是整个金融业会给实体经济，会给各种各样的客户带来更好的产品和更好的服务[①]。”可以看出，这一讲话实质已经间接表明了监管部门对新兴的互联网金融的肯定态度。而2013年8月2日，央行发布的《2013年第二季度货币政策执行报告》是较早对互联网金融做出较高正面和积极评价的官方文献。该报告认为：作为传统金融业与互联网结合的新兴领域，互联网金融具有透明度高、参与广泛、中间成本低、支付便捷、信用数据更为丰富和信息处理效率更高等优势；互联网金融在资金需求方与资金供给方之间提供了有别于传统银行业和证券市场的新渠道，提高了资金融通的效率，是现有金融体系的有益补充（叶旺春，2014）；互联网金融交易成本的大幅下降和风险分散提高了金融服务覆盖面，尤其是使小微企业、个体创业者和居民等群体受益[②]。2013年8月8日，国务院正式出台《国务院关于促进信息消费扩大内需的若干意见》（以下简称《意见》），则是第一次在国家正式文件中提出“推动互联网金融创新，规范互联网金融服务”。该《意见》强调指出，全球范围内信息技术创新不断加快，信息领域新产品、新服务、新业态大量涌现，不断激发新的消费需求，成为日益活跃的消费热点。但我国信息消费面临着基础设施支撑能力有待提升、产品和服务创新能力弱、市场准入门槛高、行业壁垒严重、体制机制不适应等问题，亟待采取措施解决。因此，《意见》把“推动互联网金融创新，规范互联网金融服务”作为构建安全可信的信息消费环境基础内容之一而提出。这在一定程度上意味着国家不仅接受了互联网金融的概念，并将其作为推动经济消费扩大内需的重要工具手段之一[③]。而在国务院同一天下发的另一份重要文件——《国务院办公厅关于金融支持小微企业发展的实施意见》中，也明确提及了互联网金融，并把互联网金融作为丰富和创新小微企业服务方式的重要途径之一。此《意见》认为，“应充分利用互联网等新技术、新工具，不

① 周小川：《要适应新型金融模式挑战不断更新规章制度和监管标准》，央视新闻，2013年3月13日，http：//news. cntv. cn/2013/03/13/ARTI1363168924587195. shtml。

② 《互联网金融与企业融资》，《中国总会计师》2014年第2期。

③ 参考：《国务院关于促进信息消费扩大内需的若干意见》（国发〔2013〕32号）。

断创新网络金融服务模式”①。

同样，在 2013 年 8 月 13 ~ 15 日召开的 2013 年中国互联网大会上，中国人民银行副行长刘士余从监管的角度表达了对互联网金融的看法。他认为，互联网金融正在为科学发展和包容性增长贡献越来越多的正能量（刘永刚等，2013）。而在稍早之前的 8 月 6 日，刘士余也曾对媒体表示：互联网金融是在互联网时代不可不重视的一个新的业态，也可以说是新金融②。从中可以看到，在监管机构官员的视野中，互联网金融可以被看作一种重要的金融创新形式。与之类似，2013 年 8 月 14 日，在中国人民银行召开的 2013 年金融信息化研究与宣传工作座谈会上，央行的另一位副行长李东荣则从信息化与金融改革创新的角度肯定了互联网金融兴起的意义。他认为：随着社会经济以及信息科技的发展，我国金融业信息化正经历向信息化金融的转变，信息化金融已逐渐成为我国金融业的发展方向。要放眼长远，探索如金融移动支付、互联网金融等新技术、新业态给金融带来的发展变化；人民银行应主动深入地开展金融信息化理论与实务研究，以探索规律、发现问题，提出预见性对策建议和解决方案③。2013 年 12 月 4 日，由中国支付清算协会主办的互联网金融发展与展望论坛在北京召开。会上，中国人民银行副行长刘士余再次阐述了对互联网金融的评价。其在发言中指出：互联网金融是新兴、富有活力和创造性的业态。从全球富有代表性的互联网金融业务发展来看，互联网金融业务具有小额、快捷、便利的特征，因而具有显著的包容性，解决了许多传统金融体系不能很好解决的问题，与传统金融体系相互渗透，相互促进，相得益彰，共同构成广义的金融体系。目前，要鼓励互联网金融创新和发展，包容失误④。从中可以看出，监管者对互联网金融持较正面的评价态度。

相对而言，2013 年，国家关于互联网金融认知与评价的表述相对比较零

① 参考：《国务院办公厅关于金融支持小微企业发展的实施意见》（国办发〔2013〕87 号）。

② 《金融界：互联网巨头新战场》，中国财经，2013 年 8 月 6 日，http：//finance. china. com. cn/roll/20130806/1700734. shtml。

③ 李东荣：《信息化金融逐渐成为我国金融业的发展方向》，人民网，2013 年 8 月 19 日，http：//finance. people. com. cn/n/2013/0819/c1004 - 22618385. html。

④ 《互联网金融发展与展望论坛 12 月 4 日北京召开》，中国电子商务研究中心，2013 年 12 月 6 日，http：//b2b. toocle. com/detail - 6140288. html。

散，到了2014年之后，国家关于互联网的认知进一步清晰明确。由于互联网金融领域逐渐暴露出一些监管不足和风险失控等问题，国家认知层面开始强调对互联网金融进行合理规范，但这并没有从根本或总体上改变国家对互联网金融的积极评价和鼓励支持倾向。

2014年1月9日，中国银监会原副主席蔡鄂生在某金融创新发展高峰论坛上表示：银行业的改革，从市场主体来讲，市场化的过程中面临的挑战是全方位的。所谓的互联网金融和金融互联网，只能带来挑战，绝对不是市场化的障碍。当然也不能取代现在银行业的发展，没有一个简单的替代性。只有在市场中被淘汰的人，而没有说因为你的出现我就不存在了。只能因为你的出现，竞争力强，我不如你，我才可能被淘汰。应该从这个认识上和意识上，真正来体会十八届三中全会所说的“坚持社会主义市场方向，市场在资源配置中起决定作用”。显然，这一讲话承认互联网金融具有促进银行业金融市场竞争的作用，也符合党的十八届三中全会精神。2014年2月，中国人民银行副行长刘士余则再次专门撰文指出：人类已经进入互联网时代。互联网不仅改变着传统金融的运作模式，而且催生出新的金融业态。互联网金融为传统金融带来了新的理念，注入了新的活力。我国的互联网金融正在逐渐发挥其促进包容性增长的作用。互联网金融具有普惠金融的特点和促进包容性增长的功能，在小微金融领域具有突出的优势，在一定程度上填补了传统金融覆盖面的空白。互联网金融和传统金融并非相互排斥、非此即彼，而是相互促进、共同发展，既有竞争又有合作，两者都是我国多层次金融体系的有机组成部分。互联网金融是创新的产物，既然是创新，就肯定会有失误和风险。对新兴事物，我们既要包容失误，同时也要防范风险，处理好创新、发展与风险之间的关系（刘士余，2014）。

2014年3月5日，十二届全国人大二次会议审议的国务院政府工作报告中提出：促进互联网金融健康发展，完善金融监管协调机制，密切监测跨境资本流动，守住不发生系统性和区域性金融风险的底线。让金融成为一池活水，更好地浇灌小微企业、“三农”等实体经济之树①。这是互联网金融第一次被正式写入中央政府的工作报告，也表明了国家支持互联网金融发展的

---

① 参见：《2014年政府工作报告》。

积极态度，这在一定程度上也相当于国家认知层面再次为互联网金融的发展定下了总的（积极）基调。为此，此次两会期间，部分监管部门的官员也表达了类似一致的看法。例如，全国政协常委、银监会前主席刘明康在提到互联网金融时表示："互联网金融是创新，是好事儿。"中国人民银行副行长易纲也指出：要支持和容忍金融产品的创新行为。中国人民银行副行长潘功胜则认为：不能简单地把互联网金融和实体经济简单对立起来。互联网金融可以扩大对小微企业的供给，拓宽老百姓投资渠道，提高交易效率，降低交易成本①。对互联网金融这个金融新品种，第一，要鼓励创新和发展；第二，要推动金融市场改革，扩大金融供给；第三，规范监管，跨部门交叉性产品需要协调监管（史克剑，2014）。

2014 年 3 月 24 日，针对央行发文暂停二维码支付和虚拟信用卡业务之后引发的舆论关于互联网金融控制的担忧，中国人民银行专门发声强调：目前，互联网应用的大众化和金融服务的普惠功能提升已经呈深度融合、相互促进的大趋势，互联网金融创新有利于发展普惠金融，有旺盛的市场需求，应当给予积极支持，也应当占有相应的市场份额。对一些新的业务要留有观察期，冷静地分析总结，一切有利于服务实体经济和促进创业增长的金融创新均应受到尊重和鼓励。但必须清醒地认识到互联网金融的金融功能属性和金融风险属性，鼓励创新就要包容失误，但要把失误可能引发的风险控制在可预期、可承受的范围内。这需要坚持底线思维，加强规范管理，促进以创新为动力的这一新型金融服务业态在可持续的轨道上健康发展②。这也表明，尽管互联网金融部分领域存在风险，但国家支持互联网金融创新发展的理念和态度并没有改变。

2014 年 4 月，中国人民银行发布了《中国金融稳定报告 2014》。这是监管部门首次以专题报告形式概述了互联网金融的发展。其中，《报告》从五个方面系统地表述了互联网金融作为一种金融创新形式所具有的意义：一是有助于发展普惠金融，弥补传统金融服务的不足；二是有利于发挥民间资本

---

① 《互联网金融成"两会"热词 刘明康：互联网金融是好事儿》，新华网，2014 年 3 月 5 日，http：//news. xinhuanet. com/finance/2014 －03/05/c_119608590. htm。

② 《央行：对互联网金融不宜管得过多过死》，新浪财经，2014 年 3 月 25 日，http：//finance. sina. com. cn/money/bank/hykx/20140325/013318599523. shtml。

作用，引导民间金融走向规范化；三是满足电子商务需求，扩大社会消费；四是有助于降低成本，提升资金配置效率和金融服务质量；五是有助于促进金融产品创新，满足客户的多样化需求①。由此可以看出，国家对于互联网金融的积极意义已经有了比较全面系统的认识。

在此之后，国家关于互联网金融的鼓励和支持的认知定位又多次反复地得到了强调和确认。例如，2014 年 5 月 9 日，国务院出台的《关于进一步促进资本市场健康发展的若干意见》提出，支持有条件的互联网企业参与资本市场，促进互联网金融健康发展，扩大资本市场服务的覆盖面②。这意味着国家认知层面肯定了互联网金融对于资本市场的积极作用。2014 年 10 月，中国银监会副主席阎庆民发文指出：互联网金融的发展需要社会各界共同努力，保持开放、包容、理性的态度，处理好跨界竞争的关系，处理好创新与风险的平衡。从银行为主体的视角来看，互联网金融是一种新业态、新产品和新机制。互联网金融有益于构建普惠金融体系。普惠金融的内涵是惠及各阶层群体，互联网金融将金融门槛降低，使大量民间资本得以进入，增加“鲶鱼”效应。对此，对互联网监管的原则应是鼓励创新与规范发展并举。其中，首先是要立足于监管理念的转变。对互联网金融的监管，应置于“金融领域改革和创新”的大格局中统筹考量。互联网金融是对普通客户服务的，是民主化、低门槛的，因此要转变监管理念，开正路来引导和规范，使其阳光化、制度化和规范化（阎庆民，2014）。2015 年 2 月 6 日，中国人民银行研究局局长陆磊在中国政府网发表评论指出：互联网金融就是有利于引导资金流向小微、“三农”的金融创新，在互联网技术的推动下，小微企业和普通大众能更便捷地获得金融服务，这个体系有利于更加有效地甄别谁是合格的融资者。解决好如何引导资金流向的难题，最根本的是需要金融改革和创新。而互联网金融就是这一改革创新的产物③。

至此，我们可以看出，国家对于互联网金融认识总体上始终坚持了一致的看法，即互联网金融作为一种金融创新形式，有利于弥补传统银行业金融

---

① 参见：《中国金融稳定报告 2014》。

② 参见：《国务院关于进一步促进资本市场健康发展的若干意见》（国发〔2014〕17 号）。

③ 《央行首度正名互联网金融：可有效甄别合格融资者》，新浪财经，2015 年 2 月 9 日，http：//finance. sina. com. cn/china/jrxw/20150209/013021504446. shtml。

服务的局限，推动银行业金融体系的改革发展，国家支持和鼓励互联网金融的健康发展。

三、增量式战略的构建：鼓励和规范以第三方支付等为重点的互联网金融发展

（一）整体政策环境的塑造：从“让子弹飞”到“靴子落地”

受到国家关于银行业金融体系改革创新迫切性以及互联网金融创新意义的观念认知的影响，国家并没有将互联网金融作为银行业金融体系的“异端”或危险源而加以强制性的管制，而是有意识地将其逐步纳入中国银行业金融增量式制度变迁的轨道。通过鼓励和规范新兴的互联网金融的发展，借以不断提升金融服务于实体经济的能力，提升银行业金融市场的竞争性与创新能力。因此，2013 年互联网金融异军突起以来，国家实质上成功构建起了以互联网金融为主要形式的银行业金融改革战略。作为这一增量战略的重要内容，国家又主要以互联网金融政策环境的塑造为切入点，来推动互联网金融的快速健康发展。恰如有观点所言，国家通过相关政策环境的塑造成功地实现了互联网金融从最初的诱发性制度变迁向国家主导的强制性制度变迁的转变（李海燕等，2014）。从 2013 ~2015 年国家对互联网金融发展的政策环境塑造的经验过程来看，由于受到互联网金融本身复杂性、新生性以及出于保护金融创新的立场，国家对互联网金融发展的政策环境塑造呈现出了较为明显的从 2013 年、2014 年的观察性保护到 2015 年最终形成明确规范政策的演化特征，可以形象地比喻为从“让子弹飞”到规范的“靴子落地”的过程特征。

如前所述，2013 年是中国互联网金融元年，以余额宝为代表的互联网金融产品的出现不仅引发了社会层面（尤其是媒体）的广泛关注，同时也引起了国家及相关监管部门的关注和重视。作为一种新兴的金融创新形态，国家及监管部门最初并没有立即构建整体性的规范政策，相反，在长约两年的时间中，国家及监管部门更多地表现出了观望、鼓励和口头强调合理规范的行

动特征。一方面给互联网金融的发展留下了较适合的创新发展空间和较好的政策环境；另一方面又为制订科学合理的互联网规范政策积累经验依据，为互联网金融的健康发展提供合法性基础。

为引导和促进互联网金融的发展，2013 年 4 月，国务院开始部署针对金融领域首批 19 个重点课题的调查研究，其中就包括“互联网金融发展与监管”，当年 5 月，央行等部门便展开了具体的调研活动（谢平，2014）。这也可以看作国家及监管部门对互联网金融政策环境塑造的起步。同样，在 2013 年 8 月召开的中国互联网金融大会上，中国人民银行副行长刘士余在充分肯定互联网金融积极性后，也提及了互联网金融发展的规范原则。他认为，互联网金融的发展有两个底线不能触碰，一是非法吸收公众存款，二是非法集资（刘永刚等，2013）。从时间上看，这是监管部门有关负责人较早提出关于互联网金融发展的规范原则，但这还只是口头观点表述。之后，2013 年 8 月，国务院下发的《关于金融支持中小企业发展的实施意见》和《关于促进信息消费扩大内需的若干意见》文件中正式提及“创新网络金融服务模式”“推动互联网金融创新，规范互联网金融服务”等观点。2013 年 11 月，党的十八届三中全会《中共中央关于全面深化改革若干重大问题的决定》则从普惠金融发展和鼓励金融创新的角度为互联网金融的发展提供了有利的政策导向。

2014 年，国家政策导向层面仍然继续坚持鼓励和支持互联网金融的发展，但面对互联网金融部分领域爆发出来的诸如“跑路”、涉嫌集资等风险问题，国家政策导向层面开始增加了强调合理规范的成分。于是 2014 年 1 月，国务院办公厅下发了《关于加强影子银行监管有关问题的通知》（以下简称《通知》），其中就把互联网金融归类到影子银行的序列。《通知》将所谓的影子银行划分为三类：一是不持有金融牌照、完全无监管的信用中介机构，包括新型网络金融公司、第三方理财机构等。二是不持有金融牌照、存在监管不足的信用中介机构，包括融资性担保公司、小额贷款公司等。三是机构持有金融牌照，但存在监管不足或规避监管的业务，包括货币市场基金、资产证券化、部分理财业务等。在此基础上，《通知》还正式提出了“分业经营、分业监管”的原则，规范包括互联网金融在内的各类影子银行业务的发展。在规范网络金融活动方面，《通知》提出：金融机构借助网络技术和互联网平台开展业务，要遵守业务范围规定，不得因技术手段的改进而超范围经营。网络支付平台、网络融资平台、网络信用平台等机构要遵守各项金融法律法规，不得利用互联网技术违规从事金融业务①。这一《通知》的出台，并非要打压互联网金融的发展，相反，为互联网金融的制度化、规范化发展提供了重要的政策依据。2014 年 3 月，十二届全国人大会议政府工作报告中提出：要促进互联网金融健康发展，完善金融监管协调机制，进一步确认了国家鼓励和支持互联网金融健康规范发展的顶层政策原则。2014 年 4 月，中国人民银行发布了《中国金融稳定报告 2014》以专题的形式总结了我国互联网金融的发展状态，积极肯定了互联网金融的创新意义，同时正式从监管部门的角度提出了互联网金融规范发展应遵循的五大原则：一是互联网金融创新必须坚持金融服务实体经济的本质要求，合理把握创新的界限和力度；二是互联网金融创新应服从宏观调控和金融稳定的总体要求；三是切实维护消费者的合法权益；四是维护公平竞争的市场秩序；五是处理好政府监管和自律管理的关系，充分发挥行业自律的作用②。从中可以看出，相比于关键词式的政策表述，这五条原则的出炉标志着国家及监管部门对于互联网金融规范发展的政策思路与框架日渐成型。

从政策环境的塑造层面来看，虽然 2014 年国内关于互联网金融监管的呼声和争论越来越激烈（叶奕，2014），但总体上，国家仍然在政策行动上没有实质性的举动，互联网金融的发展仍然得到了国家政策环境层面的包容性支持。而国家层面互联网金融整体政策的最终落地直到 2015 年才真正取得实质性的进展。首先，与 2014 年一样，2015 年初的两会再次把互联网金融写入了政府工作报告。报告两次提及互联网金融，并将其发展称为“异军突起”，要求促进互联网金融健康发展。其次，2015 年 7 月，国务院正式出台了《国务院关于积极推进“互联网 +”行动的指导意见》（以下简称《意见》），从国家科技与产业革命的战略高度对包括互联网金融在内的“互联网 +”行动提出了明确的指导意见。《意见》提出：“互联网 +”是把互联网的创新成果与经济社会各领域深度融合，推动技术进步、效率提升和组织

① 参见：《国务院办公厅关于加强影子银行监管有关问题的通知》（国办发〔2013〕107 号）。
② 参见：《中国金融稳定报告 2014》。

变革，提升实体经济创新力和生产力，形成更广泛的以互联网为基础设施和创新要素的经济社会发展新形态。在全球新一轮科技革命和产业变革中，互联网与各领域的融合发展具有广阔前景和无限潜力，已成为不可阻挡的时代潮流，正对各国经济社会发展产生着战略性和全局性的影响。积极发挥我国互联网已经形成的比较优势，把握机遇，增强信心，加快推进“互联网 +”发展，有利于重塑创新体系、激发创新活力、培育新兴业态和创新公共服务模式，对打造大众创业、万众创新和增加公共产品、公共服务“双引擎”，主动适应和引领经济发展新常态，形成经济发展新动能，实现中国经济提质增效升级具有重要意义①。

更为重要的是，《意见》明确把“互联网 +”普惠金融作为行动的重要内容之一。《意见》提出：促进互联网金融健康发展，全面提升互联网金融服务能力和普惠水平，鼓励互联网与银行、证券、保险、基金的融合创新，为大众提供丰富、安全、便捷的金融产品和服务，更好满足不同层次实体经济的投融资需求，培育一批具有行业影响力的互联网金融创新型企业。其中包括：第一，探索推进互联网金融云服务平台建设（探索互联网企业构建互联网金融云服务平台。在保证技术成熟和业务安全的基础上，支持金融企业与云计算技术提供商合作开展金融公共云服务，提供多样化、个性化、精准化的金融产品。支持银行、证券、保险企业稳妥实施系统架构转型，鼓励探索利用云服务平台开展金融核心业务，提供基于金融云服务平台的信用、认证、接口等公共服务）；第二，鼓励金融机构利用互联网扩宽服务覆盖面（鼓励各金融机构利用云计算、移动互联网、大数据等技术手段，加快金融产品和服务创新，在更广泛地区提供便利的存贷款、支付结算、信用中介平台等金融服务，拓宽普惠金融服务范围，为实体经济发展提供有效支撑。支持金融机构和互联网企业依法合规开展网络借贷、网络证券、网络保险、互联网基金销售等业务）；第三，积极拓展互联网金融服务创新的深度和广度（鼓励互联网企业依法合规提供创新金融产品和服务，更好满足中小微企业、创新型企业和个人的投融资需求。规范发展网络借贷和互联网消费信贷业务，探索互联网金融服务创新。积极引导风险投资基金、私募股权投资基金

① 参见：《国务院关于积极推进“互联网 +”行动的指导意见》（国发〔2015〕40 号）。

和产业投资基金投资于互联网金融企业。利用大数据发展市场化个人征信业务，加快网络征信和信用评价体系建设。加强互联网金融消费权益保护和投资者保护，建立多元化金融消费纠纷解决机制。改进和完善互联网金融监管，提高金融服务安全性，有效防范互联网金融风险及其外溢效应）①。从中可以看出，国家关于支持和鼓励互联网金融规范发展的政策构建，无论是从顶层思路，还是在整体内容框架、重点领域、实现路径、行业监管等方面，都更加明确、清晰和成熟。

最后，就在国家关于“互联网 +”的行动指导意见出台后不久，2015 年 7 月 18 日，中国人民银行等十部委又正式下发了《关于促进互联网金融健康发展的指导意见》，标志着经过两年多的观望、调查、争论之后，国家及监管部门层面关于鼓励和支持互联网金融健康规范发展的整体性政策框架最终重磅落地。其全文共 20 条，从中国金融业改革发展全局出发，在三大方面体现了国家关于互联网金融发展的政策创新特点：第一，按照“鼓励创新、防范风险、趋利避害、健康发展”的总体要求，提出了一系列鼓励创新、支持互联网金融稳步发展的政策措施，积极鼓励互联网金融平台、产品和服务创新，鼓励从业机构相互合作，拓宽从业机构融资渠道，坚持简政放权和落实、完善财税政策，推动信用基础设施建设和配套服务体系建设。第二，按照“依法监管、适度监管、分类监管、协同监管、创新监管”的原则，确立了互联网支付、网络借贷、股权众筹融资、互联网基金销售、互联网保险、互联网信托和互联网消费金融等互联网金融主要业态的监管职责分工，落实了监管责任，明确了业务边界。第三，坚持以市场为导向发展互联网金融，遵循服务好实体经济、服从宏观调控和维护金融稳定的总体目标，切实保障消费者合法权益，维护公平竞争的市场秩序，在互联网行业管理，客户资金第三方存管制度，信息披露、风险提示和合格投资者制度，消费者权益保护，网络与信息安全，反洗钱和防范金融犯罪，加强互联网金融行业自律以及监管协调与数据统计监测等方面提出了具体要求②。至此，我国互联网金融的发展就具有了可遵循的系统完善的政策框架，在推动和规范互联

---

① 参见：《国务院关于积极推进“互联网 +”行动的指导意见》（国发〔2015〕40 号）。

② 参见：人民银行等十部委发布《关于促进互联网金融健康发展的指导意见》，中央政府门户网站，2015 年 7 月 18 日，http：//www. gov. cn/xinwen/2015 -07/18/content_2899360. htm。

网金融发展上具有里程碑式的制度意义。

在此之后，国家政策层面继续加强了对互联网金融发展的鼓励和支持。例如，2015 年 11 月 3 日，国务院发布了《中共中央关于制定国民经济和社会发展第十三个五年规划的建议》，其中首次把“规范发展互联网金融”写入了国家五年规划方案之中。2015 年 11 月 13 日出台的《国务院办公厅关于加强金融消费者权益保护工作的指导意见》、2015 年 11 月 23 日出台的《关于积极发挥新消费引领作用加快培育形成新供给新动力的指导意见》等文件中，也再次提出了涉及互联网金融发展的相关政策要求。发展普惠金融、规范发展互联网金融等再次被提出①，成为促进和引导互联网金融发展的重要政策要求。

此外，需要指出的是，关于互联网金融发展政策环境的塑造也包含着地方政府的积极探索与实践。面对互联网金融的异军突起，我国部分互联网金融较发达地区的地方政府也对互联网金融的发展从政策上给予了大力的支持。以深圳、南京、上海为例，部分地方在全国较早就出台了有其地方特点的互联网金融发展支持政策。其中，2014 年 3 月，深圳率先在全国出台了首个全市层面的互联网金融发展的专项政策——《深圳市人民政府关于支持互联网金融创新发展的指导意见》。该意见提出：互联网金融作为金融业与互联网产业、现代信息技术产业相互融合的产物，是当前极具创新活力和增长潜力的新兴业态，也是新时期我国金融改革创新的重点领域。在指导思想上，坚持“市场主导、开放引领、创新驱动、服务导向”原则，以金融服务实体经济为出发点，以市场化配置金融资源为主线，加快构建更加完善的互联网金融政策体系，促进金融与网络信息技术深度融合，拓宽互联网企业进入金融领域渠道，推动互联网金融创新发展、集聚发展、规范发展；在发展目标上，着力推动互联网和金融的融合，进一步拓展金融产业链，创新金融产品和服务模式，着力培育和发展一批行业地位居前、特色鲜明、竞争力强的互联网金融企业，加快构建互联网金融创新集聚区，形成传统金融与互联网金融良性互动、共生发展的新格局；在重点内容上，推动互联网和金融产

---

① 可参考：《国家鼓励发展互联网金融相关文件与政策盘点》，搜狐网，2015 年 11 月 25 日，http：//mt. sohu. com/20151125/n428030184. shtml。

业融合发展，支持互联网金融运营模式创新，加大对互联网金融的政策支持，营造良好的互联网金融支撑体系，建立互联网金融风险防控体系①。

2014年7月，南京市政府也以“通知”的形式印发了其《关于加快互联网金融产业发展的实施办法》（以下简称《办法》）。《办法》提出要进一步深化金融改革创新，抢抓互联网金融发展机遇，优化全市互联网金融产业发展环境，加大对互联网金融产业的支持力度，促进全市经济结构调整和转型升级。为实现这一目标，《办法》制定了十二条重要政策内容。例如，第一，在互联网金融产业发展协调推动机制方面，成立由分管副市长任组长，市政府分管副秘书长任副组长，市金融办、人才办、发改委、经信委、科委、财政局、人社局、商务局、统计局、工商局、国税局和地税局等有关部门为成员单位的互联网金融发展工作领导小组，负责对全市互联网金融产业的引导、培育、认定、监管和统计等工作。第二，在互联网金融示范区建设方面，支持有条件的园区创建互联网金融示范区，利用互联网和大数据技术，采用新型的管理方式，开展信用中介、资金中介和风险中介等业务活动，同时实现示范区内互联网金融产业集中、政策集中和监管集中。第三，在财税扶持方面，从2014年开始，三年内每年安排总额不低于1000万元的互联网金融产业发展专项资金，重点用于支持全市互联网金融示范区及孵化器建设、互联网金融重点企业引进和培育、重点示范项目实施、经认定的互联网金融业务创新等②。

2014年8月，上海出台了促进互联网金融发展的地方性政策文件——《关于促进本市互联网金融产业健康发展的若干意见》（以下简称《意见》）。《意见》指出：互联网金融是基于互联网及移动通信、大数据、云计算、社交平台、搜索引擎等信息技术，实现资金融通、支付、结算等金融相关服务的金融业态，是现有金融体系的进一步完善和普惠金融的重要内容。为把上海建设成互联网金融发展的高地，《意见》首先提出了促进互联网金融发展

① 参见：《深圳市人民政府关于支持互联网金融创新发展的指导意见》（深府〔2014〕23号），深圳市金融啊发展服务办公室网站，2014年3月19日，http：//www. jr. sz. gov. cn/zwgk/zcfg/jrfzzc/201403/t20140319_2322753. htm。

② 参见：《市政府印发关于加快互联网金融产业发展的实施办法的通知》（宁政发〔2014〕193号），南京金融，2014年7月25日，http：//www. njjr. gov. cn/zwgk/zcfg/gsswj/201407/t20140725_2927531. html。

的四个原则，即坚持服务实体经济，促进产业转型升级；坚持鼓励金融创新，形成竞争发展格局；坚持营造发展环境，完善行业基础设施；坚持规范健康发展，切实防范金融风险。其次，在具体政策方面，《意见》从四大方面提出了20条政策内容。例如：（1）在市场准入维度，鼓励有条件的企业发展互联网金融业务、申请有关业务许可或经营资质。鼓励有条件的企业在本市发起设立以互联网为主要业务载体或以互联网业务为主要服务领域的各类持牌金融机构。支持电子商务平台等大型互联网企业在本市设立小额贷款、融资担保、融资租赁、商业保理等新型金融企业。支持有条件的互联网金融企业依法申请有关金融业务许可或进行有关金融业务备案，申领增值电信业务经营许可等经营资质。（2）在资源支持方面，加大对互联网金融企业的支持培育力度。对互联网金融的发展，给予战略性新兴产业发展专项资金、服务业发展引导资金、高新技术成果转化专项资金等财政资金的重点支持。（3）在行业规范和监管维度，引导互联网金融企业增强合规经营意识、提升风险防控能力；支持开展行业自律与第三方监测评估；健全互联网金融风险防控与安全保障机制等①。

关于互联网金融发展的部分地方政策如表5－1所示。

表5－1　关于互联网金融发展的部分地方政策列表

地区	分布时间	政策文件名
北京	2013年8月	《石景山区支持互联网金融产业发展办法（试行）》
	2013年10月	《海淀区关于促进互联网金融创新发展的意见》
	2013年12月	《关于支持中关村互联网金融产业发展的若干措施》
天津	2014年2月	《天津开发区推进互联网金融产业发展行动方案（2014～2016年）》
深圳	2014年3月	《深圳市人民政府关于支持互联网金融创新发展的指导意见》
广州	2014年6月	《广州市支持互联网金融创新发展试行办法（征求意见稿）》
	2014年7月	《关于促进广州民间金融街互联网金融创新发展的若干意见》
贵阳	2014年6月	《关于支持贵阳市互联网金融产业发展的若干政策措施（试行）》
南京	2014年7月	《关于加快互联网金融产业发展的实施办法》
武汉	2014年8月	《武汉市政府关于支持互联网金融产业发展实施意见（征求意见稿）》

① 参见：《关于促进本市互联网金融产业健康发展的若干意见》，新浪财经，2014年8月8日，http：//finance. sina. com. cn/stock/y/20140808/104619953507. shtml。

续表

地区	分布时间	政策文件名
上海	2014 年 8 月	《关于促进本市互联网金融产业健康发展的若干意见》
	2014 年 9 月	《长宁区关于促进互联网金融产业发展的实施意见》
青岛	2014 年 10 月	《鼓励发展新型业态和商业模式若干政策措施》
成都	2014 年 11 月	《成都高新区推进“三次创业”加快金融业发展的若干政策》
浙江	2014 年 11 月	《杭州市关于推进互联网金融创新发展的指导意见》
	2015 年 2 月	《浙江省促进互联网金融持续健康发展暂行办法》
福建	2015 年 3 月	《关于加快互联网经济发展十条措施的通知》
海南	2015 年 6 月	《海南省人民政府关于加快发展互联网产业的若干意见》
南宁	2015 年 6 月	《南宁市促进互联网金融产业健康发展若干意见》

资料来源：根据网络资料整理，其中部分参考：中国网财经，《各地互联网金融政策汇总、解析》，http：//finance. china. com. cn/money/efinance/gcj/20150203/2943217. shtml。

（二）具体治理探索：以第三方支付与 P2P 为代表的重点治理

整体政策环境的塑造为互联网金融的快速发展构建了良好的制度条件与支撑框架。但是，从实际的改革战略过程来看，2013 ~2015 年以互联网金融为载体的增量式改革战略构建不仅仅体现为整体政策环境的塑造，同时，还体现为国家及监管部门所开展的一系列具体治理探索。这主要体现为国家及监管部门在鼓励支持的基础上对以第三方支付、P2P 为代表的互联网金融领域实施重点的治理。通过相关治理实践探索，国家试图实现其既鼓励和支持互联网金融创新发展，又保证健康有序，有效规避和防控金融风险的双重目标，实现支持与规范的有效均衡。

在国家营造有利于互联网金融发展的整体政策环境的作用下，2013 年以来，以第三方支付、P2P 为代表的互联网金融实现了较快的发展。其中，第三方支付的飞跃式发展主要表现为第三方支付产品的创新速度加快，出现了一些跨机构、跨市场和具有较大市场影响力的交叉创新产品，如支付宝公司推出的余额宝，以及虚拟信用卡和二维码支付等。特别是以余额宝为代表，第三方支付机构渗入金融业务的广度和深度不断增强，除提供相对传统的支付中介服务外，还开始涉及客户资金配置、风险管理等领域（蒋先玲，

2014)。同样，依托互联网平台的信用中介 P2P 业务也大量兴起，开始了高速的增长。例如，有数据显示，2012 年末，我国的 P2P 平台不过 110 家左右，而到了 2015 年末，我国 P2P 平台的数量就猛增到了 3858 家，成交金额也跨越了亿元规模（刘芬华等，2016）。然而，就在各类互联网金融创新产品快速成长的同时，互联网金融市场也暴露出一些局部的问题。同样，以广受关注的 P2P 为例，尽管大量出现的 P2P 平台能够在实现民间资金的流动，服务于个体和小微企业筹融资等方面发挥重要的中介作用，但是，由于部分 P2P 平台的不规范运作，如非法吸储、非法集资等，导致 P2P 隐含的金融安全风险问题也逐渐显现出来。有研究指出，2013 年以来，互联网金融 P2P 平台“跑路”渐成风潮。2013 年，全国出现经营不善、“跑路”、提现困难、延期兑付等问题的 P2P 平台 75 家，涉及金融 12 亿元以上（旷远，2014）；而 2014 年 12 月一个月内，就暴露出有问题平台 92 家，超过了上年度全年总问题平台的数量。而到 2015 年末，新增的问题 P2P 平台达到了 896 家（刘芬华等，2016）。

在此背景下，为促进互联网金融的健康有序发展，有效防控金融风险，2013 年以来，国家及监管部门也审慎地采取一系列具体治理措施，重点加强了对第三方支付和 P2P 等互联网金融领域的规范治理。其中，在第三方支付治理方面，在之前已经逐步建立起的规范政策框架基础①之上，国家及监管部门继续实施了有针对性的风险规制和政策构建。例如，2013 年 6 月，在前期征求意见的基础上，中国人民银行正式出台了《支付机构客户备付金存管办法》（以下简称《办法》）。这一《办法》的制定出台，旨在规范支付机构客户备付金②的管理，保障客户的合法权益，促进支付行业健康有序发展。《办法》规定：支付机构接收的客户备付金必须全额缴存至支付机构在备付

① 2010～2013 年，央行先后出台了《非金融机构支付服务管理办法》（2010 年 6 月 14 日）、《非金融机构支付服务管理办法实施细则》（2010 年 12 月 1 日）、《支付机构预付卡业务管理办法（征求意见）》（2011 年 10 月 28 日）、《支付机构客户备付金存管暂行办法（征求意见）》（2011 年 11 月 4 日）、《支付机构互联网支付业务管理办法（征求意见）》（2012 年 1 月 5 日）、《支付机构反洗钱和反恐怖融资管理办法》（2012 年 3 月 8 日）、《支付机构预付卡业务管理办法》（2012 年 9 月 27 日）等多项涉及第三方支付机构准入、业务运行等方面的政策文件（许创强，2014：106－107），为第三方支付的发展构建了基本的政策框架。

② 客户备付金，是指支付机构为办理客户委托的支付业务而实际收到的预收待付货币资金。

银行开立的备付金专用存款账户；客户备付金只能用于办理客户委托的支付业务和办法规定的情形，不得擅自挪用、占用、借用客户备付金，不得擅自以客户备付金为他人提供担保；支付机构和备付金银行应当按照法律法规及协议约定，开展客户备付金存管业务，保障客户备付金安全完整，维护客户合法权益。《办法》还在备付金银行账户的管理、备付金的使用与划转、备付金存管业务的监督管理等方面进行了专业而明确的规定①。2014 年 3 月 13 日，中国人民银行下发了《关于暂停支付宝公司线下条码（二维码）支付等业务意见的函》，要求立即暂停支付宝公司的二维码支付及虚拟信用卡业务②。这一函件的下发，在第三方支付市场产生了巨大的反响。而为回应社会的关注，3 月 14 日，央行在系统内部又紧急下发了尚处于讨论之中的《支付机构网络支付业务管理办法（征求意见稿第三稿）》，其中对通过第三方支付的交易金融进行了定额限制——个人支付账户转账单笔金额不超过 1000 元，年累计不能超过 1 万元；消费方面，个人单笔消费不得超过 5000 元，月累计不能超过 1 万元。这份文件规定的披露，再次激起了关于第三方支付的舆论讨论。尽管公众质疑上述两份文件的规定有打压互联网金融创新的“嫌疑”，但这总体上并没有改变国家及监管部门对包括第三方支付在内的互联网金融创新的支持。正如央行所言：“尽管效果不好，但央行确实是在不适当的时间点，用不适当的方式做了一件应该做的事。③”2014 年 4 月 9 日，中国人民银行、银监会联合下发了《关于加强商业银行与第三方支付机构合作业务管理的通知》④。这一文件的出台使国家及监管部门对第三方支付的规范管理政策得到了进一步的完善。为保护商业银行客户信息安全，保障客户

---

① 可参考：《支付机构客户备付金存管办法》，中央政府门户网站，http：//www. gov. cn/gongbao/content/2013/content_2473895. htm。

② 央行认为，虚拟信用卡突破了传统信用卡的业务模式，在落实客户身份识别义务，保障客户信息安全等方面存有局限，因为虚拟信用卡的特点是：其一无须绑定实体信用卡即可透支进行网上消费，其二是申请速度快，只需几分钟，相关手续非常简便。而关于二维码支付，央行认为其突破了传统受理终端的业务模式。用户只需要通过支付宝商户版 APP 收银，扫描二维码，支付宝清算，就可以完成支付。在此过程中，发卡机构、收单机构和清算机构，都是支付宝，不需要传统的 POS 刷卡机、银行卡（胡宇翔，2014）。另外，2014 年 8 月初，中国邮政储蓄银行广东省分行推出二维码支付，标志着被暂停的二维码支付重新启动。

③ 《央行承诺鼓励互联网金融发展不动摇》，网易财经，2014 年 3 月 21 日，http：//money. 163. com/14/0321/02/9NQV1BL500253B0H. html。

④ 业界称之为 10 号文。

资金和银行账户安全，维护客户合法权益，加强商业银行与第三方支付机构合作业务的管理，文件提出了20条专门要求，主要涉及客户身份认证、交易限额、赔付责任、第三方支付机构资质与行为、银行相关风险等事项。例如，商业银行应明确要求第三方支付机构不得在未经授权的情况下屏蔽本银行的支付界面与接口；商业银行应将与第三方支付机构的合作业务纳入全行业务运营风险监测系统的监控范围；商业银行应对客户通过第三方支付机构进行的交易建立自动化的交易监控机制和风险监控模型，及时发现和处置异常行为、套现或欺诈事件①。可以看出，这份文件为防范和规避第三方支付的风险，尤其是保障用户资金权益提供了明确的政策依据。

2015年7月18日，作为促进互联网金融规范发展最重要的政策文件《关于促进互联网金融健康发展的指导意见》则对第三方支付的治理给予了专门的表述。文件指出：互联网支付应始终坚持服务电子商务发展和为社会提供小额、快捷、便民小微支付服务的宗旨。银行业金融机构和第三方支付机构从事互联网支付，应遵守现行法律法规和监管规定。第三方支付机构与其他机构开展合作的，应清晰界定各方的权利义务关系，建立有效的风险隔离机制和客户权益保障机制。要向客户充分披露服务信息，清晰地提示业务风险，不得夸大支付服务中介的性质和职能。互联网支付业务由人民银行负责监管②。2015年12月28日，中国人民银行在征求意见的基础上，正式发布了关于第三方支付最全面系统的政策文件——《非银行支付机构网络支付业务管理办法》（以下简称《办法》）。《办法》从客户管理、业务管理、风险管理与客户权益保护、监督管理、法律责任等方面确定了关于第三方支付的40多项政策条款。例如，《办法》规定：办法所称的非银行支付机构是指依法取得《支付业务许可证》③ 获准办理互联网支付、移动电话支付、固定电话支付、数字电视支付等网络支付业务的非银行机构。《办法》还规定：支付机构应当遵循了解客户的原则，建立健全客户身份识别机制；支付机构

---

① 参见：《中国银监会 中国人民银行关于加强商业银行与第三方支付机构合作业务管理的通知》（银监发〔2014〕10号）。

② 参见：人民银行等十部委发布《关于促进互联网金融健康发展的指导意见》，中央政府门户网站，2015年7月18日，http：//www. gov. cn/xinwen/2015 –07/18/content_2899360. htm。

③ 早在2010年9月，央行颁布的《非金融机构支付服务管理办法》中就确定了采取发放《支付业务许可证》的制度来促进第三方支付市场的规范发展。

不得经营或变相经营证券、保险、信贷、融资、理财、担保、信托、货币兑换、现金存取等业务；支付机构应当综合客户类型、身份核实方式、交易行为特征、资信状况等因素，建立客户风险评级管理制度和机制，并动态调整客户风险评级及相关风险控制措施；中国人民银行可以结合支付机构的企业资质、风险管控特别是客户备付金管理等因素，确立支付机构分类监管指标体系，建立持续分类评价工作机制，并对支付机构实施动态分类管理①。客观上，这一管理办法的出台为进一步规范和促进第三方支付市场的发展提供了直接、明确和系统的政策保障。

与第三方支付的情况类似，关于 P2P 网贷，2013 年以来，国家及监管部门也十分重视对其业务风险的防范与治理。面对 P2P“野蛮生长”情境下的行业风险，早在 2013 年 7 月 1 日，中国人民银行就曾召集 9 家 P2P 网络平台的代表（如宜信、陆金所、拍拍贷、人人贷、红岭创投等）在北京召开了关于网络信贷的专题座谈会。央行副行长刘士余作为监管部门的官员面对面与 P2P 机构从业者就 P2P 的发展与规范进行了交流。同时，央行还向与会的 P2P 平台进行了问卷调查，涉及 P2P 平台的经营情况、业务规模、操作流程等内容。因此，央行试图对 P2P 行业进行全面的摸底，掌握行业发展的情况（史克剑，2014）。2013 年 8 月 13 日，在 2013 互联网金融中国峰会上，中国人民银行副行长刘士余讲话中提示，要警惕 P2P 平台变相吸收存款的问题，要注意 P2P 平台的操作和信用风险。P2P 的发展不能走向资金池，变相吸收存款，也不能搞非法集资。这是两个底线不能碰②。

2014 年 4 月 21 日，银监会处置非法集资部级联席会议③办公室主任刘张君在防范打击非法集资新闻发布会上表示，国务院决定由银监会牵头承担对 P2P 的监管研究。刘张君描述了 P2P 网络借贷涉嫌非法集资的三种情形：一是搞资金池。部分 P2P 网络借贷平台通过将借款需求设计成理财产品出售给放贷人，或先归集资金，再寻找借款对象，使放贷人的资金进入平台账户，

① 参见：《非银行支付机构网络支付业务管理办法》（中国人民银行公告〔2015〕43 号）。

② 《央行副行长：需警惕 P2P 平台变相吸收存款》，腾讯财经，2013 年 8 月 14 日，http：//www.cebnet.com.cn/2013/0814/168573.shtml。

③ 2006 年 5 月，国务院研究决定建立了处置非法集资部级联席会议工作机制，最初由最高法院、最高检察院、发改委、公安部、监察部和银监会等 18 个部门和单位组成。

形成资金池。二是部分 P2P 平台经营者未尽到审查借款人身份真实性的义务。三是部分 P2P 平台经营者，发布虚假的高利借款标的募集资金，采取借新还旧的庞氏骗局模式，短期内募集大量资金，或用于自身生产经营，或卷款潜逃。对此，刘张君传递了银监会关于 P2P 发展设定的四道红线：一是要明确平台的中介性质；二是要明确平台本身不得提供担保；三是不得将归集资金搞资金池；四是不得非法吸收公众资金①。2014 年 7 月 8 日，在 2014 银行业发展论坛上，银监会创新监管部主要负责人针对 P2P 行业提出，要重点关注 P2P 三个方面的问题：一是 P2P 机构应明确定位于民间借贷的信息中介，不应是资金经营机构，受托理财机构，也不是担保机构，防范和严厉打击冒用 P2P 名义的非法金融活动；二是 P2P 行业应有一定的行业门槛；三是 P2P 行业应充分信息披露、提高透明度②。

2014 年 9 月 27 日，在深圳召开的 2014 中国互联网金融创新与发展论坛上，银监会创新监管部主要负责人再次表述了关于 P2P 运行更为系统全面的十条监管思路：一是 P2P 监管要遵循 P2P 业务本质，P2P 机构不能持有投资者的资金，不能建立资金池，P2P 不是经营资金的金融机构；二是要落实实名制原则，投资人与融资人都要实名登记，资金流向要清楚；三是要明确 P2P 机构不是信用中介，也不是交易平台，而是信息中介；四是 P2P 应该有一定的行业门槛，P2P 信息平台作为分析、遴选新闻信息，提供参考性的信用分析机构，需要很强的专业性，应有一定的门槛；五是投资人的资金应该进行第三方托管，不能以存管代替托管，托管是独立的监管行为；六是 P2P 机构不得自身为投资人提供担保，不得为借款本金或者收益作出承诺，不承担系统风险和流动性风险，不得从事贷款和受托投资业务、不得自保自融；七是走可持续发展道路，不要盲目追求高利率融资项目；八是 P2P 行业要充分进行信息披露、揭示风险；九是 P2P 投资者平台应该推进行业规则的制定和落实，加强行业自律；十是必须坚持小额化，支持个人和小微企业的发展，项目一一对应的原则③。

---

① 《银监会：P2P 网贷平台须守四道底线》，新民网，2014 年 4 月 22 日，http：//tech. xinmin. cn/2014/04/22/24110163. html。

② 《银监会：适度差异化监管互联网金融》，凤凰财经，2014 年 7 月 9 日，http：//finance. ifeng. com/a/20140709/12678762_0. shtml。

③ 《P2P 监管思路渐明：落实实名制坚持小额化》，网易财经，2014 年 9 月 29 日，http：//money. 163. com/14/0929/07/A79VFFTE00253B0H. html。

同样，2015 年 7 月，中国人民银行等十部委发布的《关于促进互联网金融健康发展的指导意见》则以正式文件的形式再次明确了国家对 P2P 的性质、运营规范、监管等提出了明确要求。文件规定：P2P 网络借贷是指个体和个体之间通过互联网平台实现的直接借贷。在个体网络借贷平台上发生的直接借贷行为属于民间借贷范畴，受合同法、民法通则等法律法规以及最高人民法院相关司法解释规范。个体网络借贷要坚持平台功能，为投资方和融资方提供信息交互、撮合、资信评估等中介服务。个体网络借贷机构要明确信息中介性质，主要为借贷双方的直接借贷提供信息服务，不得提供增信服务，不得非法集资。网络小额贷款是指互联网企业通过其控制的小额贷款公司，利用互联网向客户提供的小额贷款。网络小额贷款应遵守现有小额贷款公司监管规定，发挥网络贷款优势，努力降低客户融资成本。网络借贷业务由银监会负责监管①。由此，我国 P2P 网络借贷的发展就获得了较为明确的政策标准。

四、产业政治：传统银行业与互联网金融的竞合博弈及隐含的政银商关系

制度变迁的过程本质上就是行动者之间的互动政治过程，任何看起来一帆风顺的制度变迁都会隐含着行动者间特定的产业政治，即便是最弱势的行动者都会有最低限度的自有余地来对制度变迁的过程产生影响（梁波等，2013）。2013 年以来，以互联网金融异军突起为代表的中国银行业第三次增量变革，毫无疑问也包含着国家及监管部门、传统银行业、新兴互联网金融（涉足金融领域的互联网企业、电子商务企业）等重要主体之间的政治博弈过程。这一系列复杂的博弈过程也在一定程度上构成了第三次增量变革的动力与内涵要素。要理解互联网金融变革中的产业政治，应充分关注两个方面的内容：一方面，以余额宝的存废之争为典型折射出金融脱媒时代特殊的政

---

① 参见：人民银行等十部委发布《关于促进互联网金融健康发展的指导意见》，中央政府门户网站，2015 年 7 月 18 日，http：//www. gov. cn/xinwen/2015 –07/18/content_2899360. htm。

银商关系；另一方面，面对互联网金融浪潮带来传统银行业利益格局改变情境下，传统银行业与新兴互联网金融企业之间的竞合博弈。

（一）余额宝存废之争：互联网金融发展折射的政银商关系

2013 年 6 月，余额宝的横空出世开启了中国互联网金融快速发展的进程。作为一种互联网与金融支付、金融理财有效结合的互联网金融创新产品，从其诞生开始，余额宝就显示出了巨大的市场能力，并对之前稍显“死气沉沉”的传统银行业金融体系形成了巨大的冲击与挑战。在仅仅半年的时间里，余额宝就成功吸收了来自超过 8000 万注册用户的 5000 多亿元投资资金。而在余额宝的成功示范效应的带动下，以腾讯、苏宁、百度等为代表的互联网企业相继推出了包括微信理财通、零钱宝等各种形式的宝宝类互联网货币基金投资理财产品（宋雷磊，2014）。其结果是，余额宝等互联网金融产品的发展开始渗入并抢占传统银行业金融的市场“领地”，对传统银行业金融形成了巨大的震撼。有被广为援引的数据显示，2013 年 10 月，我国住户银行存款单月减少 8967 亿元；2014 年 1 月，我国银行业存款又大幅减少 9402 亿元，其中仅 2014 年 1 月的前 20 天（莫易娴，2014），工、农、中、建四大国有股份制商业银行的存款就大规模流失了近 7000 亿元①。而作为中小股份制银行，上海浦发银行 2013 年的年报数据显示，到 2013 年底，该行本外币存款余额环比第三季度末就减少了 345 亿元；平安银行 2013 年末银行活期存款的增速也比 2012 年下降了 14 个百分点②。传统银行业机构存款规模的减少除其他系统性原因外，在较大程度上受到了以余额宝为代表的宝宝类产品的影响（胥岢，2014），实现了银行存款的较大规模“搬家”。对于以大规模存贷款利差收入作为重要利润来源之一的传统银行业金融机构而言，余额宝的出现就意味着直接威胁到了他们的垄断利益。根据瑞士联合银行的测算，如果银行总存款中有 10% 被余额宝等互联网金融产品抢走，那

① 《余额宝倒逼利率上升和银行改革》，证券时报网，2014 年 1 月 28 日，http：//kuaixun. stcn. com/2014/0128/11135786. shtml。

② 《银行存款增长压力大股份制发力互联网金融》，中国金融信息网，2014 年 3 月 31 日，http：//stock. xinhua08. com/a/20140331/1308858. shtml？ f = arelated。

么银行的净利差就有可能减少 0.1 个百分点，也可能造成银行手续费收入损失相当于银行净利润的 4% 的比例（刘刚，2014）。

因此，在以互联网金融为代表的增量式变革进程中，余额宝的出现很快就招致作为利益受损者的传统银行业金融力量的“非议”和质疑，到 2014 年 3 月全国两会前后便引发了全社会颇有影响的关于余额宝的存废之争。这一存废之争一方面反映了以互联网金融为代表的银行业金融体系增量式变革进程的产业政治特征；另一方面也充分折射出了互联网金融兴起以来，在金融脱媒的背景下，中国银行业金融体系所隐含的特定政银商关系的变化。

2014 年 2 月 21 日，中央电视台证券资讯频道执行总编辑兼首席新闻评论员钮文新发文声称：“余额宝是趴在银行身上的‘吸血鬼’，典型的‘金融寄生虫’”，应取缔余额宝。钮文新给出的理由依据是：余额宝会冲击整个中国的经济安全，因为余额宝及其前端的货币基金将 2% 的收益放入自己口袋中，而将 4% ~6% 的收益分给成千上万的余额宝客户。这个时候，整个中国实体经济作为最终的贷款客户将成为这一成本的最终买单人[①]。钮文新的观点一出，作为导火索就引发了全社会舆论关于是否应该“取缔余额宝”的争论，其中，包括传统银行业金融力量、互联网金融力量及近 9 成支持余额宝的受访网民[②]、国家及相关监管部门等围绕着余额宝的取缔与否进行了一场舆论激战。

首先，作为利益受损的传统银行业金融力量而言，他们和钮文新的观点立场基本一致，并期待国家及监管部门对于余额宝这类所谓的互联网金融创新产品及行为给予行政干预，甚至是给予取缔（叶奕，2014）。就传统银行业金融力量的观点及论据而言，他们基本上都是强调余额宝等互联网金融产品要么是提高银行成本及实体经济融资成本，要么是存在安全风险，要么是干扰了正常的利率市场等。相关代表性的言论有：曾担任招商银行行长的马蔚华在 2014 年的两会期间就表示，余额宝存货币基金，货币基金又存回银行，转一圈钱的成本升高了，对实体经济没有任何意义[③]。而全国政协委员、

---

① 《取缔余额宝事件》，360 百科，http：//baike. so. com/doc/7884256 - 8158351. html。

② 《银行抱团期望银监会干预 九成网友反对取缔余额宝》，网易新闻，2014 年 2 月 26 日，http：//news. 163. com/14/0226/09/9M0FM0KD00014AEE. html。

③ 马蔚华：《余额宝提高资金成本对实体无意义》，中国质量新闻网，http：//www. cqn. com. cn/news/cjpd/855896. html。

交银施罗德基金公司副总经理谢卫则认为，余额宝的初始宣传忽视了货币基金的风险特征，而直接将收益冠以活期储蓄的若干倍。这是违背基金销售管理办法的违规行为，监管当局迟迟没有做出反应，给市场预期带来了困扰。因此，他认为应严格限定准入条件，提高互联网金融准入门槛①。而全国政协委员、曾担任建设银行信用卡中心总经理的赵宇梓甚至认为，一些互联网金融企业片面追求业务拓展和盈利能力，没有建立客户身份识别、交易记录保存和可疑交易分析报告机制，容易为不法分子利用进行洗钱等违法活动。各类理财"宝"账户存在技术风险隐患，其金融风险不亚于传统金融模式。随着海量资金涌入余额宝，余额宝的规模（可）迈向万亿元级别，相当于一个经营了几十年的中型商业银行的存款规模。各种"宝"实际上是一种变相的高息揽存，是一种制度性和风险性套利（周宏达，2014）。显然，传统银行业金融力量并不甘心余额宝等互联网金融产品对其固有利益的"侵蚀"。对此，有媒体观点较为客观地且形象地评价了余额宝存废之争中传统银行业金融力量的反应。"大多数反对观点主要来自银行、保险、基金等传统金融机构，也就是传说中的既得利益集团，他们信誓旦旦地认为以余额宝为代表的互联网金融的快速膨胀会干扰利率市场，给中国的金融安全和经济安全造成威胁等。既得利益者不愿意眼睁睁坐视利益一点点消失殆尽，但又提不出比互联网金融更有竞争力的解决方案，如便捷服务、高收益、安全性等，只能以经济安全和网络安全等老掉牙的冷战式思维，要求政府部门严控互联网金融发展，却无视自家储蓄卡和信用卡频频被盗刷，这不仅与国家发展背道而驰，也体现出自己的无能和无耻（吕芹，2014）。"

其次，面对传统银行业金融力量的质疑和批判，以阿里巴巴为代表的互联网金融力量在直接回应余额宝提高融资成本的质疑同时，更多地主打"慷慨悲情"牌，也期待获得国家及监管部门的支持。就在钮文新抛出余额宝取缔论之后，第二天（2014 年 2 月 22 日），阿里小微金融服务集团首席战略官舒明就回应称：余额宝规模很小，很难严重干扰利率市场。他认为，即使与总规模约 10 万亿元的银行理财产品相比，货币市场基金也不到其总规模的

① 《两会代表建言规范互联网金融提案点名余额宝》，搜狐财经，2014 年 3 月 3 日，http：//business. sohu. com/20140303/n395921832. shtml。

十分之一。很难想象，规模如此之小的货币市场基金会对市场整体利率水平产生巨大的影响，会严重干扰利率市场。他从三个方面回应了钮文新等“取缔论”的观点：第一，国内货币市场基金规模相对较小，实在无法严重干扰利率市场；第二，余额宝是市场利率的跟随者，而不是决定者；第三，信贷的可获得性和成本，主要与国家信贷政策、资金环境和金融机构的竞争格局相关，而与货币市场基金关系不大（舒明，2014）。而作为互联网金融代表人物的马云在 2014 年两会期间也回击了传统银行业金融力量关于余额宝的质疑和批评。马云认为：改革的最大阻力不仅仅是改革本身的难度和复杂度，更是来自既得利益群体。马云还表示：银行若放开存款利率，余额宝死了也光荣。如果有一天余额宝的利率和银行的存款利率并轨了，即便余额宝的使命真的终止了，它已经发挥了很好的作用。在改革开放的进程中，如果有一款产品能发挥推动历史的作用，即便它的生命周期再短暂，也必将非常光荣（郝影等，2014）。

最后，面对传统银行业金融力量与新兴互联网金融力量就余额宝而展开的舆论之争，作为决策者的国家及监管部门做出反映。此时，国家及监管部门很明显面对着双重相互对立的期待与诉求，一方面是传统银行业金融力量要求规范甚至取缔余额宝的诉求；另一方面是新兴互联网金融力量希望给予保护和支持的诉求。而从此次舆论之争的实际进程来看，国家及监管部门总体上坚持了其鼓励和支持互联网金融创新发展的态度和认知，并没有按照传统银行业金融力量所要求的那样，打压和取缔余额宝；国家及监管部门作为最终的仲裁者和决策者策略性地采取了强调既鼓励互联网金融创新又合理地规范发展的回应方式，试图为这场舆论之争“灭火”。

为此，我们能够看到，2014 年 3 月的全国两会上，决策监管层传递出来的信息是，国家并不会抵制互联网金融的发展，而是将通过进一步的调查研究，加强风险的控制，鼓励传统银行业金融与新兴互联网金融公平竞争，构建良好的金融市场秩序（牟静，2014）。对此，我们从部分监管层官员的讲话中看出国家及监管部门的观点及总体回应态度。例如，2014 年 3 月 4 日，中国人民银行行长周小川在回答记者关于余额宝及互联网金融的提问时明确表示，会鼓励互联网金融发展，不会取缔余额宝，金融领域鼓励科技的应用。互联网的金融业发展也算是一个新事物，所以过去的政策、监管、调控，各个方面不能完全适应，需要进一步完善。整体来讲金融业的政策是鼓励科技的应用，因此也要跟上时代与科技的脚步。现有的政策有的不全面，个别有漏洞，有的地方竞争上不一定公平，这都会通过改善来促使健康发展（叶奕，2014）。全国政协委员、中国人民银行副行长易纲也在当日接受媒体采访时表示，要支持和容忍余额宝等金融产品的创新行为，同时也将适当采取措施对可能产生的市场风险加以引导和防范①。同样，中国人民银行副行长潘功胜也指出，互联网金融的发展在满足微小企业融资、增加百姓投资渠道、提高社会金融服务水平，降低金融交易成本、推进利率市场化等方面都发挥了积极作用。互联网金融主要存在两个方面问题：一是监管缺失，二是具有一定的风险性。互联网金融要鼓励创新与发展，但同时要完善和规范监管，应该明确监管主体，加强金融监管协调，实施交叉性监管，完善监管规则（叶奕，2014）。全国政协委员、曾担任银监会主席的刘明康也表示，互联网金融主要做“小微”，按大数法则来控制风险，不一定要像银行业进行监管②。此外，全国人大代表、全国人大财经委员会副主任委员吴晓灵在回答《中国经济周刊》就余额宝争议的提问时，对余额宝产生争议的由来表达了自己的看法。她认为：余额宝所做的这些事情是把大部分钱都存到了银行同业间去做协议存款，于是就引起了社会上的批评。余额宝挂钩的基金 90% 以上投向了银行协议存款，它所带来的问题不是余额宝的问题，大家所说的银行同业协议存款问题，如协议存款太多、存款利率太高等，并不是由于“宝宝”们出现而出现的新问题，而是由于“宝宝”们的出现，放大了过去的老问题，因而解决问题的办法，不是抑制“宝宝”们，而是要解决银行同业本身所存在的问题（李勇，2014）。显然，几位官员的讲话为余额宝存废之争给出了监管部门的答案。

而在官员就余额宝存废之争发声之前，作为主要官媒的《人民日报》和新华网也曾以评论的方式，间接地传递了国家关于余额宝及互联网金融的态度。其中，《人民日报》的评论指出：余额宝事实上推动了存款利率市场化。

① 易纲：《支持并容忍余额宝等金融产品创新》，人民网，2014 年 3 月 12 日，http：//finance.people.com.cn/money/n/2014/0312/c380009－24617770.html。

② 《评论：“不会取缔余额宝”释放的积极信号》，中国新闻网，2014 年 3 月 5 日，http：//www.chinanews.com/it/2014/03－05/5911621.shtml。

互联网金融作为银行业的搅局者出现并不可怕，它将促进银行业的变革和转型。但如何提防一些企业滥用市场支配地位，形成相对垄断的格局，也是个不能不思考的问题。新华网的评论则认为：余额宝触动了改革的敏感神经。每一项改革，其路径可能都跟今天的余额宝有相似之处，因为涉及巨大的利益分配而迂回曲折。从中可以看出，国家是站在我国银行业金融体制进一步改革创新的战略高度来看待余额宝及互联网金融的重要创新意义。这也就表达了国家在余额宝之争上秉持的立场。为此，才会有 2014 年 3 月 5 日，李克强总理所做的政府工作报告中所强调的观点：要促进互联网金融健康发展，完善金融监管协调机制，密切监测跨境资本流动，守住不发生系统性和区域性金融风险的底线，让金融成为一池活水（郝影等，2014）。

从产业制度变迁角度来看，余额宝存废之争在我国互联网金融发展乃至银行业金融体制改革的进程中都具有重要的象征性意义，它在一定程度上也深刻地折射出了互联网金融与金融脱媒时代，我国银行业金融体系政银商关系的重大转变。尤其是以阿里巴巴、百度、腾讯等为代表的民营新兴互联网企业力量的兴起，极大地改变了传统银行业金融垄断格局下国家、银行、企业之间的非对称性关系。相对而言，新兴互联网企业力量的崛起标志着在银行业金融领域，我国民营经济企业第一次站在了与传统银行业金融机构可以比肩、“抗衡”和对话的位置，他们在和传统银行业金融机构同时面对国家及监管部门时，呈现出更多的是一种均衡对称性依赖关系。这也为我国互联网金融的发展提供了重要的关系结构前提。

当然，这种均衡对称性依赖关系结构的形成，从根本上离不开国家决策层关于互联网金融鼓励和支持的认知和态度，但同时，我们也不能忽略新兴的互联网企业背后所建构起的与国家高层决策者的紧密联系及其意义。

（二）竞争与合作：传统银行业与互联网金融的博弈游戏

作为增量式变革的一种形式，2013 年以来，国家引导和支持互联网金融的发展旨在通过引入互联网金融这种新的金融形式或要素，对传统银行业金融体系形成一定程度的冲击和挑战，并进而倒逼传统银行业金融体系经营模式的改革创新。从余额宝诞生以后互联网金融异军突起的发展实际来看，新兴的互联网金融确实对传统银行业金融体系带来了重大的刺激和挑战。以第三方支付、网络 P2P、余额宝类互联网基金理财产品、众筹等为主要形式的互联网金融，从存贷款业务、中介清算与支付业务、银行理财、利率等多个方面都对传统银行业形成了冲击（见表 5－2）。仅以第三方支付对传统银行支付业务的影响为例，以支付宝为代表的第三方支付机构的产品和技术创新，使用户可以不再需要办理银行网银，而是直接通过（手机）网络平台进行支付，由此就削弱了传统银行机构在支付中的功能。数据显示，2013 年全国银行业机构的支付交易数量、开户数等指标均出现了一定程度的下降，其中票据业务笔数和金额同比分别下降了 11.61% 和 2.93%，银行卡的发行量增速也减缓了 0.57 个百分点，平均每台 POS 机对应的银行卡数量较 2012 年末减少 20.25%（胥肯，2014）。与此同时，受到支付功能削弱、存贷款业务减少等冲击，传统银行业机构的中间收入也被较大幅度地削减。以中国建设银行为例，2013 年全年建行净利息收入就比 2012 年下降了 5.68%（桂科，2014）。

表 5－2　　互联网金融对传统银行业造成冲击的领域

影响路径	涉及领域	服务的主要内容	典型产品
冲击银行以支付转账为主的中间业务	独立第三方支付	由资金实力雄厚的互联网公司向传统金融领域扩张，提供在线支付结算服务，独立于金额机构提供支付服务	支付宝、财付通、汇付天下、微信支付、快钱
冲击以贷款为主的银行资产端业务	P2P 网贷	作为中介为资金供需双方搭建交易平台和提供信息服务。平台既有独立的第三方机构、也有依赖于电商的依附型平台	陆金所、拍拍贷、宜信、红岭创投
	电商小贷	基于电商平台累计的客户资源，发挥大数据整合的技术优势，完成对贷款的审核之后即可发放贷款	阿里小贷、腾讯小贷、苏宁小贷、京东供应链贷款
	众筹	众筹平台提供中介服务，为项目发起人与有闲散资金的参与者牵线搭桥，通过提供权益、实物回馈等形式向参与者筹措项目资金	天使汇、大家投、京东众筹、追梦网、点名时间
冲击银行负债端市场或增加负债成本	互联网理财	电商平台联合基金公司发行理财产品，以超过存款利率的收益吸引客户	余额宝
冲击传统银行控股的消费金融公司	互联网消费金融	知名电商公司向新型金融领域渗透，与银行控股参股设立的消费金融公司形成竞争	京东白条、美利金融

资料来源：胡志九等（2016）。

面对互联网金融的异军突起，传统银行业金融机构也直接地感受到了挑战和冲击的严重性。例如，在2013年9月召开的某金融论坛上，原招商银行行长马蔚华就总结了互联网金融对传统商业银行业务模式的五大挑战：一是第三方支付获批数量越来越多，决定了商业银行支付业务被分流；二是移动支付的兴起和快速发展，有可能取代银行信用卡进行远程支付；三是网络P2P平台迅速崛起，其燎原之势让“草根”可以轻松做金融，市场前景可期；四是众筹投资掀起去精英化的大众融资革命；五是以余额宝为代表的互联网基金理财产品，将大额理财演变成碎片化理财。其结果将会导致传统商业银行金融中介的角色弱化，商业银行亟待就传统业务模式进行改造（金辉，2013）。类似，交通银行董事长牛锡明2013年7月在接受《21世纪》访谈时也表示，未来10年中国银行业将面临的三大挑战之一就是互联网金融。他认为，近年来，大企业金融脱媒加速，许多互联网公司、电子商务企业也已经开始借助其广阔的交易平台和庞大的交易数据进入小企业贷款领域。面对来自这几方面的夹击，银行的生存空间受到挤压。在数字化金融时代，基于IT技术的发展，互联网金融在技术上完全能够替代商业银行的功能并将彻底颠覆传统商业银行的经营模式、盈利模式和服务模式。未来十年，互联网金融将会颠覆银行业的经营模式①。而作为中国最大商业银行的掌舵者——中国工商银行董事长姜建清在2013年8月举办的亚布力中国企业家论坛2013年夏季高峰会上表示，互联网金融浪潮从银行客户交易对手的交易端发起，又以大数据的发掘逐步向银行的支付和融资端以及银行传统业务端进军。如果不变革，银行将面临淘汰②。因此，从银行业金融改革创新的角度来看，互联网金融对传统金融的冲击和挑战是多方位甚至是根本性的。

面对互联网金融的冲击和挑战，传统银行业并没有消极地坐以待毙，而是从互联网金融突然兴起开始，就不断地通过一系列的行动策略与新兴的互联网金融进行着持续的互动博弈，以尽可能地维持自身的利益与市场地位。

① 《交通银行董事长牛锡明：商业银行需应对三大挑战》，网易财经，2013年7月20日，http：//money.163.com/13/0720/02/946LQHGP00252H36.html。

② 姜建清：《传统银行不变革将被淘汰》，新华网，2013年8月26日，http：//news.xinhuanet.com/fortune/2013-08/26/c_125242923.htm。

从经验来看，传统银行业金融力量的博弈行动策略主要包括三个方面：一是借助传统的制度性垄断权力及优势对互联网金融创新实施打压，以抵制互联网金融对其利益的侵蚀；二是采用模仿与对冲策略，通过实施金融互联网化战略，推出与互联网企业相似功能的金融产品，与互联网金融进行市场竞争；三是采用联合合作战略，通过加强与互联网企业在银行业金融领域的合作，分享互联网金融创新发展的红利。通过这三个方面的行动策略，传统银行业实现对互联网金融从抵制到适应的过程，最终也使无论是狭义的互联网金融，还是金融互联网，都通过经营模式和金融产品的创新实现了竞争、融合发展，有利于提升中国银行业金融体系的活力与服务效率。

首先，从传统银行业对新兴互联网金融的打压方面来看，除掀起（前面已经提及的）“余额宝存废之争”外，传统银行业还利用自身掌握的垄断权力优势，对互联网金融进行了实质性的打压或钳制。例如，面对余额宝等互联网基金理财产品较高的收益率导致的银行存款搬家问题，部分银行业金融机构纷纷采取了提高存款利率的方式来加以应对。自中央银行 2012 年 7 月 6 日允许银行存款利率最高上浮 10% 以后，部分城市商业银行和股份制银行基本上都采取了一次性上浮到顶的利率方案。而从 2014 年初开始，工、农、中、建、交等大型商业银行也相继加入了存款利率上浮到顶的行列。其中，建设银行将存款利率上浮权限下放到一级分行，允许各省分行将权限进一步下放到市级。中国银行对于定期存款利率实行有条件的上浮 10%，即一年期 5 万元起，三年期 10 万元起，五年期 20 万元起。中信银行则将其 5 年期以下的所有人民币定期储蓄存款利率，全部上浮到顶（张瑾，2014）。相对而言，通过上浮存款利率主要是以提高自身成本为代价来达到打压互联网金融的目的，而作为打压互联网金融的最直接形式则更主要表现为，传统银行业金融机构利用其制度性垄断权来钳制互联网金融产品的创新与发展。最典型的案例有，就在 2014 年 3 月中旬央行内部转发的《支付机构网络支付业务管理办法》第三版征求意见稿曝光后，传统银行业金融机构以保护用户资金安全为理由，立即下调了对支付宝快捷支付的额度标准，试图对支付宝、余额宝等互联网金融产品给予一定的限制。2014 年 3 月 22 日，中国建设银行将其用户通过支付宝快捷支付网上消费及购买余额宝的额度，从之前的单笔 5 万元直接下降到每日不超过 5000 元。而在建行之前，工行、农行、中行则先行下调了用户使用支付宝快捷支付的额度。其中，工行对PC 端储蓄卡转入余额宝资金限额调低至 5000 元/笔，每日限额 2 万元，每月限额 5 万元。移动端调整为 5000 元/笔，每日限额 5 万元，每月限额 5 万元。中行、农行则将额度从原先的单笔 5 万元下降为单笔 1 万元（秦川等，2014）。

其次，在利用垄断权力优势打压互联网金融的同时，传统银行业金融机构还采取模仿和对冲的机制，通过推出同类型的金融创新产品和经营模式，来与互联网企业进行市场竞争博弈。实际上，面对新兴的互联网金融，传统银行业也认识到了互联网金融所具有的创新意义。换言之，在传统银行业的认知中，也承认和肯定了互联网金融对银行业金融改革创新的重要性。例如，北京银行董事长闫冰竹就认为，互联网金融为传统金融注入了活力，有望开启金融变革的新时代。作为金融和互联网交叉融合的产物，互联网金融是当前最具创新活力和增长潜力的新兴业态，也是我国深化金融改革、加快金融创新的关键领域。在中国金融变革的大背景下，互联网金融与传统金融能够形成相互博弈、相互交叉、共生共进的格局（刘永刚，2014）。中国银行原副行长李礼辉认为，互联网金融对传统银行的冲击，是无法回避的一次巨大挑战，这要求商业银行做出转变。招商银行前行长马蔚华认为，互联网金融进入的主要是过去传统银行业并未重视的领域，所以传统银行业和互联网金融可以优势互补，扩大市场规模和行业用户受惠面（宋珍，2014）。中信银行行长朱小黄则认为，互联网本身是一个渠道，渠道上有大量客户，这些客户是银行需要服务的对象。银行应该非常认真、积极地看待互联网金融带来的挑战和机遇，而不是用抗拒的心态，生怕互联网金融的兴起会影响到银行的利益（王汉，2014）。广发银行副行长王兵认为，过去传统的存贷等金融服务几乎都是由商业银行一手包办，如今互联网公司、电商平台、网络贷款平台等外部机构向商业银行的传统领域进行渗透，不但积累海量社会资源，而且逐步替代银行支付工具，屏蔽客户信息，分流销售渠道，加速银行业的金融脱媒，对零售银行的业务冲击非常明显。互联网金融发展导致银行业分工进一步细化，对整个金融行业服务效率提升是有利的，商业银行唯有顺势而为。商业银行应在深刻认识互联网金融发展新趋势基础上，推进商业银行业务创新与转型，充分利用互联网技术和思维提升银行的金融服务质量，达到客户更加满意的程度①。

为此，面对互联网金融的兴起与冲击，传统银行业也选择直面现实，通过推出类似金融创新产品或经营模式的形式来与互联网金融进行竞争。其中又大致包括以下四个方面的竞争策略：

一是银行自办电商平台。互联网金融的发展与电子商务的发展是紧密相连的，以支付宝、余额宝等为代表的互联网金融产品最初就是由电子商务企业为解决网络平台交易支付、结算而创造出来的。面对互联网金融的快速发展，部分传统银行业金融机构反其道而行之，通过自办电子商务平台的方式来与阿里巴巴、百度、腾讯等互联网企业展开业务竞争。即通过将银行线上业务与客户的线下消费以及实体商户紧密结合，搭建线上线下一体化的电子商务营销平台（高德胜，2014）。建行、交行、农行、民生银行、中行、工行等几大商业银行先后都推出了自身的电子商务平台。例如，在建行的善融商务电子商务平台、交行的交博汇网上商城上线发布之后，2013 年 4 月，农业银行在武汉正式发布了其电子商务服务平台——E 商管家，旨在利用农业银行拥有的网络和客户资源，为传统企业提供集供应链管理、多渠道支付结算、线上线下协同发展、云服务等于一体的定制化电商金融综合服务。该平台设计了企业商城、个人商城、积分商城和缴费商城四大板块，为传统企业、个人经营者、消费者提供全方位的金融电子商务服务②。2014 年 1 月，中国工商银行也正式发布了其电子商务平台——融 e 购商城。该电子商务平台汇集了数码家电、汽车、金融产品、服务鞋帽、食品饮料、珠宝礼品、交通旅游等十几大行业数百个知名品牌，近万件商品③，更像是一个银行办的“京东商城”或“天猫超市”。

二是推出银行自身的“宝宝”类基金理财产品。在余额宝诞生并引起社会广泛关注后，传统商业银行金融机构也很快跟进，推出了银行版的互联网基金理财产品。例如，2013 年 7 月，交通银行联手交银施罗德推出“快溢通”；2013 年 12 月，平安银行联手平安基金、南方基金推出“平安盈”；

① 王兵：《银行在互联网金融冲击下要找准定位》，中国电子商务研究中心，2015 年 5 月 26 日，http：//www.100ec.cn/detail－6252843.html。

② 可参见：中国农业银行 E 商管家官网，http：//e.abchina.com/default.htm。

③ 可参见：中国工商银行融 e 购官网，http：//mall.icbc.com.cn/。

2014 年 2 月，民生银行联手民生加银、汇添富基金推出“如意宝”；同月，中国银行联手中银基金推出“活期宝”；2014 年 3 月，兴业银行联手兴业全球基金推出“掌柜钱包”；2014 年 4 月，中信银行联手嘉实基金、信诚基金等推出“薪金煲”等（王静，2014）。

三是开办网络直销银行。2014 年之后，网络直销银行异常火爆。以北京银行、民生银行等股份制银行为代表推出的网络直销银行成为传统银行业金融机构与互联网金融展开竞争的重要创新模式。所谓直销银行就是指依托互联网平台运作的一种新型银行运作模式。直销银行没有实体的营业网点，不发放实体银行卡，客户主要通过电脑、电子邮件、手机、电话等远程渠道获取银行产品和服务。2013 年 9 月，北京银行联合其境外战略合作伙伴荷兰 ING 集团研发的直销银行服务模式正式开通，诞生了我国第一家直销银行。2014 年 2 月，民生银行的直销银行也正式上线；2014 年 3 月，兴业银行的直销银行正式上线。截至 2015 年 5 月，全国大约有 15 家的中小股份制银行和城商行推出了直销银行服务模式。直销银行的最大优势就是银行可提供的金融服务成本更低、价格更便宜。以北京银行直销银行为例，基于“特色化、标准化、简单化”的产品理念，北京银行直销银行推出了“惠存类（储蓄产品）”“慧赚类（理财产品）”“会贷类（贷款产品）”三大产品系列，全部流程实现线上操作，大幅度降低了运营成本，收益实惠①。

四是推出各类支付产品与 P2P 平台。面对第三方支付和网络 P2P 对其支付、存贷款业务的冲击，传统银行业金融机构在支付和 P2P 等互联网金融的核心领域，也展开了相应的“反击”。例如，2013 年 5 月，浦发银行就与中国移动合作推出了 NFC 手机支付产品，通过 NFC 手机②和 SIM 卡的结合，实现在手机客户端的在线支付。2013 年 6 月，中信银行推出其“异度支付”产品（包括二维码支付、NFC 支付、全网跨行收单等子产品），试图实现快速、便捷的即时支付实现线上支付与线下购物的有机结合（汪琪，2013）。在网络 P2P 平台建设方面，2013 年以来，传统银行业金融机构尤其是部分

---

① 《抢滩互联网金融全面布局直销银行战略》，新华网，2015 年 5 月 4 日，http：//www. bj. xinhuanet. com/hbpd/jrpd/jrpd/2015 -05/04/c_1115166111. htm。

② NFC 手机是指带有近距离无线通讯技术模块的手机，这种功能的手机可嵌入相关的支付功能。

中小股份制商业银行和城市商业银行展开了一些探索。比较典型的平台有，2013 年 4 月，招商银行正式推出其网络 P2P 平台——“小企业 E 家”，这是国内首家由商业银行自主搭建的互联网投资和融资中介平台，致力于为小企业的融资需求与社会资金的理财需求搭建低成本的快速交互平台。但是，受到传统金融思维、业务监管等多重因素的影响，由传统银行业金融机构开办的 P2P 平台数量较少①，而且总体经营状况并不理想，在整个 P2P 行业中影响力较弱②。

此外，传统银行业金融机构还理性地采取与互联网企业实施多领域合作的方式来分享互联网金融发展的市场红利。典型的案例有，2013 年 7 月，招商银行与腾讯公司合作推出“微信银行”（汪琪，2013）；2013 年 9 月，民生银行与阿里巴巴集团在杭州签署协议，实行全面战略合作，其合作领域涉及资金清算与结算、信用卡业务、理财物业、直销银行业务、互联网终端金融、IT 科技等；2013 年 11 月，北京银行与快钱公司签署全面战略合作协议，共同打造银行与互联网金融企业合作的供应链金融模式（高曙东，2013）；2014 年 2 月，北京银行又与小米公司签订了移动互联网金融合作协议，合作领域涉及移动支付、便捷信贷、产品定制和渠道拓展等（张瑾，2014）；2014 年 3 月，光大银行与百度签订战略合作框架协议，双方将在互联网领域展开深度金融合作，领域涉及公共事业缴费、电子支付、备付金行、金融产品销售等③。2014 年 12 月，广大银行与网易公司在北京签署合作协议，双方约定在网络金融、支付业务、联名银行卡产品、中小企业网络金融快捷支付体系、大数据业务等领域开展跨界合作④。总体上，传统银行业与互联网企业开展合作，既有利于实现双方的共赢，又有利于促进互联网金融的快速发展，符合我国互联网金融发展的必然趋势。

---

① 到 2015 年底，全国共有 17 家银行系网络 P2P 平台。

② 可参考：《钱多多网贷理财：P2P 网贷银行系式微分析》，全景财经，2016 年 7 月 27 日，http://www.p5w.net/news/biz/201607/t20160727_1531091.htm。

③ 《百度联姻光大银行深度布局互联网金融》，凤凰财经，2014 年 3 月 28 日，http://finance.ifeng.com/a/20140328/12003520_0.shtml。

④ 《跨界合作：银行积极拥抱互联网企业》，经济观察网，2014 年 12 月 17 日，http://www.eeo.com.cn/2014/1217/270255.shtml。

| 第六章 |

结论与讨论

一、研究结论

通过引入历史制度主义长时段制度变迁的观察视野及分析工具，本书深入考察1984～2015年我国银行业金融体系的形态变迁，较充分地勾勒和揭示出了这一宏大而复杂的产业制度变迁中隐含着的一致性逻辑：伴随着我国经济体制的深刻转型，作为我国经济体制重要构成内容的银行业金融体系也实现了适应性的变迁。即，无论是1984～2007年以体制内银行的曲折改革，2008～2012年民间金融的再度兴起，还是2013年以来互联网金融的异军突起，本质上都是由国家所主导和推动的银行业金融体系增量式变革的产物。在改革开放进程中，我国的银行业金融体系始终面临着持续变革的压力与要求。而为了实现我国银行业金融体系的多元化、市场化发展，促进银行业的市场竞争水平以及银行业服务于经济社会发展效能的提升，国家作为最主要的经济产业治理者通过不断地调适其观念认知，构建增量式的产业改革发展战略及相关政策，以及参与特定的产业政治互动等，较成功地实现了我国银行业金融体系的三阶段形态变迁。至此，我们可以谨慎地得出以下几个方面的研究结论。

一是从产业制度变迁的意义上来看，1984～2015年，我国银行业金融体系确实存在着三阶段的形态变迁，这一变迁能够比较清晰而生动地呈现改革开放以来我国银行业金融体系改革发展的历史路径。即，第一阶段主要表现为 1984～2007 年，我国的银行业金融体系经历了从最初的国家控制下的专业化分割银行体系，向逐步市场化、有竞争的多元化银行业金融体系的变迁。在这一阶段，我国的银行业金融体系发展试图突破计划经济体制下银行业大一统的体制格局，试图克服国有银行体系行政性分割垄断，有效竞争力和行业经营效率不足的弊端，通过培育和发展中小股份制银行、城市商业银行等竞争性的银行业金融组织形态，以及引入海外金融资本与要素等方式，促进了我国银行业金融体系的多元化、多层次发展。第二阶段主要表现为 2008 年前后到 2012 年，民间金融的再度兴起及爆发式发展，为我国的银行业金融体系的扩展注入了体制外的元素。以村镇银行、小额贷款公司、农村资金互助合作社等为代表的民间性金融组织形式的发展，一方面促进了银行业金融体系的多元参与，另一方面又通过正规化、制度化与规范化的发展，为服务于我国“三农”、中小民营企业、实体经济的金融供给起到了重要的补充作用。而以温州、广东等地围绕着民间金融为重点的区域金融改革则更是为我国不断成长的民间资本构建起了一条有效的发展路径。第三阶段则主要为在互联网及现代信息通信技术快速发展的背景下，我国互联网金融的异军突起极大地改变了我国传统银行业金融体系发展演化的路径与模式。以余额宝、第三方支付、网络 P2P、众筹等为代表的互联网金融产品的出现，不仅对我国的银行业金融体系形成了巨大的冲击和挑战，同时极大地改变了传统银行业金融的运作模式，使银行业金融的发展以前所未有的高度和深入融入全民的日常社会生活之中，银行业金融不再是传统的精英符号的代表，而是适应了个性化、多样化、平民化社会诉求的变迁产物。

二是我国银行业金融体系所经历的三阶段形态变迁，本质上是国家主导和推动的银行业金融体系改革变迁的过程。换言之，我国银行业金融体系三十多年的发展变迁，实质上是国家有意识推动的理性制度变迁的过程。在中国的制度语境下，理解中国的关键产业的发展，不能脱离中国经济体制转型及传统国家力量在转型中依然发挥关键作用的实际，而简单地运用建立在西方自由市场经济模式基础之上的相关理论分析框架。显然，从我国银行业金融体系改革变迁的历史过程来看，无论是第一阶段体制内银行的改革，还是后来民间金融的制度化发展以及互联网金融的兴起与发展，本质上都受到了国家力量的决定性影响，都是国家所构建的银行业金融体系改革变迁的重要构成阶段。具体而言，1984～2007年体制内银行的变迁明显地表现为国家（中央政府）主导和推动的一种“自上而下”产业制度变迁过程。从20世纪80年代中期的专业银行分割垄断格局向90年代中期的市场化与商业化改革，再到加入世贸组织之后国有商业银行的股份制改造上市等重要的进程，都是由国家主导和强制性推动的。而2008～2012年民间金融的再度兴起和制度化发展，表面上似乎是我国民间资本市场自然发展的结果，实际上，这一阶段的民间金融之所以能够获得持续发展的空间，本质上还是国家有意识引导和支持的结果。在这一阶段，国家并没有如改革早期那样将民间金融的发展给予严厉的打击和取缔，相反，试图通过村镇银行、小额贷款公司等形式以及鼓励和支持地方的金融改革探索来将民间金融的发展纳入阳光化、规范化和制度化的发展轨道，成为我国银行业金融体系的重要构成部分。可以说，正是国家决定了这一时期我国民间金融发展的制度性空间与成长路径。相较于民间金融的制度化发展而言，2013～2015年互联网金融的快速发展更是体现出了明显的国家主导的产业制度变迁色彩。从余额宝、第三方支付到网络P2P、众筹等互联网金融形式的多样化兴起，都是国家鼓励和支持的结果。从2014年互联网金融正式写入中央政府工作报告，到2015年《国务院关于积极推进“互联网+”行动的指导意见》《关于促进互联网金融健康发展的指导意见》等关于鼓励和支持互联网金融规范发展的重要政策文件出台，都明确地表现了国家有意识地推动银行业金融体系改革变迁的逻辑特征。

三是从早期银行业金融体系的多元化改革、民间金融的再度兴起与制度化发展到互联网金融的异军突起，都持续性或贯穿性地呈现出国家所主导的银行业金融体系增量式变革的一致性制度变迁逻辑。我国银行业金融体系的发展过程是一个不断突破既有体制格局的金融抑制和垄断约束的过程。在传统的国有银行占据垄断优势与体制权力优势的条件下，要推动银行业金融体系朝向市场化、竞争化、多元化的发展，提升银行业服务于经济社会发展的能力与水平，作为决策者的国家最终理性地选择了通过实施增量式改革的逻辑来推动对既有银行业金融格局的突破与变革。换言之，在不彻底改变我国银行业金融体系既有利益和权力格局的前提下，国家通过引入新的参与主体或竞争性因素，培育和支持体系外金融组织形式的发展，一方面为既有的金融体系变革提供示范效应；另一方面也可以此倒逼既有银行业金融体系的变革与创新。很显然，1984 年以来我国银行业金融体系形态变迁的进程中，每一个阶段的变革都体现出了明显的增量式改革的制度变迁逻辑。即 1984 ~ 2007 年，国家重点推动了以培育和发展中小股份制银行、城市商业银行的发展，以及引入海外战略投资者等双重增量（前者为市场结构增量，后者为产权结构增量）式变革战略，一方面促使我国银行业金融体系实现了从专业分割垄断格局向多元化市场化格局的发展；另一方面也实质性地倒逼了传统国有银行业金融体系的改革发展。由此，我国银行业金融体系才能够成功地克服 20 世纪 90 年代之前的经营困境、1998 年前后亚洲金融危机，以及 2001 年我国加入世贸组织后传统国有银行业金融体系面临的竞争冲击等重大挑战。2008 ~ 2012 年，国家则重点推动了以发展村镇银行、小额贷款公司、农村资金互助合作社等金融组织形式发展，以及支持温州等地区域金融改革等为特征的增量式变革战略，使民间金融的发展得以成为服务于“三农”、中小企业、实体经济融资需求的重要力量，并成功地纳入国家制度化、规范化的发展路径。相比于以国有银行为主导的正规金融体系而言，民间金融的发展可以被视为我国银行业金融体系变革中一种有益的增量因素。2013 ~ 2015 年，国家主要通过鼓励和支持以第三方支付、网络 P2P 等为代表的互联网金融的创新发展，实现了相对于传统银行业金融体系的增量式变革与发展。互联网金融在短期内的快速发展极大地改变和超越了传统银行业金融体系的运作模式，也为满足广大中小企业和实体经济的融资需求起到了不可忽视的积极作用。因此，我们可以概括性地认为，第一阶段以股份制银行等为代表的变革发展实现了相对于国有（专业）银行体系的增量式变革；第二阶段民间金融的兴起与制度化发展，实现了相对于以国有银行、股份制银行等为主体的既有正规金融体系的增量式变革；第三阶段互联网金融的快速成长则在特定意义上，实现了相对于传统金融模式的增量式变革。这三个阶段我国银行业金融体系的变革与发展总体上呈现出了增量式改革的一致性逻辑（见图 6 – 1）。

四是强规制力国家的选择性与均衡性产业政治对我国银行业金融形态的变迁具有不可忽视的影响。我国银行业金融形态变迁总体上表现为国家所主导或引导的增量式改革的历史制度逻辑。然而，在这种增量式改革的背后，还隐含着国家、银行、企业等主体间围绕着银行业改革发展现实运作的产业

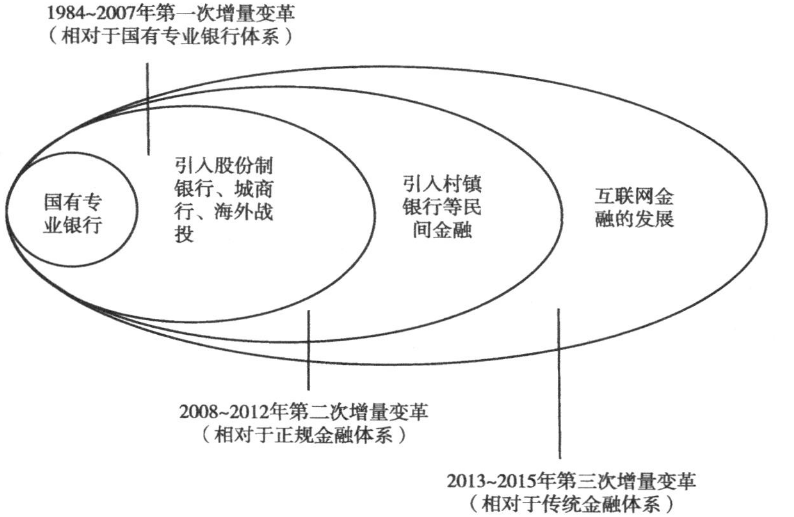

图6－1　我国银行业金融体系三阶段增量式变革逻辑示意图

政治过程。即，无论是体制内银行的改革、民间金融的制度化发展，还是互联网金融的繁荣兴起，背后都受到了特定主体间产业政治的影响。这主要表现为：央地之间的金融控制权之争实质性地影响到了股份制银行、城市商业银行的发展；民间金融力量与正规银行体系间的博弈，以及国家在村镇银行等金融组织形式发展上的准入门槛都极大地影响到了民间金融的再度兴起与制度化发展；传统银行业与新兴互联网金融企业的抗衡、竞争、合作等互动博弈则对互联网金融能够获得国家的合法性支持及持续快速发展起到了重要影响。另外，第一，从银行业金融形态变迁的产业政治过程来看，国家或中央政府始终表现出了对于银行业金融体系的巨大规制能力。受到传统银行业金融体制等因素的影响，国家一直保持着对银行业金融体系的较强控制能力。银行业金融体系变迁的战略方向、演化路径、重点领域、政策框架等都极大地受制于国家。客观而言，我国银行业金融形态之所以能够逐步从传统的分割化专业银行体系向多元金融形态稳步有序发展，在很大程度上在于国家所具有的较强规制能力。这种规制能力使股份制银行、城市商业银行、民间金融、互联网金融的发展能够获得适当的发展空间，有利于国家在有效规避和消除银行业金融体系发展负外部性的情况下，持续推动其改革变迁。第二，我国银行业金融形态变迁的产业政治过程呈现出较为明显的选择性与均衡性特征。换言之，国家虽然对这一变迁过程具有较强的控制能力，但不断成长壮大的体制外金融力量也会逐渐形成并积累起利益游说、策略性行动的博弈能力，由此，国家不得不面对多元金融力量参与银行业金融体系改革发展的期待与诉求。国家需要从最终的仲裁者和决策者的角色出发，有效地协调和均衡多方面的利益目标，保证银行业金融体系的健康有序发展。为此，国家在不同阶段的战略选择总是表现出一定的权变性、选择性和均衡性。仅以互联网金融的兴起与快速发展为例，国家并没有将互联网金融作为一种具有消极作用的金融形态而给予严厉打击。相反，在较长的一段时间里，国家的总体政策范式表现出了明显的包容性和观望特征。国家希望通过"放任"互联网金融的适度发展，来倒逼传统金融体系的改革创新，更好地解决中小微实体经济的金融需求难题。客观而言，在传统银行体系和新兴互联网金融力量之间，国家较好地实现了对双方利益诉求的合理均衡。由此，才会形成互联网金融领域中传统银行业与新兴互联网企业的竞争与合作并存的格局。

五是运用经济社会学历史制度主义的视野、框架来考察和分析包括银行业在内的中国关键性产业发展变迁，有其独特的价值和洞察力。本书从国家主导的增量式制度变迁的角度来考察和分析我国银行业金融体系的长时段变迁，在一定程度上超越了关于中国银行业产业变迁既有研究的局限和不足。客观来看，关于我国银行业的发展变迁，既有研究分别从金融抑制或金融深化的价值判断、产权结构与市场结构的路径之争，以及强制性制度变迁与诱致性制度变迁的非此即彼等维度出发展开了较深入的研究，然而，从这些视角和维度出发的相关研究更多地强调了一些静态结构性因素对我国银行业发展变迁的影响，部分研究要么是就事论事的具体领域研究，要么就是带有先验应然导向的规范政策分析，相关研究成果既缺乏宏观的历史视野，又缺少中观机制层面的逻辑分析，其研究的适用性、解释力、创新度都存在着较大的提升空间。本书运用经济社会学历史制度主义的分析视野与框架，深入考察了 1984 ~2015 年中国银行业长时段的产业制度变迁过程，并分别从决策者观念认知、增量式战略构建、产业政治等历史制度主义的核心分析维度出发，勾勒和揭示了国家所主导的银行业金融体系增量式变革的历史制度逻辑。显然，从这一路径就中国银行业金融体系的发展变迁展开机制性的分析，能够为我们更加深入理解中国银行业金融体系的发展，尤其是中国银行业发展进程中呈现出的一系列悬而未决的困惑性问题，提供一种极富洞见性的解释框架。这也正如本书在一开始就提出的问题——如何理解我国互联网金融兴起与发展及其深层影响机制。本书通过将观察的视野放置到改革开放以来我国银行业金融体系改革发展的长时段制度变迁脉络中，研究发现，理解互联网金融的兴起与发展并不能简单地技术市场维度的解释，在中国经济体制转型的情境下，互联网金融的兴起更有其深刻的历史制度逻辑及相关机制的影响，它本质上更主要地体现为一种国家所主导的银行业金融体系增量式变革的逻辑。而且这种增量式变革的逻辑并非只是当下创新的产物，相反，它从20世纪80年代国家开始对专业化分割垄断的银行业体系进行探索性的改革之初，就已经开始了萌芽和雏形式的发展，并一直贯穿于多阶段的银行业金融体系变革过程之中。银行业金融体系中这一产业制度变迁的逻辑本质上也是我国经济体制改革逻辑的一种具体呈现或缩影。因此，在这一层含义上，本书运用历史制度主义的视野与工具，通过大量的文献资料的考察、分析和逻辑呈现，为理解我国银行业金融体系（包括国有银行体系的改革、民间金融的发展、互联网金融的兴起等）的发展变迁提供了一种可行的总体性框架。可以认为，本书在一定程度上就超越了关于中国银行业发展变迁既有研究的不足，从经济社会学的路径出发进一步丰富和拓展了关于中国银行业金融体系的相关研究以及基于中国经验的金融社会学的研究。

当然，由于受到历史演化复杂性、多样性和偶然性等现实因素、文献材料获取和挖掘以及理论分析工具运用等方面条件的影响，本书也存在着一些可以进一步提升或展开分析的可能性与必要性。例如，关于我国银行业金融体系的发展变迁，有必要对其在其中得以发生的政银商关系进行更加深入的考察分析。受到文献资料获取的影响，加之既有研究中很少有从政银商关系结构的角度对我国银行业金融体系及其变迁进行较深入分析的成果，本书中还只是从理论敏感的角度关注到了政银商关系在银行业金融体系变迁中的重要意义，并进行了一定的尝试性的分析与解释，这一方面的研究值得做进一步的努力和扩展。再如，用增量式改革的制度变迁逻辑来概括和涵盖20世纪80年代以来我国银行业金融体系的发展变迁，有其逻辑上的自洽性和解释路径的创新性。然而，任何改革或制度变迁最终都要由增量式改革回到存量改革，即在经历了增量式改革之后，国家如何有效推动了存量领域的改革，也应该纳入研究者的研究方案之中。因此，就本书中所涉及的中国银行业金融体系变迁而言，也有必要关照到每一阶段的增量改革之后，存量领域实际经历的制度变迁，这样有利于更加全面地揭示增量改革与存量改革的关系，也能够更好地理解国家所主导的变迁逻辑的选择。当然，本书旨在从历史制度主义的视野出发，为理解我国银行业金融体系的发展变迁提供一种逻辑上一致性的总体分析框架，上述问题并不会对总体的分析逻辑及研究要达成的目标产生较重要的影响。

二、进一步的讨论

（一）银行业金融体系变革的未来方向

从我国银行业金融体系发展变迁的历史进程来看，银行业始终是国家实施经济体制改革和宏观调控、促进战略性产业发展的重要工具杠杆，为满足经济生产和人民生活消费需求提供了重要的资金资源支持。因此，可以看到，我国的银行业金融体系的每一次变革都与国家要解决的迫切问题有着紧密联系。无论是20世纪80～90年代的国有企业改革，还是近年来的中小企业及实体经济的转型发展等，都得到了银行业金融体系的杠杆支持。当前及未来较长一段时期，我国的经济发展或进入改革开放以来比较困难的时期，经济增长速度放缓，产业结构转型升级面临系统的难题，加上全球化发展导入的外部金融系统风险等因素的影响，我国银行业金融体系在支持经济发展的同时，也面临着不断增长的风险或不确定性。正如有观点所言，随着中国制造业去产能、房地产去库存和实体经济去杠杆的持续推进，我国银行业信用风险明显增大。数据显示，2015年银行业新增不良贷款规模就达到了5000亿元以上，是2014年的2倍多，不良贷款总规模1.95万亿元。尽管总体不良贷款率相对较低，但在近年来银行业总利润增速持续下降，不良贷款比率连续17个月持续上升的情况下①，我国银行业的风险状况仍然引起了广

① 《中国银行业危机有多严重》，网易新闻，2016年1月29日，http：//news.163.com/16/0129/14/BEGKP23H00014AED.html。

泛关注。2015 年 9 月，国际资信评级机构标准普尔就率先把中国银行业的评价等级从稳定下调到负面。而法国里昂证券的研究报告则认为，中国银行业的实际不良率可能已经达到 15% ~19% 的高位[①]。不论关于我国银行业风险的判断是否严格准确，但是值得引发研究者思考的是，我国银行业金融体系的发展未来可能的变革方向是什么？传统增量式变革的战略逻辑是否会延续？

经过改革开放以来的发展，我国的银行业金融体系虽然日渐开放和多元化，但是在较长时间的金融垄断与规制政策限制，我国的银行业金融体系依然呈比较明显的垄断竞争格局，以工、农、中、建等四大国有商业银行为主的国有银行资本仍然占据着银行业金融市场的垄断优势地位。长期以来，习惯于国家政策（如利率政策）保护的国有银行业体系未来将持续面临其他金融力量的冲击和挑战，如何在保证国家金融安全的前提下，进一步促进我国银行业金融体系的改革发展，始终是国家及相关监管部门的重要战略任务。这也就要求我国的国有银行业体系亟须进一步转变思想观念，积极主动地实现自我改革和金融模式创新，在竞争中提升效率，增强保障国家金融安全的能力；要求国家及监管部门需要进一步协调和处理好金融发展与金融监管之间的有效平衡，既有效地释放金融活力，促进金融深化，又有效地进行合理规制，防范较大规模的金融风险发生。为此，这里就给中国银行业金融体系可持续发展提出了需要深入思考研究的问题：未来变革的方向是什么？增量式改革的逻辑是否继续有效。关于变革的未来方向，本书认为，无论银行业金融体系的形态会发生什么样的重大变化，但核心的目标与方向应该是：银行业金融体系的改革与发展应该始终要注重自身运营效率的提升，注重银行业金融市场竞争水平和多样化程度的提升，注重服务于广大中小企业和实体经济的发展，以及普通社会成员个体化、个性化金融消费需求的有效满足。银行业金融体系应朝向更加开放、普惠、竞争和安全的格局方向发展。关于增量式改革逻辑的延续，本书认为，增量式改革尽管是比较稳妥和渐进的改革方式，但增量式改革并不能替代存量结构的改革。我国银行业金融体系的

---

① 《中国银行业不良资产危机越来越近》，和讯网，2016 年 5 月 30 日，http：//gold. hexun. com/2016 -05 -30/184138398. html。

可持续发展，从根本上还在于以国有银行为主体的存量金融结构与制度领域的不断改革和完善。由此，国家及监管部门需要继续推进国有银行体系在治理体制、运行机制以及利率、市场准入、金融组织治理结构、风险管控等多方面进行有益的探索。此外，关于增量式改革逻辑的延续，国家及监管部门需要思考的是未来如何选择增量的形式或增量要素的引入。目前，互联网金融仍在进一步的创新发展之中，其增量式变革的意义已经或将继续显现。然而，互联网金融是否是我国银行业金融体系增量式变革的终极形式，对这一问题的理论回答还有待进一步的观察。

（二）重视产业治理中的权力游戏机制与优化银行业金融体系的治理

经过改革开放的探索与实践，中国经济建设与经济体制改革取得了举世瞩目的成就。然而，受到现代自由市场理念与中国传统国家干预经济治理双重理念的影响，我国的重要产业治理经常表现出双重产业治理理念的冲突，即一方面是为促进产业的成长与发展，依据现代市场原则采取的效率取向的治理行为；另一方面为防范和化解经济风险，保障良性的市场秩序，国家又会运用行政性的手段，通过制定相关的规制性政策文件，实施对特定经济产业的国家干预，即我们所熟知的宏观调控。因而，我国银行业金融体系的发展变迁经验，尤其是互联网金融的发展经验表明，国家在实施银行业治理的过程中，总是呈现出一种看似矛盾的政策行为特征：经过一段时间的放任式治理之后，国家及监管部门在局部领域的政策又会出现某些形式的逆转。那么，如何理解这种看似悖论性的政策现象与国家产业治理行为？受到经济社会学历史制度学派及组织社会学相关理论的启发和影响，我们认为，要理解类似的产业治理悖论现象，有必要在方法论意义上实现从传统的结构性的分析向强调产业政治或行动者互动的分析范式的转变，将观察视野深入产业治理或产业变迁背后的深层权力机制层面，分析和揭示存在于国家、企业及其他市场参与主体之间为影响产业变迁或产业治理而现实发生的互动博弈过程。任何制度变迁、产业治理现象的背后总是隐含着一个起决定性作用的产业政治过程。同样，以我国银行业金融体系的发展变迁为例，国家在通过要素资源的配置与产权的设定等途径来实施产业治理的过程中（坎贝尔等，2009），总是需要面对和处理来自传统银行业金融力量与新兴的金融市场力量间差异化甚至冲突化的利益诉求，相关治理政策构建也需要均衡地照顾到两股市场力量的期待和博弈。而传统银行业金融力量和新兴的金融市场力量也会通过各种形式或途径，试图对国家及监管部门的治理政策施加自身的影响，以最大限度地保护自身的利益。由此，围绕着银行业的治理，国家、传统银行业金融力量、新兴的金融力量之间就现实地构建起了一种特定的“权力游戏”。通过这个“权力游戏”，国家、传统银行业金融力量和新兴的金融力量都试图实现自身的“游戏目标”，尽可能地使国家的产业治理能够有利于自身的利益诉求。也正是通过这一“权力游戏”，作为最终决策者或占有相对权力优势的国家，最终能够有效地构建起传统银行业金融力量与新兴金融市场力量的最低限度的合作，实现银行业治理过程中良性秩序的达成。因此，从上述方法论立场出发，在理解和分析特定的产业治理及其变迁问题时，应该重视行动者间“权力游戏”机制对于产业治理、制度变迁的重要影响。这也就提示我国银行业的监管部门及政策制定者，在实施银行业金融体系的规制与监管时，不仅仅要增强专业技术性的治理能力，也要不断增强在实践互动过程中，有效构建“权力游戏”和互动规则，动员起其他行动者参与并达成合作等方面的策略性行动能力，不断优化我国银行的多元治理。

参 考 文 献

[1] Ana Swanson, Internet Finance in China: Will it Disrupt Traditional Banking?, (http://www.chinabusinessreview.com/internet-finance-in-china-will-it-disrupt-traditional-banking).

[2] Edward. Shaw. *Financial Deepening in Economic Development* [M]. New York. Oxford University Press, 1973.

[3] Eiichi Sekine, Reforming China's Financial Markets: the Problems of Shadow Banking and Non-performing Loans, Public Policy Review, Vol. 11, No. 1, March 2015.

[4] Judith Goldstein, Ideas, Institutions and American Trade Policy [J]. *International Organization*, 1988. 42 (42): 179-217.

[5] Kathleen Thelen, Historical Institutionalism in Comparative Politics [J]. *Annual Review of Political Science*, Vol. 2: 369-404, 1999.

[6] Kumiko Okazaki, Banking System Reform in China: the Challenges of Moving Toward a Market-Oriented Economy, http://www.rand.org/pubs/occasional_papers/OP194.html.

[7] Liu Mingkang, Internet Finance and Regulation in China, FUNG Global Institute, August 2015.

[8] Nicholas R. Lardy. *Sustaining China's Economic Growth after the Global Financial Crisis* [M]. Peterson Institute, 2012.

[9] Paul Pierson, Increasing Returns, Path Dependence, and the Study of Politics [J]. *American Political Science Association*, 2000, 94 (2): 251-267.

[10] Peter Hall and Rosemary Taylor, Political Science and the Three New Institutionalisms [J]. *Political Studies*, Vol. 44: 936-957, Issue 5, December

1996.

[11] Ronald I. McKinnon. *Money and Capital in Economic Development* [M]. Washington, DC. The Brookings Institution, 1973.

[12] Vivien Schmidt, Discursive institutionalism: The Explanatory Power of Ideas and Discourse [J]. *Annual Review of Political Science*, 11 (1): 303 - 326, 2008.

[13] Xie Ping & Zou Chuanwei, The Theory of Internet Finance, China Economist, Vol. 8, No. 2, March - April 2013.

[14] 安宇宏:《金融压抑》,《宏观经济管理》2015 年第 9 期。

[15] 巴曙松:《外资入股中国银行业:如何超越贱卖和争论与分歧》,《广东金融学院学报》2006 年第 2 期。

[16] 白杰:《我国互联网金融的演进及问题研究》,河北大学硕士学位论文,2014 年。

[17] 李润兰等:《入世后外资银行在华发展状况及应对策略》,《兰州大学学报(社会科学版)》2010 年第 6 期。

[18] 边维刚:《农村信用社改革:基于制度变迁的评估》,《南方金融》2006 年第 2 期。

[19] 蔡丛露:《中国银行业市场结构、产权结构的现状与对策》,《亚太经济》2007 年第 5 期。

[20] 蔡欣怡:《后街金融:中国的私营企业主》,浙江人民出版社 2013 年版。

[21] 曹蓓:《紧盯小企业贷款大行上规模中小行拼比例》,《证券日报》2011 年 3 月 11 日。

[22] 曹凤岐:《互联网金融的发展与挑战》,《中国市场》2014 年第 28 期。

[23] 曹胜:《互联网金融对商业银行的影响及对策》,《金融纵横》2014 年第 6 期。

[24] 曹胜:《制度与行为关系:理论差异与交流整合——新制度主义诸流派的比较研究》,《中共天津市委党校学报》2009 年第 4 期。

[25] 曾凯等:《民间金融的制度变迁——立足经济制度变迁史的研

究》，《经济经纬》2009 年第 5 期。

［26］查默斯·约翰逊：《通产省与日本奇迹：产业政策的成长（1925－1975）》，吉林出版集团 2010 年版。

［27］柴瑞娟：《民间资本控股村镇银行：逻辑证成与法律规制》，《法学评论》2012 年第 6 期。

［28］陈博：《我国网络银行业的竞争对策探讨》，《中国管理信息化》2005 年第 7 期。

［29］陈国恒等：《国企改革二十年回顾》，《青岛大学学报》2000 年第 1 期。

［30］陈森：《我国政策性银行改革动因及发展方向研究》，中南大学博士学位论文，2013。

［31］陈硕：《我国民间金融的发展现状及对策》，《中国流通经济》2014 年第 8 期。

［32］陈维：《大数据时代我国商业银行互联网金融的发展》，《农业发展与金融》2014 年第 3 期。

［33］陈希琳：《民资如何入股村镇银行》，《经济》2013 年第 10 期。

［34］陈宪宇：《2016：互联网金融治理年》，《企业管理》2016 年第 6 期。

［35］程蕾：《中国民间金融走势分析》，《经济理论与经济管理》2004 年第 3 期。

［36］崔鸿雁等：《我国金融体制变迁路径考察和机制分析》，《商业时代》2011 年第 29 期。

［37］戴相龙：《促进中国银行业健康发展》，《求是杂志》2002 年第 8 期。

［38］党文：《我国网络银行的发展与对策》，《学术论坛》2007 年第 5 期。

［39］邓辉：《经济欠发达地区民间借贷的变化及对策——以湖南省衡阳市为例》，《武汉金融》2011 年第 12 期。

［40］刁怀宏：《民营经济、民间金融与经济增长研究》，《理论与改革》2004 年第 2 期。

［41］丁一凡：《中国金融体系的改革与发展》，《马克思主义与现实》2013 年第 2 期。

［42］董杰等：《农村合作基金会：强制性制度变迁还是诱致性制度变迁?》，《南京金融高等专科学校学报》2002 年第 1 期。

［43］段炳德：《民间借贷危机凸显金融体制改革的紧迫性》，《中国经济时报》2012 年 2 月 27 日。

［44］费滨海：《发展型产业政策与中国房地产业的变迁（1992－2012)》，上海大学博士学位论文，2012 年。

［45］冯登艳：《金融深化是化解民间借贷危机的根本途径》，《金融理论与实践》2012 年第 5 期。

［46］冯果等：《论我国 P2P 网络贷款平台的异化及其监管》，《法商研究》2013 年第 5 期。

［47］弗兰克·道宾：《打造产业政策：铁路时代的美国、英国和法国》，上海人民出版社 2008 年版。

［48］傅利福等：《金融抑制、银行业结构与银行业竞争》，《金融经济学研究》2014 年第 4 期。

［49］高柏：《经济意识形态与日本产业政策：1931－1965 年的发展主义》，上海人民出版社 2008 年版。

［50］高柏：《中国经济发展模式转型与经济社会学制度学派》，《社会学研究》2008 年第 4 期。

［51］高德胜：《银行不会成为互联网金融时代的恐龙》，《中国发展观察》2014 年第 5 期。

［52］高曙东：《风物长宜放眼量共建良性互联网金融生态圈——访快钱支付清算信息有限公司总裁关国光》，《中国金融电脑》2013 年第 12 期。

［53］官兵：《公共选择视角下的中国农村金融：理论与变革》，《中央财经大学学报》2005 年第 3 期。

［54］广州民间金融研究院课题组：《中国民间金融发展研究报告》，知识产权出版社 2013 年版。

［55］郭冬梅：《中国银行转型与银行监管问题研究》，《经济体制改革》2006 年第 4 期。

[56] 郭梅亮：《中国国有银行制度变迁：适应性效率与功能演进》，中国经济出版社2015年版。

[57] 郭强等：《中国互联网金融的发展脉络与现实约束——以阿里金融为例》，《华北金融》2014年第5期。

[58] 韩亚欣等：《互联网金融：理论解构与中国实践》，《金融经济学研究》2016年第2期。

[59] 郝影等：《改革的逻辑：让金融泽被社会》，《互联网周刊》2014年第6期。

[60] 何广文：《农村信用社制度变迁：困境与路径选择》，《经济与管理研究》2009年第1期。

[61] 何俊志：《结构、历史与行为——历史制度主义的分析范式》，《国外社会科学》2002年第5期。

[62] 何俊志：《新制度主义政治学的流派划分与分析走向》，《国外社会科学》2004年第2期。

[63] 侯英：《强制性制度变迁下农村金融服务困境分析》，《哈尔滨金融学院学报》2012年第5期。

[64] 胡金焱等：《民间金融、产业发展与经济增长——基于中国省际面板数据的实证分析》，《中国工业经济》2013年第8期。

[65] 胡宇翔：《央行阻击支付宝的因与果》，《财经》2014年第5期。

[66] 胡志九等：《互联网金融的发展选择：争议与辨析》，《中央财经大学学报》2016年第7期。

[67] 黄桂田、何石军：《结构扭曲与中国货币之谜——基于转型经济金融抑制的视角》，《金融研究》2011年第7期。

[68] 黄少安等：《制度变迁的强制性与诱致性——兼对新制度经济学和林毅夫先生所做区分评析》，《经济学动态》1996年第4期。

[69] 黄小蕙：《国企改革二十年及主要经验》，《社会科学研究》1998年第6期。

[70] 黄震等：《改革开放三十年银行业法制建设的历程》，《湖南社会科学》2008年第6期。

[71] 惠小兵：《中国经济市场化进程中的银行业变革模式选择》，《经

济研究》1994 年第 1 期。

［72］贾甫：《当金融互联网遇上互联网金融：替代还是融合》，《上海金融》2014 年第 2 期。

［73］姜建清：《把银行真正办成银行的发展道路》，《中国金融》2011 年第 13 期。

［74］姜建清：《坚持市场化改革方向不动摇》，《中国金融》2012 年第 18 期。

［75］蒋超良：《坚定不移做好三农金融服务工作》，《中国金融》2012 年第 4 期。

［76］蒋先玲等：《第三方支付态势与监管：自互联网金融观察》，《改革》2014 年第 6 期。

［77］金学群：《金融发展理论：一个文献综述》，《国外社会科学》2004 年第 1 期。

［78］金中夏：《爱德华·肖和罗纳德.麦金农的金融深化理论的贡献与不足》，《世界经济》1988 年第 6 期。

［79］卡岑斯坦：《世界市场中的小国家——欧洲的产业政策》，吉林出版集团，2009。

［80］旷远：《2014 年 p2p 网贷第一案》，《金融经济》2014 年第 4 期。

［81］黎浩元等：《广州民间金融街建设的实践与启示》，《探求》2014 年第 4 期。

［82］李高森：《村镇银行发展中的“脱农”问题研究》，《广西财经学院学报》2014 年第 4 期。

［83］李海燕等：《制度变迁视角下的互联网金融》，《农村金融研究》2014 年第 10 期。

［84］李华民等：《利益集团理论视野中的中国银行业结构变迁》，《经济学动态》2005 年第 6 期。

［85］李骥：《关于两种制度变迁理论的比较：比较制度分析和历史制度主义》，《实事求是》2014 年第 2 期。

［86］李克强：《关于深化经济体制改革的若干问题》，《求是》2014 年第 9 期。

［87］李琪：《改革创新：股份制商业银行的时代使命——2014年全国股份制商业银行行长联席会侧记》，《中国银行业》2014年第11期。

［88］李绍环：《关于地方政府民间金融改革热的反思》，《农业经济》2013年第7期。

［89］李天德：《中国金融对外开放50年》，《西南民族学院学报（哲学社会科学版）》1999年第6期。

［90］李文洲等：《所有制、政治关联与企业超额信贷》，《经济评论》2014年第2期。

［91］李汶纪：《新制度主义理论与产业政策分析框架探讨》，《社会科学研究》2003年第1期。

［92］李晓磊等：《我国小额贷款公司发展现状、面临问题及政策建议》，《辽宁经济》2014年第8期。

［93］李鑫等：《从金融功能视角看互联网金融》，《新金融》2014年第9期。

［94］李义奇：《中国银行改革的三种推动力量》，《财经科学》2004年第1期。

［95］李永平等：《设立小额贷款公司的政策目的达到了吗？——以山东省为例的调查分析》，《山东社会科学》2011年第1期。

［96］李勇：《全国人大代表、全国人大财经委员会副主任委员吴晓灵：互联网是金融改革的助推器，余额宝们最大的问题是误导性宣传》，《中国经济周刊》2014年3月17日。

［97］李友梅等：《中国社会生活的变迁》，中国大百科全书出版社2008年版。

［98］李志辉：《中国银行业的发展与变迁》，上海人民出版社2008年版。

［99］李志辉：《中国银行业改革发展的逻辑机理》，《中国金融》2009年第1期。

［100］理查德·斯科特：《医疗保健业中的竞争性逻辑：职业群体主导、政府主导和市场主导》，载于弗兰克．道宾，《经济社会学》，上海人民出版社2008年版。

［101］梁波等：《权力游戏：产业变迁中的微观政治——以中国石油产业市场参与格局变迁为例》，《管理世界》2013 年第 7 期。

［102］梁波等：《市场、制度与网络：产业发展的三种解释范式》，《社会》2010 年第 6 期。

［103］廖检文：《广州民间金融街小额贷款公司发展特点、制约因素与对策探讨》，《广东行政学院学报》2013 年第 5 期。

［104］林铁钢：《加快深化农村信用社改革试点的步伐——访中国银行业监督管理委员会副主席李伟》，《中国金融》2004 年第 22 期。

［105］林毅夫：《关于制度变迁的经济学理论：诱致性变迁与强制性变迁》，载于《财产权利与制度变迁：产权学派与新制度经济学派译文集》，上海人民出版社 1994 年版。

［106］琳达·维斯等：《国家与经济发展——一个比较及历史性的分析》，吉林出版集团 2009 年版。

［107］刘冲等：《小额贷款公司发展的变异：东营案例》，《金融发展研究》2010 年第 11 期。

［108］刘芬华等：《互联网金融：创新金融体征、泡沫风险衍生与规制逻辑》，《经济学家》2016 年第 6 期。

［109］刘刚：《透视“余额宝现象”》，《宏观经济管理》2014 年第 5 期。

［110］刘光溪：《县域经济发展的金融体制障碍：加快外生供给型金融制度安排向内生需求型转变》，《中国党政干部论坛》2013 年第 1 期。

［111］刘汉元：《大力发展民间金融业有效缓解民企融资难》，《经济界》2012 年第 2 期。

［112］刘恒怡：《民间金融发展中存在的问题及对策》，《宏观经济管理》2014 年第 2 期。

［113］刘鸿儒：《回顾我国金融体制改革的历程》，《百年潮》2009 年第 5 期。

［114］刘华：《在争议中艰难“攻坚”的银行业改革》，《银行家》2004 年第 3 期。

［115］刘明康：《开创银行业改革发展和监管工作新局面》，《中国金

融》2004 年第 1 期。

[116] 刘明康：《我国银行业改革发展的历史性变化》，《求是》2007 年第 20 期。

[117] 刘明远：《熟人社会、抱团取利与中国民间金融的稳定性发展》，《学术研究》2011 年第 6 期。

[118] 刘仁伍：《体制机制创新推进金融综合改革》，《中国金融》2012 年第 9 期。

[119] 刘圣中：《时间中的政治——历史制度主义的制度历史分析》，《甘肃行政学院学报》2009 年第 2 期。

[120] 刘圣忠：《理念与制度变迁：历史制度主义的理念研究》，《复旦公共行政评论》2010 年第 6 辑。

[121] 刘士余：《秉承包容与创新的理念正确处理互联网金融发展与监管的关系》，《清华金融评论》2014 年第 2 期。

[122] 刘伟、黄桂田：《中国银行业改革的侧重点：产权结构还是市场结构》，《经济研究》2002 年第 8 期。

[123] 刘小红：《政府角色与制度回应：以民间金融的法治化路径为视角》，《重庆大学学报（社会科学版）》2013 年第 1 期。

[124] 刘晓辉等：《产权、竞争与国有商业银行改革逻辑》，《财经科学》2005 年第 3 期。

[125] 刘怡恒：《民间金融发展中存在的问题及对策》，《宏观经济管理》2014 年第 2 期。

[126] 刘义梅等：《互联网金融的发展趋势与风险防范》，《黑龙江金融》2014 年第 5 期。

[127] 刘永刚：《全国政协经济委员会副主任、北京银行董事长闫冰竹：拥抱互联网金融，银行业才有新商机》，《中国经济周刊》2014 年第 9 期。

[128] 刘永刚等：《互联网金融：红海还是乱局?》，《决策探索》2013 年第 9 期。

[129] 卢文鹏：《金融抑制、路径依赖于中国渐进改革中的制度性公共风险》，《复旦学报》2002 年第 4 期。

[130] 罗丹阳等：《中国诱致性制度变迁路径分析：以民间金融为例》，

《南方金融》2005 年第 4 期。

［131］吕芹：《听七位大咖谈互联网金融的“进”与“禁”》，《互联网周刊》2014 年第 9 期。

［132］吕祥勍：《中国银行业改革开放历程研究——基于发展路径选择的视角》，《重庆大学学报（社会科学版）》2010 年第 3 期。

［133］吕耀明：《中外合资银行：变迁、反思与前瞻》，中国金融出版社 2006 年版。

［134］马京津：《大数据时代的金融变革：互联网金融的崛起及意义》，《黑龙江科技信息》2014 年第 29 期。

［135］孟凡胜：《我国民间金融发展现状与规范监管对策》，《管理现代化》2008 年第 3 期。

［136］米运生等：《制度转轨与国有银行不良贷款问题》，《攀登》2003 年第 2 期。

［137］莫易娴：《互联网时代金融业的发展格局》，《财经科学》2014 年第 4 期。

［138］牟静：《浅谈互联网金融兴起对银行业发展变革的启示》，《新经济》2014 年第 17 期。

［139］尼尔·弗雷格斯坦：《市场的结构：21 世纪资本主义社会的经济社会学》，上海人民出版社 2008 年版。

［140］欧阳卫民：《探索民间金融发展的新路子》，《中国金融》2012 年第 19 期。

［141］潘英丽：《论金融抑制与金融转型》，《探索与争鸣》2013 年第 2 期。

［142］裴平等：《产权结构调整：新时期我国银行业改革的取向》，《当代财经》2004 年第 10 期。

［143］彭晓：《打造有互联网特质的金融——访平安银行零售网络金融事业部总经理鲍海洁》，《中国金融家》2014 年第 5 期。

［144］皮天雷：《互联网金融：范畴、革新与展望》，《财经科学》2014 年第 6 期。

［145］蒲祖河：《基于温州正规金融与民间金融结构现状的博弈分析》，

《经济社会体制比较》2007 年第 3 期。

[146] 钱水土等：《我国农村非正规金融制度：演进路径与政策规范》，《商业经济与管理》2007 年第 2 期。

[147] 秦川等：《从两会与 315 解读中国互联网金融》，《电子商务》2014 年第 8 期。

[148] 秦艳梅：《金融深化及抑制与中小商业银行之发展》，《现代财经》2004 年第 8 期。

[149] 任旭华等：《中国民间金融的诱致性制度变迁》，《华南金融研究》2003 年第 3 期。

[150] 商灏：《民间金融今年能否大展拳脚》，《中国改革》2007 年第 1 期。

[151] 邵传林：《农村非正规金融转型中的制度创新——以富平小额贷款公司为例》，《中南财经政法大学学报》2011 年第 5 期。

[152] 沈坤荣：《银行监管：防范危机还是促进发展——基于跨国数据的实证研究及其对中国的启示》，《管理世界》2005 年第 10 期。

[153] 石海峰：《典型性网络金融业务发展及对国内金融体系的影响》，《西南金融》2014 年第 5 期。

[154] 史恩义：《中国金融发展中的政府行为研究》，《经济评论》2009 年第 1 期。

[155] 史晋川等：《浙江民营金融业的发展》，《浙江社会科学》1998 年第 5 期。

[156] 史克剑：《互联网金融进入决策者视线》，《中国金融家》2014 年第 3 期。

[157] 宋君卿：《中国银行业规制性进入壁垒研究》，《辽宁大学学报（社会科学版）》2007 年第 2 期。

[158] 宋雷磊：《余额宝们在改写中国的金融版图吗?》，《开放导报》2014 年第 3 期。

[159] 宋士云：《中国银行业市场化改革的历史考察：1979～2006 年》，《中国经济史研究》2008 年第 4 期。

[160] 宋士云：《中国银行业市场化改革的起步：1979～1984》，《聊城

大学学报（社会科学版）》2009 年第 1 期。

［161］宋珍：《互联网金融模式发展综述分析》，《电子商务》2014 年第 7 期。

［162］孙福兵等：《改革开放以来温州的三次金融风潮与金融改革》，《社会科学战线》2013 年第 10 期。

［163］谭融等：《论新制度主义三大流派的分歧与融合》，《理论与现代化》2013 年第 6 期。

［164］唐双宁：《国际竞争与中国商业银行改革》，《国际贸易问题》2004 年第 1 期。

［165］唐双宁：《中国银行业及其监管的改革与发展》，《财经问题研究》2004 年第 11 期。

［166］唐真龙：《如何突破民间信贷发展瓶颈》，《上海证券报》2008 年 7 月 14 日。

［167］汪琪：《互联网金融化背景下城市商业银行业务发展策略研究》，安徽大学硕士学位论文，2013 年。

［168］王斌：《中国银行业市场化改革的五个阶段及特点》，《改革与战略》2011 年第 2 期。

［169］王达：《影子银行演进之互联网金融的兴起及其引发的冲击——为何中国迥异于美国》，《东北亚论坛》2014 年第 4 期。

［170］王桂堂等：《制度变迁、功能缺失与农村金融体系改革深化》，《金融发展研究》2014 年第 3 期。

［171］王国刚：《从互联网金融看我国金融体系改革新趋势》，《红旗文稿》2014 年第 8 期。

［172］王国红：《论中国银行业改革的侧重点：产权抑或市场结构》，《沿海企业与科技》2003 年第 6 期。

［173］王汉：《互联网金融：改变与被改变》，《中国农村金融》2014 年第 11 期。

［174］王静：《互联网金融：消费者行为变迁及银行变革》，《征信》2014 年第 9 期。

［175］王敏等：《民间金融历史变迁规律的温州样本探析》，《金融与经

济》2013 年第 6 期。

[176] 王明林：《区域经济转型视角下民间金融与民营企业研究》，《经济研究》2013 年第 5 期。

[177] 王念等：《中国式互联网金融：技术基础与基本模式》，《西南金融》2014 年第 6 期。

[178] 王擎：《非正规金融与中国经济增长效率：基于省级面板数据的实证研究》，《财经科学》2014 年第 3 期。

[179] 王瑞敏：《由乱而治：中国人民银行与地方政府的关系》，《现代商业》2008 年第 8 期。

[180] 王少国：《金融发展理论的渊源与发展概述》，《学习与探索》2007 年第 4 期。

[181] 王书贞：《基于“银企博弈”视角的中小企业融资分析》，《南京大学学报（社会科学版)》2007 年第 6 期。

[182] 王曙光：《农村金融改革 30 年历程与基本经验》，《中国金融》2008 年第 17 期。

[183] 王廷科：《以政策改革和金融创新破解中小企业融资难题——对广东省中小企业融资状况的调查分析》，《银行家》2010 年第 9 期。

[184] 王修华等：《村镇银行发展的制度约束及优化设计》，《农业经济问题》2010 年第 8 期。

[185] 王迎顺等：《专业银行体制改革探讨》，《哈尔滨金融高等专科学校学报》1994 年第 2 期。

[186] 王煜宇：《我国农村金融法律制度的演进逻辑与路径创新》，《法学论坛》2009 年第 5 期。

[187] 王占北等：《浅析在强制性制度变迁中艰难前行的农村信用社改革》，《学术交流》2006 年第 4 期。

[188] 王兆星：《国内银行引进境外战略投资者的喜与忧》，《银行家》2004 年第 9 期。

[189] 王兆星：《中国银行业对外开放的演进》，《中国金融》2010 年第 19－20 期。

[190] 维维恩·施密特：《话语制度主义：观念与话语的解释力》，《国

外理论动态》2015 年第 7 期。

［191］维维恩·施密特：《认真对待观念与话语：话语制度主义如何解释变迁》，《天津社会科学》2016 年第 1 期。

［192］魏建等：《国有银行的政府控制与国内市场一体化进程》，《上海经济研究》2013 年第 9 期。

［193］魏鹏：《中国互联网金融的风险与监管研究》，《金融论坛》2014 年第 7 期。

［194］魏少亮等：《历史制度主义：理论与应用》，《中共济南市委党校学报》2005 年第 4 期。

［195］吴昊：《中小企业融资困难中的银企关系》，《泰山学院学报》2015 年第 5 期。

［196］吴玲蓉：《我国民营经济发展中的主要问题与对策研究》，华东师范大学硕士学位论文，2012 年。

［197］吴韡：《提高商业银行竞争力：市场结构改革还是产权结构改革》，《中南财经政法大学学报》2005 年第 1 期。

［198］吴晓求：《互联网金融：成长的逻辑》，《财贸经济》2015 年第 2 期。

［199］吴戌：《国有银行改革将逐步推向深入》，《农村金融研究》2007 年第 2 期。

［200］伍旭川：《引入战略投资者与我国商业银行改革》，《河南金融管理干部学院学报》2006 年第 3 期。

［201］向静林等：《坎贝尔制度变迁理论及其对我国地方政府制度创新研究的启示》，《中共浙江省委党校学报》2015 年第 1 期。

［202］谢金楼等：《我国村镇银行发展现状、存在问题及对策》，《现代经济探讨》2010 年第 10 期。

［203］谢平：《P2P 监管要无罪推定，部分监管可外包给 IT 公司》，《财经界》2014 年第 8 期。

［204］谢平：《互联网金融的现实与未来》，《新金融》2014 年第 4 期。

［205］谢平等：《互联网金融模式研究》，《金融研究》2012 年第 12 期。

［206］谢宗藩等：《中国银行制度演化研究——基于政府与市场间权力

博弈的视角》，《贵州社会科学》2016 年第 6 期。

[207] 胥岢：《互联网金融发展对商业银行的影响、启示与对策研究》，《西南金融》2014 年第 4 期。

[208] 徐晶：《我国民间金融规范发展的对策研究》，《经济纵横》2013 年第 5 期。

[209] 徐军辉：《从诱致性制度变迁到强制性制度变迁：温州民间金融改革》，《贵州社会科学》2013 年第 1 期。

[210] 徐军辉：《精英决策到公共选择：中国民间金融制度供给分析》，《财经问题研究》2013 年第 8 期。

[211] 徐军辉：《中国式影子银行的发展及其对中小企业融资的影响》，《财经科学》2013 年第 2 期。

[212] 徐琳等：《中国银行业改革的路径、效率与绩效》，《新金融》2005 年第 1 期。

[213] 徐龙志等：《充分发挥内生性民间金融对民营企业的支持作用》，《江淮论坛》2006 年第 2 期。

[214] 徐渊：《移动互联网金融：产生条件、发展趋势及面临的挑战》，《南方金融》2014 年第 3 期。

[215] 徐忠等：《市场结构与我国银行业绩效：假说与检验》，《经济研究》2009 年第 10 期。

[216] 许创强：《冲突与应对：互联网金融冲击下中小商业银行的应对策略研究》，中国金融出版社 2014 年版。

[217] 许国平：《论国有商业银行引进境外战略投资者的必要性》，《国际金融研究》2006 年第 12 期。

[218] 严佳佳：《股份制银行的工农中建化——从国家和国有银行改革的角度出发》，《经济问题》2005 年第 6 期。

[219] 闫立良等：《银监会：2010 年小企业贷款要确保“两个不低于”》，《证券日报》2010 年 2 月 24 日。

[220] 阎庆民：《顶层设计与银行业改革思考》，《金融监管研究》2014 年第 27 期。

[221] 阎庆民：《互联网金融要阳光化、制度化和规范化》，《中国经济

周刊》2014 年第 38 期。

［222］杨福禄：《关于历史制度主义》，《山东师范大学学报（人文社会科学版）》2006 年第 4 期。

［223］杨福明等：《非正规金融与正规金融协同性的实证分析：温州案例》，《上海金融》2009 年第 4 期。

［224］杨洪远：《神话的除魅——对内蒙古鄂尔多斯市民间金融的人类学思考》，《云南社会科学》2013 年第 2 期。

［225］杨金栋：《我国农村金融体制改革的制度变迁特征及趋势》，《金融发展研究》2011 年第 11 期。

［226］杨明秋等：《农村金融体系 30 年演变的基本规律》，《开放导报》2008 年第 6 期。

［227］杨涛：《城商行改革的四个着眼点》，《现代商业银行》2007 年第 5 期。

［228］姚耀军：《温州民间金融危局：根源与出路》，《新金融》2012 年第 1 期。

［229］叶旺春：《互联网金融与现行监管规则》，《科技与法律》2014 年第 3 期。

［230］叶奕：《鼓励创新强化监管互联网金融首次写入政府报告》，《科技智囊》2014 年 4 月。

［231］易棉阳：《中国银行业市场结构集中度的演进与改革》，《石家庄经济学院学报》2012 年第 4 期。

［232］尹超：《乡镇企业融资困境与民间金融优化路径探析——基于对现行金融体制抑制效应的分析》，《湘潭大学学报（哲学社会科学版）》2012 年第 4 期。

［233］尹希果等：《中国金融抑制问题的政治经济学》，《当代经济科学》2011 年第 5 期。

［234］于良春：《垄断与竞争：中国银行业的改革和发展》，《经济研究》1999 年第 8 期。

［235］于良春等：《放松管制、引入竞争——对中国银行业改革的理论分析》，《山东金融》1999 年第 3 期。

[236] 于晓东：《2003－2010 年中国国有银行改革有效性分析》，东北财经大学博士学位论文，2012 年。

[237] 于永臻：《银行产业组织演变趋势与国有银行改革的路径选择》，《财经理论与实践》2004 年第 5 期。

[238] 余鹏翼等：《金融抑制与中小企业融资行为分析》，《经济学动态》2004 年第 9 期。

[239] 余学斌：《转轨时期国有银行不良贷款的生成机理与对策》，《财政研究》2004 年第 4 期。

[240] 郁方：《中国银行业垄断与规制变迁——基于利益博弈视角的分析》，《学术研究》2010 年第 2 期。

[241] 喻平等：《广义虚拟经济视角下的互联网金融发展研究》，《广义虚拟经济研究》2014 年第 1 期。

[242] 约翰·坎贝尔：《制度变迁与全球化》，上海人民出版社 2010 年版。

[243] 约翰·坎贝尔等：《美国经济治理》，上海人民出版社 2009 年版。

[244] 詹姆斯·马奇：《重新发现制度：政治的组织基础》，三联书店 2011 年版。

[245] 詹姆斯·马奇等：《新制度主义详述》，《国外理论动态》2010 年第 7 期。

[246] 詹向阳：《中国银行业改革开放任重道远》，《中国金融》2008 年第 16 期。

[247] 张爱群：《非公经济进入金融领域：基于金融发展理论视角》，《特区经济》2008 年第 3 期。

[248] 张承慧：《中国互联网金融的现在与未来》，《学术前沿》2014 年第 6 期。

[249] 张吉光：《城商行跨区域发展五年总结：现状、特点及问题》，《银行家》2011 年第 7 期。

[250] 张瑾：《互联网金融对传统金融发展的影响分析》，《金融发展评论》2014 年第 4 期。

[251] 张克雯：《中国银行业体制变迁历程及改革策略探析》，《毕节学

院学报》2012 年第 11 期。

[252] 张令骞:《强制性制度变迁对中国农村金融的负效应研究——以农村信用社和政策性银行改革为例》,《河南金融管理干部学院学报》2008 年第 2 期。

[253] 张萍:《利益集团博弈与金融制度壁垒研究——基于中国银行业开放的考察》,知识产权出版社 2013 年版。

[254] 张涛:《我国互联网金融的发展与监管》,《武汉金融》2016 年第 1 期。

[255] 张新:《我国银行业改革取向的再探讨》,《财经科学》2006 年第 11 期。

[256] 张元红等:《从合作基金会事件看中国农村金融改革与发展》,《中国农村经济》2002 年第 8 期。

[257] 张臻:《风起云涌的互联网金融:互联网金融来袭》,《华东科技》2014 年第 2 期。

[258] 赵海军:《互联网金融需要正本清源》,《证券时报》2013 年 12 月 17 日。

[259] 赵晖等:《从新制度主义看历史制度主义及其基本特点》,《社会科学研究》2003 年第 4 期。

[260] 赵显超:《中国互联网金融与商业银行的关系研究》,云南财经大学硕士学位论文,2014 年。

[261] 赵效民:《专业银行企业化探讨》,《经济研究》1987 年第 1 期。

[262] 赵雪芳等:《中国银行业监管的十年跨越》,《中国金融》2013 年第 9 期。

[263] 周革平:《入世五周年:中国银行业回顾与展望》,《金融与经济》2007 年第 2 期。

[264] 周海燕等:《村镇银行发展现状与对策分析》,《人民论坛》2016 年第 2 期。

[265] 周宏达:《部分人大代表政协委员提出建议互联网金融亟待监管》,《中国金融家》2014 年第 3 期。

[266] 周黎安:《中国地方官员的晋升锦标赛模式研究》,《经济研究》2007 年第 7 期。

[267] 周明等:《国有银行与股份制银行的对比分析》,《新疆财经学院学报》2003 年第 1 期。

[268] 周雪光等:《政府内部上下级部门间谈判的一个分析模型——以环境政策实施为例》,《中国社会科学》2011 年第 5 期。

[269] 周雪光等:《中国政府的治理模式：一个“控制权”理论》,《社会学研究》2012 年第 5 期。

[270] 周琰:《互联网金融的理论基础及其网络经济特点》,《中共福建省委党校学报》2015 年第 11 期。

[271] 周应恒等:《互联网金融的后发优势：国际经验与引申》,《改革》2016 年第 2 期。

[272] 周宇:《互联网金融：一场划时代的金融变革》,《探索与争鸣》2013 年第 9 期。

[273] 周振等:《农村金融的诱致性制度变迁改善农户福利了吗?》,《农村经济》2011 年第 7 期。

[274] 周宗安:《银行业发展困境与战略重构》,《改革》2014 年第 5 期。

[275] 朱德米:《理念与制度：新制度主义政治学的最新进展》,《国外社会科学》2007 年第 4 期。

[276] 朱建武等:《股份制银行的异化与国有商业银行改革路径探析》,《财经理论与实践》2004 年第 11 期。

[277] 朱樑:《中国工商银行应对互联网金融挑战策略研究》,厦门大学硕士学位论文，2014 年。

[278] 朱盈盈等:《中资银行引进境外战略投资者背景争论及评述》,《管理世界》2008 年第 1 期。

[279] 诸葛隽:《民间金融创新：温州的实践》,《上海经济研究》2009 年第 4 期。

[280] 卓勇良:《体制外发展与增量改革》,《预测》1995 年第 3 期。

[281] 祖强等:《金融抑制：东南亚金融危机的深层原因》,《当代亚太》1998 年第 11 期。

[282] 余力等:《民营经济发展的融资困境研究——基于金融抑制视角》,《财经科学》2013 年第 8 期。

后　记

本书是我近些年学术研究的一项阶段性成果。捧着手中的书稿，回首走过的岁月，心中颇多感慨。这些年，一路懵懵懂懂、跌跌撞撞。从湖南到上海，从上海到南昌，从南昌大学到江西财经大学。家庭生活和工作似乎总是在“折腾”之中。回看这些年的时光，有过收获的喜悦，也品尝过失败的滋味，但幸得诸多师长亲友的真诚鼓励与深切关怀，才让我跨过一道道坎，克服一个个困难。真心感谢他们！

衷心感谢我的导师刘玉照教授，他是一位德艺双馨的师长，不仅学术造诣高，而且对待学生总是如春风般温暖。作为一名跨专业的学生要步入社会学的殿堂不是一般的难，老师当年的读书会成了我汲取知识的海洋，老师的循循善诱让我找到学术的光亮，我的所谓成长每一步都凝聚着恩师的心血、关爱和信任。遥想当年博士论文开题前夕，我在选题方面困惑不已，纠结在已收集不少资料但不甚感冒的某选题和自己兴趣浓厚但尚无头绪的本选题之间，恩师鼓励我大胆尝试，做感兴趣的课题；在阅读文献和写作过程中，恩师多次约谈进度并针对我的困惑答题解惑……现在回想起来，如果没有恩师对科学问题敏锐的观察力和准确的判断力，没有恩师的支持和鼓励，我的博士研究很难顺利完成。在此还要特地感谢我的师母田青老师，她就如春天的雨露用无声的爱关心着我们这群大孩子的生活各方面，她是我学习的榜样！

衷心感谢这些年来在我学习、工作和生活上给予过诸多关心和帮助的老师。如上海大学社会学院的李友梅老师、张文宏老师、沈艺老师、肖瑛老师、黄晓春老师、孙秀林老师、金桥老师、张江华老师、耿敬老师、刘春燕老师、王亚芳老师、汤艳文老师、陈小红老师、徐芬芳老师等。衷心感谢上海大学张江华老师、肖瑛老师、孙秀林老师、甄志宏老师、汪庆华老师、严俊老师，以及美国杜克大学高柏老师、华东师范大学李向平老师、复旦大学桂勇老师、复旦大学李煜老师、中央财经大学李国武老师、华东理工大学董国礼老师、华东理工大学熊万胜老师、上海社会科学院张虎祥老师等对本研究给出的宝贵建议。感谢江西财经大学的尹忠海老师、袁业虎老师对我和家人的细心关照和帮助。感谢南昌大学公共管理学院的郭曦老师、张蓉老师、吕华老师、时影老师、吴远卓老师等同事曾经给予的帮助和鼓励。

感谢我的父母、公婆、丈夫、兄长等亲人，他们的理解和支持是我前进的最大动力。更要感谢我聪明可爱又懂事的女儿，她天真的笑颜是消除我疲惫和沮丧最好的秘方，愿她健康快乐成长！

作　者

2022 年 5 月